应用型本科院校"十二五"规划教材/计算机类

主 编 孟祥莲 高洪志
副主编 王妍玮 孙 平 朱国晗

# 单片机原理及应用

——基于Proteus与Keil C

Principles and Application of Microcontroller
——Based on the Proteus and Keil C

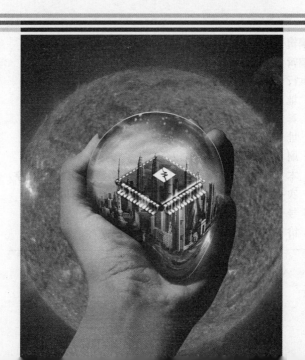

哈尔滨工业大学出版社

## 内 容 简 介

本书以 C51 语言编程技术和 Proteus 仿真软件为主线,以实用为主要目的,采用理论与实践相结合的方法,由浅入深地系统地介绍了 51 系列单片机的结构、基本原理、硬件资源及单片机系统的开发过程。本书以 Proteus+C 为主要编程工具,具有基础理论够用、有针对性、实践性强等特点。

全书共分三篇:第一篇(第1章、第2章)为单片机基础及 C51 的基础知识,着重介绍单片机的硬件结构及 C51 语言的编程基础;第二篇(第3章、第4章)为开发环境使用部分,着重介绍 C51 集成开发环境、Proteus 硬件仿真环境及 Keil 与 Proteus 联合单片机仿真等;第三篇(第5章至第7章)为实例部分,着重介绍 8051 单片机内部资源的编程、常用接口技术及综合实例。

本书可作为高等院校计算机、电子、自动化及机电一体化等相关专业的本科教材,也可供从事单片机应用研究与开发的技术人员及普通读者参考。

### 图书在版编目(CIP)数据

单片机原理及应用:基于 Proteus 与 Keil C/孟祥莲,高洪志主编.—哈尔滨:哈尔滨工业大学出版社,2010.8(2017.1 重印)
ISBN 978-7-5603-3059-4

Ⅰ.①单… Ⅱ.①孟…②高… Ⅲ.①单片微型计算机-应用软件,PROTEUS、Keil C Ⅳ.①TP368

中国版本图书馆 CIP 数据核字(2010)第 146814 号

| 策划编辑 | 赵文斌 杜 燕 |
|---|---|
| 责任编辑 | 刘 瑶 |
| 出版发行 | 哈尔滨工业大学出版社 |
| 社　　址 | 哈尔滨市南岗区复华四道街10号 邮编 150006 |
| 传　　真 | 0451-86414749 |
| 网　　址 | http://hitpress.hit.edu.cn |
| 印　　刷 | 肇东市一兴印刷有限公司 |
| 开　　本 | 787mm×1092mm 1/16 印张 19.25 字数 448 千字 |
| 版　　次 | 2010年8月第1版 2017年1月第2次印刷 |
| 书　　号 | ISBN 978-7-5603-3059-4 |
| 定　　价 | 34.80元 |

(如因印装质量问题影响阅读,我社负责调换)

## 《应用型本科院校"十二五"规划教材》编委会

主　任　修朋月　竺培国
副主任　王玉文　吕其诚　线恒录　李敬来
委　员　（按姓氏笔画排序）
　　　　丁福庆　于长福　马志民　王庄严　王建华
　　　　王德章　刘金祺　刘宝华　刘通学　刘福荣
　　　　关晓冬　李云波　杨玉顺　吴知丰　张幸刚
　　　　陈江波　林　艳　林文华　周方圆　姜思政
　　　　庹　莉　韩毓洁　蔡柏岩　臧玉英　霍　琳

# 序

哈尔滨工业大学出版社策划的《应用型本科院校"十二五"规划教材》即将付梓,诚可贺也。

该系列教材卷帙浩繁,凡百余种,涉及众多学科门类,定位准确,内容新颖,体系完整,实用性强,突出实践能力培养。不仅便于教师教学和学生学习,而且满足就业市场对应用型人才的迫切需求。

应用型本科院校的人才培养目标是面对现代社会生产、建设、管理、服务等一线岗位,培养能直接从事实际工作、解决具体问题、维持工作有效运行的高等应用型人才。应用型本科与研究型本科和高职高专院校在人才培养上有着明显的区别,其培养的人才特征是:①就业导向与社会需求高度吻合;②扎实的理论基础和过硬的实践能力紧密结合;③具备良好的人文素质和科学技术素质;④富于面对职业应用的创新精神。因此,应用型本科院校只有着力培养"进入角色快、业务水平高、动手能力强、综合素质好"的人才,才能在激烈的就业市场竞争中站稳脚跟。

目前国内应用型本科院校所采用的教材往往只是对理论性较强的本科院校教材的简单删减,针对性、应用性不够突出,因材施教的目的难以达到。因此亟须既有一定的理论深度又注重实践能力培养的系列教材,以满足应用型本科院校教学目标、培养方向和办学特色的需要。

哈尔滨工业大学出版社出版的《应用型本科院校"十二五"规划教材》,在选题设计思路上认真贯彻教育部关于培养适应地方、区域经济和社会发展需要的"本科应用型高级专门人才"精神,根据黑龙江省委书记吉炳轩同志提出的关于加强应用型本科院校建设的意见,在应用型本科试点院校成功经验总结的基础上,特邀请黑龙江省9所知名的应用型本科院校的专家、学者联合编写。

本系列教材突出与办学定位、教学目标的一致性和适应性,既严格遵照学科体系的知识构成和教材编写的一般规律,又针对应用型本科人才培养目标及与之相适应的教学特点,精心设计写作体例,科学安排知识内容,围绕应用讲授理论,做到"基础知识够用、实践技能实用、专业理论管用"。同时注意适当融入新理论、新技术、新工艺、新成果,并且制作了与本书配套的PPT多媒体教学课件,形成立体化教材,供教师参考使用。

《应用型本科院校"十二五"规划教材》的编辑出版,是适应"科教兴国"战略对复合型、应用型人才的需求,是推动相对滞后的应用型本科院校教材建设的一种有益尝试,在应用型创新人才培养方面是一件具有开创意义的工作,为应用型人才的培养提供了及时、可靠、坚实的保证。

希望本系列教材在使用过程中,通过编者、作者和读者的共同努力,厚积薄发、推陈出新、细上加细、精益求精,不断丰富、不断完善、不断创新,力争成为同类教材中的精品。

# 前　　言

　　单片机原理及应用是工科类院校一门重要的专业基础课,如何让学生在短时间内掌握单片机原理,并具备应用单片机知识解决实际问题的能力是编者们一直研究的课题。本书编者结合多年教学实践及工程开发的经验,大胆地精炼内容,以 Proteus 仿真软件和 C51 语言编程技术为主线,以实用为主要目的,系统地介绍了 51 系列单片机的结构、基本原理、硬件资源及单片机系统的开发过程。

　　全书共分三篇:第一篇(第 1 章、第 2 章)为单片机基础及 C51 语言基础知识,着重介绍单片机的硬件结构及 C51 语言的编程基础,重点分析单片机 C 语言语法和语义。第二篇(第 3 章、第 4 章)为开发环境部分。Keil C51 交叉编译器是一个基于 ANSIC 标准的针对 8051 系列单片机的 C 编译器,生成的可执行代码快速、紧凑,在运行效率和速度上可以和汇编程序得到的代码相媲美;Proteus 作为单片机应用系统的设计和仿真平台,强调在应用中学习单片机,实现了一个从产品概念到设计完成的全过程。本书着重介绍 C51 集成开发环境、Proteus 硬件仿真环境及 Keil 与 Proteus 联合单片机仿真等。第三篇(第 5 章至第 7 章)为应用实例部分,着重介绍 8051 单片机内部资源的编程、常用接口技术及单片机课程设计的过程。本书具有以下特点:

　　1. 上手快,易教学

　　本书在编写过程中,从基础知识到开发环境的使用及单片机内部资源、外部资源的应用,再到单片机课程设计环节,依由浅入深的原则进行介绍。

　　2. 软硬结合,仿真实践

　　本书采用"Proteus+C"的设计方法,列举了大量的实例,克服了传统单片机系统设计中没有物理原型就无法测试、没有硬件就很难对软件进行调试的不足,在节约学习成本的同时,提高了学生的学习积极性。

　　3. 内容精炼,注重实用

　　本书根据面向工程开发的实践需要,对于原理以"够用"的原则进行精炼,避免了繁杂。同时,本书紧随技术的发展,注重知识的新颖、实用性。

全书由孟祥莲、高洪志主编,由哈尔滨工业大学王文仲教授主审,参加编写的人员有王妍玮、孙平、朱国晗、曹荣梅、王嘉鹏、毕津滔、孙洪鹏、赵秋英、韩彦勇、张蔓、王娟、朱国宁、张艳丛。在本书编写过程中参阅借鉴了一些相关教材和文献,在此向其编者表示感谢。

由于编者水平有限,书中难免出现疏漏或不妥之处,希望读者提出宝贵意见和建议。

编　者
2010 年 7 月

# 目　录

## 第一篇　基础知识

### 第1章　单片机基础 ·················· 3
1.1　单片机概述 ·················· 3
1.2　单片机的硬件结构 ·················· 4
　1.2.1　89C51单片机的内部结构 ·················· 4
　1.2.2　89C51单片机的外部引脚 ·················· 12
1.3　单片机的编程语言 ·················· 19
本章小结 ·················· 20
习题 ·················· 20

### 第2章　C51语言编程基础 ·················· 22
2.1　C51程序的基本结构 ·················· 22
　2.1.1　C51语言基础 ·················· 22
　2.1.2　C51程序的基本结构和书写特点 ·················· 22
2.2　C51数据与运算 ·················· 24
　2.2.1　C51的数据类型 ·················· 24
　2.2.2　常量与变量 ·················· 27
　2.2.3　C51的存储模式 ·················· 29
　2.2.4　C51语言对单片机主要资源的控制 ·················· 30
　2.2.5　运算符和表达式 ·················· 31
2.3　C51程序结构 ·················· 37
　2.3.1　程序的三种基本结构 ·················· 37
　2.3.2　顺序结构 ·················· 37
　2.3.3　选择结构 ·················· 38
　2.3.4　循环结构 ·················· 41
2.4　C51的构造数据类型 ·················· 46
　2.4.1　数组 ·················· 46
　2.4.2　指针 ·················· 48
　2.4.3　结构 ·················· 49
　2.4.4　联合 ·················· 51
　2.4.5　枚举 ·················· 53
2.5　C51函数 ·················· 55
　2.5.1　函数的定义 ·················· 56
　2.5.2　函数的调用 ·················· 56

2.5.3　C51库函数 ································································· 57
　　2.5.4　C51中断函数 ······························································· 58
　2.6　C51与汇编混合编程 ································································· 60
　本章小结 ························································································· 64
　习题 ······························································································· 64

## 第二篇　开发环境

### 第3章　Keil μVision3 C51集成开发环境的使用 ·································· 69
　3.1　Keil C51概述 ········································································· 69
　3.2　Keil μVision3的安装 ································································· 70
　　3.2.1　Keil C软件对系统的要求 ··················································· 70
　　3.2.2　Keil C软件的安装 ···························································· 70
　3.3　Keil μVision3的使用及调试 ······················································· 73
　　3.3.1　创建项目及源文件 ···························································· 73
　　3.3.2　编译项目 ······································································· 74
　本章小结 ························································································· 77
　习题 ······························································································· 78

### 第4章　基于Proteus ISIS的单片机仿真 ············································· 79
　4.1　Proteus概述 ··········································································· 79
　4.2　初识Proteus ··········································································· 79
　　4.2.1　进入Proteus ISIS ····························································· 79
　　4.2.2　工作界面 ······································································· 80
　　4.2.3　Proteus ISIS中的主要操作 ·················································· 81
　　4.2.4　Proteus ISIS电路原理图输入 ··············································· 82
　4.3　在Proteus中创建新的元件 ························································· 88
　4.4　Proteus电路仿真 ····································································· 95
　　4.4.1　Proteus ISIS交互式仿真 ····················································· 95
　　4.4.2　Proteus ISIS基于图表的仿真 ·············································· 100
　4.5　Proteus ISIS单片机仿真 ··························································· 104
　　4.5.1　Proteus ISIS中单片机系统电路设计 ····································· 104
　　4.5.2　Proteus ISIS中单片机程序设计 ··········································· 105
　　4.5.3　Proteus ISIS中单片机系统调试 ··········································· 107
　4.6　Keil与Proteus联合调试 ··························································· 108
　　4.6.1　Keil与Proteus接口 ························································· 109
　　4.6.2　Keil与Proteus联合调试实例 ·············································· 109
　本章小结 ······················································································· 111

习题 ································································································· 112

## 第三篇 应用实例篇

### 第5章 8051 单片机内部资源 ··············································· 115
#### 5.1 并行 I/O 接口 ·························································· 115
##### 5.1.1 并行 I/O 接口的基础知识 ···································· 115
##### 5.1.2 并行 I/O 接口的编程实例 ···································· 118
#### 5.2 中断系统编程 ·························································· 125
##### 5.2.1 中断系统的基础知识 ·········································· 125
##### 5.2.2 中断系统的编程实例 ·········································· 129
#### 5.3 定时/计数器编程 ····················································· 131
##### 5.3.1 定时/计数器的基础知识 ····································· 131
##### 5.3.2 定时/计数器的编程实例 ····································· 135
#### 5.4 串行口编程 ···························································· 145
##### 5.4.1 串行口的基础知识 ············································· 145
##### 5.4.2 51 系列单片机的串行口 ······································ 149
##### 5.4.3 串行口的编程实例 ············································· 155
本章小结 ······································································· 166
习题 ············································································· 166

### 第6章 8051 单片机常用接口 ··············································· 168
#### 6.1 并行 I/O 接口的扩展 ················································· 168
##### 6.1.1 简单 I/O 接口扩展 ············································· 168
##### 6.1.2 可编程 8255 扩展 I/O 接口 ·································· 172
#### 6.2 键盘与 LED 点阵显示接口 ········································· 178
##### 6.2.1 键盘接口 ························································ 178
##### 6.2.2 键盘与 LED 控制芯片 HD7279A ·························· 181
#### 6.3 模拟转换器接口 ······················································ 190
##### 6.3.1 A/D 转换器接口 ··············································· 190
##### 6.3.2 D/A 转换器接口 ··············································· 203
#### 6.4 LCD 液晶显示驱动编程 ············································· 209
##### 6.4.1 液晶显示模块概述 ············································· 209
##### 6.4.2 T6963C 液晶显示控制器 ····································· 209
#### 6.5 模拟 $I^2C$ 接口 ························································· 227
##### 6.5.1 $I^2C$ 总线概述 ···················································· 227
##### 6.5.2 串行 $I^2C$ 总线 EEPROM AT24C×× ······················· 229
本章小结 ······································································· 237
习题 ············································································· 237

第7章 单片机课程设计 ……………………………………………………………… 238
　7.1 课程设计指导规范 ……………………………………………………………… 238
　　7.1.1 单片机系统课程设计的目的与要求 …………………………………………… 238
　　7.1.2 单片机系统课程设计时间安排 ………………………………………………… 238
　　7.1.3 硬件设计的一般步骤 …………………………………………………………… 238
　　7.1.4 单片机系统课程设计报告要求及撰写规范 …………………………………… 239
　　7.1.5 单片机系统课程设计答辩 ……………………………………………………… 240
　　7.1.6 单片机系统课程设计成绩评定办法 …………………………………………… 240
　7.2 基于MCS-51单片机的16×32点阵设计 ……………………………………… 240
　　7.2.1 实例功能 ………………………………………………………………………… 240
　　7.2.2 器件和原理 ……………………………………………………………………… 241
　　7.2.3 电路原理图及器件选择 ………………………………………………………… 242
　　7.2.4 程序设计 ………………………………………………………………………… 243
　7.3 基于MCS-51单片机的电子万年历设计 ……………………………………… 256
　　7.3.1 实例功能 ………………………………………………………………………… 256
　　7.3.2 器件和原理 ……………………………………………………………………… 257
　　7.3.3 电路原理及器件选择 …………………………………………………………… 259
　　7.3.4 程序设计 ………………………………………………………………………… 260
　7.4 单片机课程设计实例 …………………………………………………………… 267
　　7.4.1 红外收发器 ……………………………………………………………………… 267
　　7.4.2 电子计算器 ……………………………………………………………………… 274
　　7.4.3 超声波测距 ……………………………………………………………………… 276
　　7.4.4 乒乓球游戏机 …………………………………………………………………… 279
　本章小结 ……………………………………………………………………………… 280
附录A C51库函数 …………………………………………………………………… 281
附录B Proteus的常用元器件 ……………………………………………………… 290
附录C Proteus的常用快捷键 ……………………………………………………… 292
参考文献 ………………………………………………………………………………… 293

# 第一篇

# 基础知识

# 第一篇

# 基础知识

# 第1章

# 单片机基础

近几十年,随着计算机的飞速发展,单片机也迅速发展起来,并广泛应用于各种智能产品中,逐渐成为 21 世纪的一项重要技术。学习用单片机进行设计之前,要先了解单片机的一些基本知识,因此,本章主要介绍单片机的基本概念、发展过程、应用领域及展望,并以 89C51 为代表,介绍单片机的硬件资源和常用的编程方法。

## 1.1 单片机概述

随着信息技术的飞速发展,计算机越来越朝着微型化、智能化的方向发展,单片机就是在这种情况下应运而生的。它将组成计算机的基本部件,包括 CPU(Central Processing Unit)、ROM(Read Only Memory)、RAM(Random Access Memory)、定时器/计数器以及 I/O(Input/Output)接口等集成在一个芯片上,形成芯片级的微型计算机,称做"单片机(Single Chip Microcomputer)"。

组成单片机的各功能部件与计算机大体相同,但单片机集成在一个芯片上,而计算机中各部件独立封装。与通用的计算机相比,单片机具有许多优越性,主要体现在以下 4 个方面。

(1) 体积小、结构简单、集成度高。单片机体积小,对于强磁场环境易于采取屏蔽措施,适合在恶劣环境下工作。

(2) 性价比高。高性能、低价格是单片机最显著的特点。

(3) 可靠性高,功耗小(单片机独立封装,故可靠性高)。与计算机不同,单片机最主要的特点就是把各个功能部件集成在一个芯片上,内部采用总线结构,减少了各芯片之间的连线,提高了单片机的可靠性与抗干扰能力。

(4) 功能强,应用广泛,使用方便、灵活。

目前,单片机的应用已涉及日常生活的各个方面,每一个电子产品里面几乎都包含单片机,无论是在民用的生活用品中,还是在机电一体化、工业控制、智能仪器仪表、实时控制及军用方面,单片机为产品的更新作出了积极的贡献。因此,单片机已经成为学生求职必不可少的一门专业知识,学生有必要学好这门课程。

自 20 世纪 80 年代中期 MCS—51 系列单片机出现以来,单片机得到了广泛的发展。

目前，Intel公司推出的MCS－51系列的8位单片机，数量约占8位单片机的38.3%，广泛应用于实时控制、自动化仪表等方面，已成为我国8位单片机的主流机型。随着其功能的不断完善，该系列单片机已同步前进，在各个领域的科研、技术改造和产品开发中起到了越来越重要的作用。因此，在今后的时间里，其主流系列的地位会得到不断巩固。

MCS－51/52系列单片机主要包括51和52子系列。它们的区别在于片内RAM的容量，其中51子系列为128 B的片内RAM，而52子系列为256 B的片内RAM。89C51是MCS－51系列单片机中比较有代表性的芯片。本书主要以89C51为例对单片机的基础知识进行阐述。

## 1.2 单片机的硬件结构

MCS－51系列单片机品种繁多，应用广泛，但不管其复杂程度如何，它们都具有相似的硬件结构。89C51单片机的总体框图如图1.1所示。

从图1.1中可以看出，单片机的硬件资源包括单片机的内部结构和外部引脚两个部分，因此，通过学习单片机的内部结构和外部引脚的特点，就可以完成单片机与外围电路的正确连接，并通过编程让单片机能够实现某种特定功能。

### 1.2.1　89C51单片机的内部结构

通常89C51单片机的内部是由一个8位的微处理器(CPU)、128 B的片内数据存储器(RAM)、4 KB的片内程序存储器(ROM)、4个并行I/O接口(P0～P3)、21个特殊寄存器、2个定时/计数器、5个中断源的中断管理控制系统、1个全双工的串口及片内振荡器与时钟产生电路组成，其内部结构框图如图1.2所示。

那么，单片机的这些内部资源怎样使用，如何工作呢？下面通过一个引例来进行讲解。

引例：假设一批学生去帽儿山度假，早上起来大家要吃饭怎么办呢？

首先班长要对每个有特长的同学有所了解，知道谁会做饭、谁会烧火、谁切菜好，然后班长要按步骤到各个房间里找到每个有特长的学生。当需要烧火时，班长首先想到会烧火的学生，叫他开始工作。在这个例子中，班长就相当于单片机的CPU，各个房间就相当于单片机的存储器。

正如引例中所述，单片机执行指令就是先从指令寄存器中读指令，再由CPU执行指令的过程，那么读指令的过程就要了解指令寄存器（存储器）的基本知识。

**1. 存储器**

单片机的存储空间按存储类型的不同可分为程序存储器和数据存储器两个部分，但根据存储的位置不同，又可以分为片内（程序/数据）存储区和片外（程序/数据）存储区。

89C51单片机片内存储器采用的是哈佛结构，即程序存储器和数据存储器分开存储。因此，89C51的片内存储器分为4 KB（即$2^{12}$）程序存储器和256 B数据存储器，其中数据存储器的高128 B单元为SFR区，被专用寄存器占用，低128 B单元可供用户使用。

第一篇 基础知识

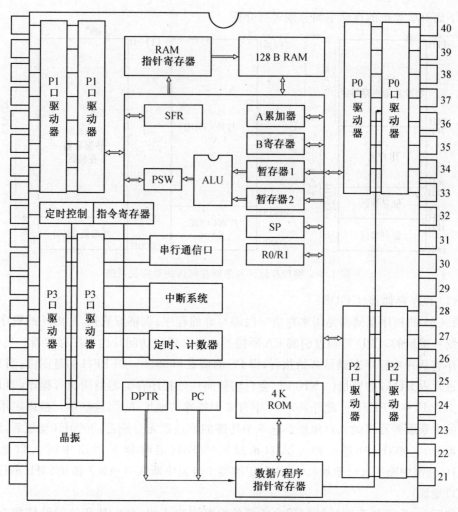

图 1.1 89C51 单片机总体框图

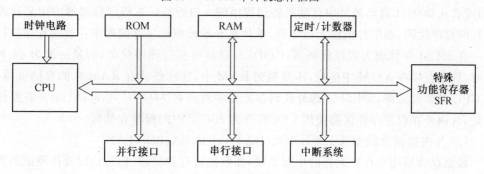

图 1.2 MCS-51 单片机内部结构图

在用 C51 编程中,存储区分为 CODE 区(程序代码区)、DATA 区(普通内存区)、BDATA 区(位寻址区)、IDATA 区(间接寻址区)、SFR 区(特殊功能寄存器区)和 XDATA 区(片外存储区)、PDATA 区(片外低 256 B 分页寻址区)。51 系列单片机实际的硬件存储区称为物理存储区;编程用到的存储区称为逻辑分区。两者的关系如图 1.3 所示。下面对单片机的存储空间分别进行介绍。

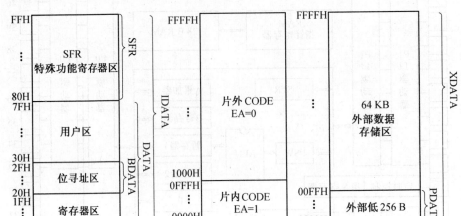

图1.3 物理存储区与逻辑存储区的对应关系图

(1) 程序存储器(CODE)

89C51的程序存储器是用来存放一段编写好的程序、表格或数据,片内外的程序存储器是统一编址的,CPU可通过引脚EA所接的电平来确定访问片内程序存储器。当EA=1,程序将从片内程序存储器开始执行,即PC的值在0000H～0FFFH的范围内;当PC的值超过片内ROM的容量(4 KB)时,会自动转向片外程序存储器空间执行程序,即PC的值为1000H～FFFFH。此外,89C51中有6个特殊的地址单元,这些单元被固定用于中断源的中断服务程序的入口地址。这6个特殊的地址单元分别是:0000H(复位后,PC的起始地址)、0003H(外部中断0入口地址)、000BH(定时器0溢出中断入口地址)、0013H(外部中断1入口地址)、001BH(定时器1溢出中断入口地址)和0023H(串行口中断入口地址)。

实际上,为了使程序跳转到用户需要的中断程序入口,经常使用绝对跳转指令来完成,或者从0000H启动地址中自动跳转到程序的入口地址。在程序存储器中用来存放待执行的程序代码,当单片机读入指令后,单片机开始按照程序存储器中存放的程序执行。

在89C51中体现为程序代码区(CODE),存放可执行程序代码,容量一般为64 KB,此时,程序直接在ROM中运行,不复制到RAM中,这样将节省RAM中的存储资源,提高CPU的运算效率,89C51这部分代码在汇编中对应着MOVC A,@DPTR。需要说明的是,片内外在程序存储区都使用CODE作为89C51中的程序存储区。

(2) 片内数据存储器低128 B单元(DATA、IDATA、BDATA)

数据存储器用来存放运算的中间结果,如数据暂存和缓冲、标志位以及待测试的程序等。89C51片内有128 B的RAM单元,其地址范围为00H～FFH,分为两大部分:高128 B(80H～FFH)为特殊功能寄存器区,简称SFR;低128 B(00H～7FH)为真正的RAM区。因此,无特殊说明,有的参考书上提到89C51中含有128 B片内RAM就是指的片内低128 B的字节单元。89C51片内RAM存储器的组成如图1.4所示,相应的在89C51中体现为SFR是特殊功能寄存器区,对应着片内高128 B单元。BDATA是位寻址区对应着字节单元为20H～2FH。DATA是内部存储区(指片内低128 B单元)。IDATA是整个内部存储区,但是采用的是间接寻址。

89C51单片机真正的片内数据存储单元共有128个,字节地址为00H～7FH。其主要分为寄存器区、位寻址区和用户区3个区域。下面从低字节向高字节分别进行介绍。

① 寄存器区(00H～1FH)。这部分共有32个单元,是4组通用工作寄存器区,每个区含8个8位寄存器,编号为R0～R7,可通过PSW(程序状态字)中的RS0和RS1设定值来选择使用哪一组的寄存器,RS1、RS0与片内工作寄存器组的对应关系如表1.1所示。

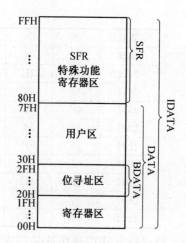

图1.4 89C51片内RAM分布图

表1.1 RS1、RS0与片内工作寄存器组的对应关系

| RS1 | RS0 | 寄存器组 | 片内RAM地址 | 通用寄存器名称 |
| --- | --- | --- | --- | --- |
| 0 | 0 | 0 | 00～07H | R0～R7 |
| 0 | 1 | 1 | 08～0FH | R0～R7 |
| 1 | 0 | 2 | 10～17H | R0～R7 |
| 1 | 1 | 3 | 18～1FH | R0～R7 |

其中R0和R1可以作为数据指针来使用,R0和R1是一个8位的寄存器,在访问片内数据存储器时,用R0和R1作为地址指针使用;在访问外部数据存储器、低256 B的存储单元时,可用来存放8位地址,也可以用R0和R1作为地址指针使用,至于要选择哪一组的R0和R1,要根据PSW中设定的相应位的值来决定。

② 位寻址区(20H～2FH)。MCS－51单片机指令系统中有丰富的位操作指令,这些指令构成了位处理机的指令集。其中,处于内部RAM字节地址20H～2FH单元中的16个单元可进行共128位的位地址。位寻址区的分配如表1.2所示。

表1.2 位寻址区地址分配表

| 字节地址 | D7 | D6 | D5 | D4 | D3 | D2 | D1 | D0 |
| --- | --- | --- | --- | --- | --- | --- | --- | --- |
| 20H | 07 | 06 | 05 | 04 | 03 | 02 | 01 | 00 |
| 21H | 0F | 0E | 0D | 0C | 0B | 0A | 09 | 08 |
| 22H | 17 | 16 | 15 | 14 | 13 | 12 | 11 | 10 |
| 23H | 1F | 1E | 1D | 1C | 1B | 1A | 19 | 18 |
| 24H | 27 | 26 | 25 | 24 | 23 | 22 | 21 | 20 |
| 25H | 2F | 2E | 2D | 2C | 2B | 2A | 29 | 28 |

续表 1.2

| 字节地址 | D7 | D6 | D5 | D4 | D3 | D2 | D1 | D0 |
|---|---|---|---|---|---|---|---|---|
| 26H | 37 | 36 | 35 | 34 | 33 | 32 | 31 | 30 |
| 27H | 3F | 3E | 3D | 3C | 3B | 3A | 39 | 38 |
| 28H | 47 | 46 | 45 | 44 | 43 | 42 | 41 | 40 |
| 29H | 4F | 4E | 4D | 4C | 4B | 4A | 49 | 48 |
| 2AH | 57 | 56 | 55 | 54 | 53 | 52 | 51 | 50 |
| 2BH | 5F | 5E | 5D | 5C | 5B | 5A | 59 | 58 |
| 2CH | 67 | 66 | 65 | 64 | 63 | 62 | 61 | 60 |
| 2DH | 6F | 6E | 6D | 6C | 6B | 6A | 69 | 68 |
| 2EH | 77 | 76 | 75 | 74 | 73 | 72 | 71 | 70 |
| 2FH | 7F | 7E | 7D | 7C | 7B | 7A | 79 | 78 |

位寻址方式指操作数是二进制的一位(0 或 1)的寻址方式,89C51 有多条位处理指令,可进行各种类型的位运算。在 51 系统单片机中,位处理的操作对象是各种寻址位,对它们的访问是通过各种位地址来处理的。

这个存储区如果要进行按位寻址时在 89C51 中对应着 BDATA 区,如果进行字节寻址,并且直接寻址时采用 DATA 方式;如果是间接寻址,则采用的是 IDATA 方式。

③ 字节地址 30H～7FH 为用户区。这部分存储空间只能进行字节寻址,共有 80 B,可以用做堆栈或数据缓冲区。

(3)SFR 区

SFR(特殊功能寄存器)指的是片内数据存储区的高 128 B 单元,这个存储空间用于存放控制命令、状态或数据。除 PC 外,还有 21 个特殊功能寄存器,离散地分布在该区域中,地址空间为 80H～FFH,其中 11 个特殊功能寄存器还可以进行按位寻址。表 1.3 是 SFR 的名称及其分布,下面将对部分专用寄存器分类作简要介绍。这部分在 89C51 中如果是直接寻址方式,则对应着 SFR;如果采用间接寻址方式,则对应着 IDATA。这部分物理存储区和逻辑存储区的对应关系如图 1.3 所示。

表 1.3 单片机片内的特殊功能寄存器 SFR

| 符号 | 名称 | 位地址(D7～D0) | 字节地址 |
|---|---|---|---|
| B | B 寄存器 | F7～F0 | F0H |
| A | A 累加器 | E7～E0 或 ACC.7～ACC.0 | E0H |
| PSW | 程序状态字 | D7～D0 或 CY、AC、F0、RS1、RS0、OV、F1、P | D0H |
| IP | 中断优先级控制 | B8～BD 或 PX0、PT0、PX1、PT1、PS、PT2 | B8H |
| P3 | P3 口 | B7～B0 或 P3.7～P3.0 | B0H |
| IE | 中断允许控制 | AF、AC、AB、AA、A9、A8 或 EA、ES、ET1、EX1、ET0、EX0 | A8H |
| P2 | P2 口 | A7～A0 或 P2.7～P2.0 | A0H |
| SBUF | 串行数据缓冲 | — | 99H |
| SCON | 串行控制 | 98H～9FH 或 SE0、SE1、SE2、REN、TB8、RB8、TI、RI | 98H |
| P1 | P1 口 | 97～90 或 P1.7～P1.0 | 90H |

续表1.3

| 符号 | 名称 | 位地址(D7～D0) | 字节地址 |
|------|------|----------------|----------|
| TH1 | 定时/计数器1高8位 | — | 8DH |
| TL1 | 定时/计数器1低8位 | — | 8CH |
| TH0 | 定时/计数器0高8位 | — | 8BH |
| TL0 | 定时/计数器0低8位 | — | 8AH |
| TMOD | 定时/计数器方式控制字 | — | 89H |
| TCON | 定时/计数器控制字 | 8FH～88H 或 TF1,TR1,TF0,TR0,IE1,IT1,IE0,IT0 | 88H |
| PCON | 电源控制 | — | 87H |
| DPH | 数据指针高8位 | — | 83H |
| DPL | 数据指针低8位 | — | 81H |
| SP | 堆栈指针 | — | 81H |
| P0 | P0口 | 87～80 或 P0.7～P0.0 | 80H |

注：表中"—"表示不能进行位寻址。

① 与算数运算相关的寄存器，如 B 寄存器、A 累加器及 PSW 程序状态字。B 寄存器：是一个通用寄存器，在作乘除运算时，用于暂存数据；A 累加器：是 ACC 的简写，用来存放 ALU 运算的中间结果，常常作为数据的中转站；PSW(Program Status Word) 程序状态字：8位的程序状态字寄存器，用于指示指令执行后的状态信息，供程序查询和判别使用。

② 与中断控制有关的寄存器，如 IP、IE。中断优先级控制(IP)用来确定中断优先级的顺序；中断允许控制寄存器(IE)用来确定是否允许中断。

③ 与串行通信有关的寄存器，如 SBUF、SCON。串行数据缓冲(SBUF)用于存放待发送或已接受的数据，它由发送缓冲器和接收缓冲器两个独立的寄存器组成；串行口控制寄存器(SCON) 常和 SBUF 一起进行串口通信时使用。

④ 与定时/计数有关寄存器，如 TH0、TL0、TH1、TL1 及 TMOD、TCON。89C51中有两个16位的定时/计数器，分别是 T0 和 T1，它们分别由两个8位的寄存器组成，即 TH0、TL0 和 TH1、TL1；定时/计数器方式控制字(TMOD)用来选择两个定时器/计数器的工作方式；在定时/计数时，定时/计数器控制字(TCON)常和 TMOD 联合使用。

⑤ 指针类寄存器，如 DPTR、SP。数据指针(DPTR)为一个16位的专用寄存器，其高位用 DPH 表示，低位用 DPL 表示，它既可以作为一个16位的寄存器来使用，也可作为两个8位的寄存器 DPH 和 DPL 使用，DPTR 在访问外部数据存储器时既可用来存放16位地址，也可作为地址指针使用。

堆栈是数据区域中一个存放数据地址的特殊区域，主要用来存放暂存数据和地址，是按先进后出的原则存储。堆栈指针(SP)初值是一个8位专用寄存器，指示出堆栈顶部在片内 RAM 区的位置。系统复位后，SP 的初值为07H，实际堆栈操作是从08H开始的。

此外，指针还有程序指针 PC、数据指针 R0 和 R1。R0 和 R1 位于片内数据存储区的 00H～1FH 中的寄存器区。

⑥ 端口 P0～P3。P0～P3 为4个8位的特殊功能寄存器，分别是4个并行 I/O 端口的锁存器，当 I/O 端口的某一位用作输入时，对应的锁存器必须先置"1"。

（4）片外数据存储区（PDATA、XDATA）

在 89C51 中外部数据存储区常用 PDATA、XDATA 表示。XDATA 表示用 DPTR 间接访问外部 64 K 的存储空间，因为 DPTR 是 16 位的寄存器，故用 DPTR 访问外部数据存储空间时可达到 $2^{16}$ 的范围，即可在 0000H～FFFFH 范围内。而 PDATA 表示用 R0、R1 访问外部数据存储区中的低 256 字节区，因为 R0、R1 都是 8 位寄存器，因而用 R0、R1 访问时最大可达到 $2^8$ 的范围内，即在 00H～FFH 范围内进行访问。

总之，在使用 C51 进行编程时，物理分区和逻辑分区的对应关系如图 1.3 所示，但是要注意，编程时采用的寻址方式，如果是直接寻址方式，DATA 用来表示物理存储区为 00H～7FH 的片内数据存储区内共 128 B 单元的存储区；BDATA 用作位寻址，字节地址 00H～FFH 的片内数据存储范围内共 16 B 单元 128 位；SFR 表示片内数据存储区的 80H～FFH 范围；CODE 表示片内/外的 64 K 程序存储空间；若采用间接寻址时，IDATA 表示整个片内 00H～FFH 共 256 B 存储单元；PDATA、XDATA 表示外部数据存储单元。直接寻址和间接寻址方式的区别就要看存储区中直接给出的是源操作数还是源操作数的地址。

**2. CPU**

了解单片机的存储器结构以后，有必要了解一下 CPU。从图 1.2 中可以看出，单片机内部最核心的部分是 CPU，它能处理 8 位二进制数和代码，完成各种数据运算和逻辑控制。

CPU 在功能上可以分为运算器和控制器两个部分，下面分别对这两个部分进行介绍。从图 1.1 可以看出，89C51 的微处理器是由运算器和控制器构成的。

（1）运算器

运算器的功能是对操作数进行算术、逻辑运算和位操作（布尔操作）。它主要包括算术逻辑运算单元 ALU、累加器 A、寄存器 B、位处理器、程序状态字寄存器 PSW、BCD 码修正电路等。

①ALU（Arithmetic Logic Unit，逻辑运算单元）。ALU 由加法器和逻辑电路构成，可对数据进行与、或、异或、求补、移位等逻辑运算，四则运算、加 1、减 1 以及 BCD 码调整等算数运算。

②A（Accumulator）累加器。A 累加器是累加器 ACC 的简写，用来存放 ALU 运算的中间结果，常常作为数据的中转站。累加器为 8 位寄存器，是程序中最常用的专用寄存器，在指令系统中累加器的助记符为 A。大部分单操作数指令的操作取自累加器，很多双操作数指令的一个操作数也取自累加器。加、减、乘、除等算术运算指令的运算结果都存放在累加器 A 或 B 寄存器中，在变址寻址方式中累加器被作为变址寄存器使用。在 MCS－51 中由于只有一个累加器，而单片机中的大部分数据操作都是通过累加器进行，故累加器的使用十分频繁。

③B 寄存器。B 寄存器为 8 位寄存器，主要用于乘、除指令中。在作乘除运算时，用于暂存数据。在乘法指令中，两个操作数分别取自 A 和 B，结果存于 B 中。在除法指令中，A 为被除数，B 为除数，结果商存放 A 中，余数存放 B 中。在其他指令中，B 寄存器也可作为一般的数据单元来使用。

④PSW。PSW 是一个 8 位寄存器,它包含程序的状态信息。在状态字中,有些位状态是根据指令执行结果,由硬件自动完成设置,而有些状态位则必须通过软件方法设定。PSW 中的每一位可以作为一个程序执行结果的标志位,指令执行时可以根据测试 PSW 中某一位的状态作出决定。PSW 中各位的信息如图 1.5 所示。

| PSW 位地址 | D7H | D6H | D5H | D4H | D3H | D2H | D1H | D0H |
| --- | --- | --- | --- | --- | --- | --- | --- | --- |
| 位符号 | CY | AC | F0 | RS1 | RS0 | OV | 空 | P |

图 1.5　PSW 中各位的信息

a. CY:进位位,加法运算有进位,减法运算有借位时,CY 由硬件置"1",否则清零。在进行位运算时,CY 简写为 C,常作为位累加器。

b. AC:辅助进位位,当低 4 位向高 4 位进位或借位时,AC 置"1"。在进行 BCD 码调整指令时,AC 可以作为判断位。

c. F0:用户标志位,由用户置位或者复位。

d. RS1、RS0:工作寄存器组选择位,通过这两位的值可以选择当前的工作寄存器组。

e. OV:溢出标志位,当进行补码运算时,如果运算结果产生溢出,OV 置"1"。当执行算术指令时,由硬件置位或清零来指示溢出状态。在带符号的加减运算中,OV=1 表示加减运算结果超出了累加器 A 所能表示的符号数有效范围(−128 ～＋127),即运算结果是错误的;反之,OV=0 表示运算正确,即无溢出产生。无符号数乘法指令 MUL 的执行结果也会影响溢出标志,若置于累加器 A 和寄存器 B 的两个数的乘积超过了 255,则 OV=1;反之,OV=0。由于乘积的高 8 位存放于 B 中,低 8 位存放于 A 中,OV=0 则意味着只要从 A 中取得乘积即可,否则要从 BA 寄存器对中取得乘积结果。在除法运算中,DIV 指令也会影响溢出标志,当除数为 0 时,OV=1,否则 OV=0。

f. P:奇偶标志位是判断 A 累加器中 8 位内容中 1 的个数是奇数还是偶数个,通过这一位,可以提高串行通信的可靠性。每个指令周期由硬件来置位或清零用以表示累加器 A 中 1 的个数的奇偶性,若累加器中 1 的个数为奇数,则 P=1,否则 P=0。

(2)控制器

控制器是单片机的指挥控制部件。控制器的主要任务是识别指令,并根据指令的性质控制单片机各功能部件,从而保证单片机各部分能自动而协调地工作。

①程序指针(PC):16 位的程序计数器,由 8 位的 PCH 和 PCL 组成,用于存放下一条指令的地址。通过改变 PC 的值,可以改变程序的执行方向。

②数据指针(DPTR):16 位的数据地址寄存器,由 8 位的 DPH 和 DPL 组成,在对片外存储器扩展时,常用 DPTR 进行间接寻址;在访问程序存储器时,可以作为基址寄存器使用。

③指令寄存器:8 位寄存器,用于存放待执行的指令,等待译码。

④指令译码器:对指令进行译码,将指令转变为所需要的电信号,根据译码器的输出信号,在经过定时控制电路定时产生执行该指令所需要的各种控制信号。

**3. 接口**

① 并行接口：89C51 中有 P0～P3 共 4 个并行 I/O 接口。

② 串行接口：串行接口电路为用户提供了两个串行口缓冲寄存器（SBUF），一个称为发送缓存器，用来保存总线送来的需要发送数据，即发送缓冲器只能写不能读，发送缓冲器中的数据通过 TXD 引脚向外传送；另一个称为接收缓冲器，它的用途是用来保存需要传送给片内总线的数据，即接收缓冲器只能读不能写。接收缓冲器通过 RXD 引脚接收数据。因为这两个缓冲器一个只能写，一个只能读，所以共用一个地址，即 99H。

**4. 定时/计数器**

89C51 单片机中定时/计数器 T0、T1 分为由两个相互独立的 8 位寄存器 TH0、TL0 和 TH1、TL1 组成。它有 4 种工作方式，分别是：

① 方式 0 工作时，使用低字节的 5 位和高字节的 8 位组成 13 位的计数器。

② 方式 1 工作时，使用低字节和高字节组成 16 位计数器。

③ 方式 2 工作时，是自动预置方式的 8 位计数器，其使用低字节的 8 位作为计数器，高字节的 8 位作为预置常数的寄存器。

④ 方式 3 只适用于定时器/计数器 T0，T0 分为两个独立的 8 位计数器，即 TH0、TL0。

**5. 中断系统**

89C51 共有 5 个中断源，其中 2 个是外部中断，3 个是内部中断。89C51 单片机的 5 个中断源分成高和低 2 个优先级别，每一个中断请求源都可以编程设置为高优先级中断或低优先级中断，能实现两级中断嵌套。应用中可以通过设置 4 个与中断有关的特殊功能寄存器中的状态位，来使用 MCS－51 单片机的中断系统。这 4 个特殊功能寄存器分别是定时器控制寄存器（TCON）、串行口控制寄存器（SCON）、中断允许控制寄存器（IE）、中断优先级控制寄存器（IP）。

**6. 单片机的时序**

单片机的时序是从引脚 XTAL1 和 XTAL2 引入的时钟，这个时钟的周期为振荡周期，89C51 单片机各种周期存在着如下相互关系。

① 振荡周期：为单片机提供时钟信号的振荡源的周期。

② 时钟周期：是振荡源信号经二分频后形成的时钟脉冲信号所需要的时间。

③ 机器周期：通常将完成一个基本操作所需的时间称为机器周期。

④ 指令周期：是指 CPU 执行一条指令所需要的时间。一个指令周期通常含有 1～4 个机器周期。

综上所述，单片机是包含 CPU、存储器、接口、定时/计数器、中断系统和时钟的一个有机整体，各部分分工协作，完成指令所规定的操作。

### 1.2.2　89C51 单片机的外部引脚

89C51 单片机主要采用 40 脚双列直插（DIP）式封装。89C51 的引脚如图 1.6 所示。下面按功能把这些引脚分四类分别进行介绍。

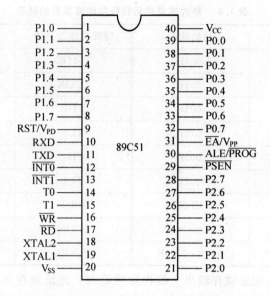

图 1.6 MCS－51 单片机的引脚图

**1. 基本引脚**

（1）电源引脚 $V_{CC}$(40) 和 $V_{SS}$(20)

$V_{CC}$(40)：电源端，接＋5V。

$V_{SS}$(20)：接地端。正电源端与接地端(＋5V/3.3V/2.7V)可以允许接不同的工作电压，不同的单片机表现出的功耗也不同。

（2）时钟电路引脚 XTAL1(19) 和 XTAL2(18)

①XTAL1：接外部晶振和微调电容的一端，在片内它是振荡器倒相放大器的输入。若使用外部 TTL 时钟，则该引脚必须接地。

②XTAL2：接外部晶振和微调电容的另一端，在片内它是振荡器倒相放大器的输出。若使用外部 TTL 时钟，则该引脚为外部时钟的输入端。

通过 XTAL1 和 XTAL2 所接时钟的晶振频率可求出单片机的时序。

例如，若 MCS－51 单片机外接晶振为 12 MHz 时，则单片机的 4 个周期的具体值是多少？

振荡周期 ＝ 1/12 MHz ＝ 1/12 $\mu$s ≈ 0.083 3 $\mu$s

5.时钟周期 ＝ 1/6 $\mu$s ≈ 0.167 $\mu$s

机器周期 ＝ 1 $\mu$s

指令周期 ＝ 1～4 $\mu$s

（3）控制信号引脚

①RST/VPD：复位输入／备用电源输入复位信号。RST 高电平有效，在输入端保持两个机器周期的高电平后，就可以完成复位操作。单片机运行出错或进入死循环时，可按复位键重新运行。当复位信号起作用时，21 个特殊功能寄存器复位后的状态为确定值。单片机复位后特殊功能寄存器的状态如表 1.4 所示。

表 1.4 单片机复位后特殊功能寄存器的状态

| 特殊功能寄存器 | 初始状态 | 特殊功能寄存器 | 初始状态 |
| --- | --- | --- | --- |
| A | 00H | TMOD | 00H |
| B | 00H | TCON | 00H |
| PSW | 00H | TH0 | 00H |
| SP | 07H | TL0 | 00H |
| DPL | 00H | TH1 | 00H |
| DPH | 00H | TL1 | 00H |
| P0～P3 | FFH | SBUF | ×××××× |
| IP | ××× | SCON | 00H |
| IE | 0××00000B | PCON | 0×××××× |

②ALE/$\overline{\text{PROG}}$:地址锁存输出/编程脉冲输入。地址锁存允许 ALE 系统扩展时，ALE 用于控制地址锁存器锁存 P0 口输出的低 8 位地址，从而实现数据与低位地址的复用。

③$\overline{\text{PSEN}}$:程序存储器允许(从 EPROM/ROM 中读取指令)，是读外部程序存储器的选通信号，低电平有效。

④$\overline{\text{EA}}/V_{PP}$:外部程序存储器地址允许输入/编程电压输入，当程序存储器地址允许输入端 $V_{PP}$ 当为高电平时，CPU 执行片内程序存储器指令，但当 PC 中的值超过 0FFFH 时，将自动转向执行片外程序存储器指令。当为低电平时，CPU 只执行片外程序存储器指令。当 $\overline{\text{EA}}$ 接高电平时，CPU 只访问及执行片内 EPROM/ROM，但当 PC 的值超过 0FFFH(对 8751/89C51 为 4 KB)时，将自动转去执行片外程序存储器的内容；当 $\overline{\text{EA}}$ 接低电平时，CPU 只访问及执行片外 EPROM/ROM 中的程序。

(4) 输入/输出端口(P0、P1、P2 和 P3)

在 89C51 中有 4 个 8 位双向 I/O 接口，共有 32 根引脚线，单片机的端口是集数据输入、输出、缓冲于一体的多功能 I/O 接口，它们既有相似之处，又有不同点。

①P0 口(P0.0～P0.7):字节地址 80H，位地址 80H～87H，它可作为普通的 I/O 接口，也可作为地址/数据线的复用端口。

②P1 口(P1.0～P1.7):字节地址 90H，位地址 90H～97H，它是一个 8 位准双向 I/O 接口。

③P2 口(P2.0～P2.7):字节地址 A0H，位地址 A0H～A7H，在访问外部程序存储器时，它为存储器的高 8 位地址线，通常，当外部存储器容量大于 256 B 时，P2 口用于扩展的外部存储器大于 256 B 时的地址；当外部存储器容量小于 256 B 时，P2 口作为 I/O 接口使用。

④P3 口(P3.0～P3.7):字节地址 B0H，位地址 B0H～B7H，P3 口除了做一般的 I/O 接口使用之外，还具有第二功能。其第二功能如表 1.5 所示。P3 口在做第二功能时，只有一个功能有效，它是一个准双向的、多功能的 I/O 接口。

表 1.5　P3 口的第二功能

| 口线 | 第二功能 | 备注 |
| --- | --- | --- |
| P3.0 | RXD | 串行输入 |
| P3.1 | TXD | 串行输出 |
| P3.2 | $\overline{INT0}$ | 外部中断 0 |
| P3.3 | $\overline{INT1}$ | 外部中断 1 |
| P3.4 | T0 | 定时器 0 |
| P3.5 | T1 | 定时器 1 |
| P3.6 | $\overline{WR}$ | 写选通 |
| P3.7 | $\overline{RD}$ | 读选通 |

单片机的 4 个 I/O 接口都具有缓冲作用，单片机检测到的常常是一个 Q 值信号，也就是在各个端口锁存器输出的信号，而并非真正的引脚信号。

**2. 外部存储器的扩展**

外围器件与单片机的接口是单片机应用系统至关重要的环节。单片机内资源少，容量小，在进行较复杂过程的控制时，它自身的容量远远不能满足需要，为此，常常使用存储器扩展其存储空间，51 系列单片机受到管脚的限制，没有对外专用的地址总线和数据总线，那么在进行对外扩展存储器或 I/O 接口时，需要首先扩展对外总线，所谓的总线指地址总线、数据总线及控制总线。

89C51 单片机地址总线宽度为 16 位，寻址范围为 64 K，因此，它可扩展的程序存储器和数据存储器的最大容量是 64 K($2^{16}$)。当与单片机连接时，P0 作为地址线的低 8 位，P2 口作为地址线的高 8 位；89C51 单片机的数据总线宽度为 8 位，P0 口作为 8 位数据口，在系统进行外部扩展时与低 8 位地址总线分时复用。控制总线的主要控制信号有 $\overline{WR}$、$\overline{RD}$、ALE、$\overline{PSEN}$、$\overline{EA}$ 等。

89C51 单片机地址总线宽度为 16 位，单片机外部最大可扩展 64 KB 的程序和数据存储器，因此，当要用到较大容量时，需要选用多片的存储器芯片来扩展。在扩展较大容量的存储器时，如何确定芯片数目以及片选数，可根据选用的芯片容量与存储器的总容量来确定。

$$芯片数目 = \frac{存储器的总位容量}{选用芯片的位容量}$$

$$片选数目 = \frac{存储器的总字容量}{选用芯片的字容量}$$

多片存储器进行扩展时使用的方法有线选法和译码法。线选法是指把多余的地址总线（即除去存储容量所占用的地址总线外）中的某一根地址线作为选择某一片存储或某一个功能部件接口芯片的片选信号线。每一块芯片均需占用一根地址线，这种方法适用于存储容量较小、外扩芯片较少的小系统，其优点是不需地址译码器。线选法的主要优点是节省硬件资源成本低；缺点是外扩器件的数量有限，而且地址空间不连续。

译码法是指将高位剩余地址的部分进行译码。若把剩余的部分全部进行译码，译码后输出产生的片选称全译码方式。这种方法的主要优点就是极大地利用了 CPU 的地址空间,各芯片地址间连续,适用于扩展大容量存储器时使用。若只将高位剩余地址的一部分进行译码,不用的引脚悬空的方式,称为部分译码法。这种方法可较好地利用 CPU 的存储空间,但存在地址空间重叠的现象。

需要说明的是,由于 P0 口是数据总线与低 8 位地址总线复用的,所以要加锁存器来锁存低 8 位地址,常用做单片机的地址锁存器的芯片有 74LS373、8282、74LS273 等。74LS373 和 8282 是带三态输出的 8 位锁存器,当三态场面为有效低电平,使能 G 端为有效高电平时,输出随输入变化;当 G 端由高变低时,输出端 8 位信息被锁存,直到 G 端再次有效。

(1) 外部程序存储器的扩展

可选用的程序存储器有 2716、2732、2764、27128、27256 等芯片,芯片型号的高两位数字 27 是表示 EPROM,低位数字表示存储容量的 KB 值,如 2764 表示 64 K 存储位的 EPROM,低位数字除以 8 为芯片的字节存储容量,则 2764 的字节容量为 8 K,可以表示成 8 K×8。在扩展使用的芯片的 D0～D7 为数据线,Ai 为地址线,$\overline{CS}$ 引脚为片选线,$\overline{OE}$ 为数据输出数据线,引脚 $V_{CC}$ 是工作电源,引脚 $V_{PP}$ 是编程电源。当引脚 $\overline{EA}=0$,即引脚接低电平时,单片机只执行片外程序存储器中的程序。如图 1.7 所示,给出了 89C51 外扩 16 K 字节 EPROM 的 27128 的电路图。

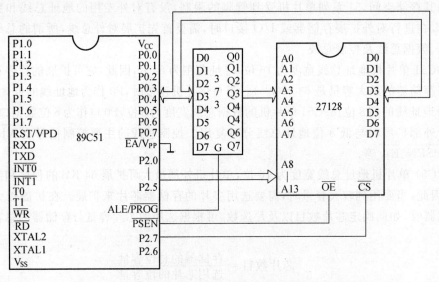

图 1.7  89C51 外扩 16 K 字节 EPROM 的 27128 的电路图

如图 1.7 所示,当扩展的 EPROM 的容量是 16 K×8 扩展单个程序存储器时,片选单元需要 14 位地址,故用 P0 口的 8 位地址(P0.0～P0.7)和 P2 口(P2.0～P2.5)为地址位,P2.6 为片选位,接 27128 的 $\overline{CE}$ 端,P2.6 用来选择外部 27128 是否有效,P2 口剩余的引脚为 1,则单片 27128 所占用的地址范围为 8000H～FFFFH。

实际往往会用到多片程序存储器的扩展,如果要用 2716 来扩展 8 K 的外部存储空间。由计算可知,需要选用 4 片 2716,并且需要使用 4 个片选信号。此时,采用线选法的扩展方式时,2716 为 2 K×8 的芯片,地址是由 P0 口的 8 位(P0.0～P0.7)和 P2 口 3 位

(P2.0~P2.2)组成 11 位的地址单元。P2 剩余的地址用做片选,若 P2.3 选第一片,P2.4 选第二片,P2.5 选第三片,P2.6 选第四片,则它们所占用的存储空间分别为:

第一片 2716 占用地址:F000H~F7FFH;

第二片 2716 占用地址:E000H~E7FFH;

第三片 2716 占用地址:D000H~D7FFH;

第四片 2716 占用地址:B000H~B7FFH。

若采用部分译码法时,P2.3~P2.7 多余的五位地址中高 3 位 P2.5~P2.7 不用,使用 P2.3、P2.4 连接到 74LS139(2-4 译码器)上,译码后可产生 4 个输出信号,用这 4 个输出信号做片选信号,此时,各个芯片的地址范围为:

第一片 2716 占用地址:0000H~07FFH;

第二片 2716 占用地址:0800H~08FFH;

第三片 2716 占用地址:1000H~17FFH;

第四片 2716 占用地址:1800H~18FFH。

此时,P2.5~P2.7 三位没有参加译码,为任意状态,4 片 2716 均可有 8 个地址范围,产生存储空间重叠现象。若要消除此现象,在部分译码法中将没有用的位固定为 0 或 1 即可。

(2)外部数据存储器的扩展

89C51 单片机的外部还可扩展 64 KB 的数据存储器,用来存放随机数据,程序运行时,只能通过地址寄存器 DPTR 和通用寄存器 R0、R1 间接寻址。常用的数据存储器 RAM 芯片有 6116(2 K×8)、6264(8 K×8)和 62256(32 K×8)三种。

数据存储器的扩展与程序存储器的扩展非常相似,所使用的地址总线和数据总线完全相同,但是它们所用的控制总线不同,数据存储器的扩展所使用的控制总线是$\overline{WR}$和$\overline{RD}$,而程序存储器所使用的控制总线是$\overline{PSEN}$,因此虽然它们的地址空间相同,但是由于控制信号不同,所以不会冲突。图 1.8 给出了 89C51 外扩 2 K 字节数据存储器 6116 的电路图。

习惯上,计算地址是可以将未用到的地址信号看作 1,如果将 A11~A14 都置为 1,则可以得到该片 6116 的地址范围为 7800H~7FFFH。

(3)外部数据/程序存储器综合扩展

实际上,有时会用到程序存储器和数据存储器的综合扩展。如图 1.9 所示,单片机扩展 1 片程序存储器 2764 和 1 片数据存储器 6116 的综合扩展。它采用线选法来实现扩展存储器。

此时,如果采用线选法的扩展方式时,2716 为 2 K×8 的芯片,地址单元需要 11 个,数据存储器 6116 为 2 K×8 的芯片,地址单元也需要 11 个,因此用 P0 口的 8 位(P0.0~P0.7)和 P2 口 3 位(P2.0~P2.2)组成 11 位的地址单元,P2 剩余的地址用做片选,P2.3 选第一片,P2.4 选第二片,剩余引脚接地,则它们所占用的存储空间分别为:

第一片 6116 占用地址:0100H~0FFFH;

第二片 2716 占用地址:1000H~17FFH。

如图 1.10 所示,为采用部分译码法的实现扩展存储器的方式。若采用部分译码法

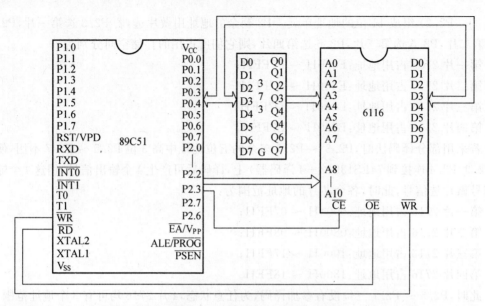

图 1.8 扩展单片 6116 的电路图

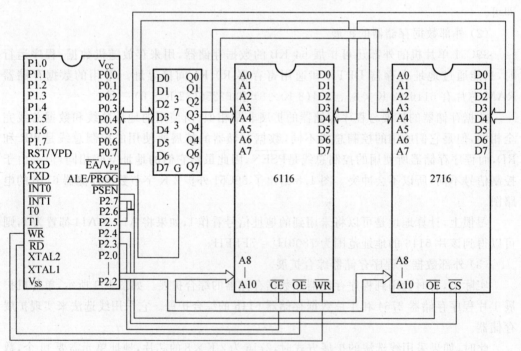

图 1.9 线选法扩展 1 片 6116 和 1 片 2716

时,P2.3~P2.7 多余的 5 位地址中高 3 位 P2.4~P2.7 不用,使用 P2.3 连接到非门上,以输入信号和非门输出信号做片选信号,此时,各个芯片的地址范围为:

第一片 2716 占用地址:0000H~07FFH;

第二片 2716 占用地址:0800H~08FFH。

此时,P2.4~P2.7 没有参加译码,为任意状态。为了消除重叠现象,图 1.10 中部分译码法没有用的位可固定为 0。由此可以看出，经过译码电路扩展的存储器是从小到大连续编号的。

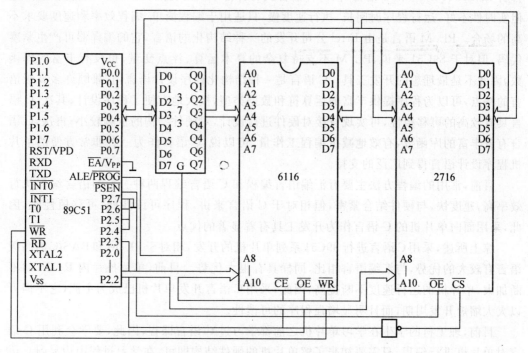

图 1.10　译码法扩展 1 片 6116 和 1 片 2716

程序存储器和数据存储器是共用数据总线和地址总线的。实际上在 51 系列单片机的并行扩展系统中，所有的外部并行扩展器件都是共用数据总线和地址总线的。程序存储器可扩展的空间范围是 0000H～FFFFH，数据存储器可扩展的空间范围也是 0000H～FFFFH，它们之间是通过控制总线来进行区分的。数据存储器的扩展所使用的控制总线是 $\overline{WR}$ 和 $\overline{RD}$，而程序存储器所使用的控制总线是 $\overline{PSEN}$。在 51 系列单片机的并行扩展系统中，数据存储器的扩展地址和外部 I/O 接口的扩展地址是进行统一编制的。

## 1.3　单片机的编程语言

如果说硬件资源是单片机的骨骼，那么软件资源就是单片机的灵魂。单片机的软件资源就是指为了完成某种功能，将若干条指令按先后顺序组织起来的一段程序或者若干段指令的集合。指令是基本的软件资源，它可以有机器语言、汇编语言和高级语言 3 种不同的语言形式。

在 89C51 单片机中，机器语言指的就是机器码，它是采用由二进制编码 0 和 1 来表示的指令，是计算机能够直接识别和执行的语言；但不便于人阅读和编写。因此，人们开始采用助记符来表示的一些命令，也就是汇编语言，它与机器语言是一一对应的。汇编语言比机器语言增强了程序的可读性，但汇编程序必须经过汇编为机器语言，计算机才能执行指令。相对于前两种语言，高级语言可读性较高，但计算机不能直接执行高级语言，要通过编译或解释程序才能被执行,因此执行速度略慢于前两种语言,单片机中常用的高级语言有 BASIC、PL/M 和 C 语言,但每种语言又有各自不同的特点。BASIC 语言简单易学,但实时性不好,运行程序时间长,执行速度慢,只适用于编程简单,编程效率和速度要求不高的场合。PL/M 语言是由 Intel 公司开发的一种结构化的语言,它的编译器可产生紧凑代码,但对于 89C51 来说,PL/M 不支持复杂的算术运算、浮点变量,也没有丰富的库函数,因此不是最理想的开发工具。C 语言是一种结构化程序设计语言,它兼顾许多高级语言的特点,可以为程序提供丰富的运算符和数据类型,极大地方便了程序设计;其次,C 语言具有较高的可移植性,可实现直接对硬件进行设计,对硬件结构的依赖较小;再次,C 语言有着丰富的库函数,有效地减少编程工作量,可以说,C 语言作为一种非常方便的单片机程序设计语言得到广泛的支持。

目前,常用的编程方法主要有汇编语言编程和 C 语言编程两种。汇编语言编程执行效率高,速度快,与硬件结合紧密,但相对于 C 语言来讲,程序可读性低,可移植性差,因此,采用面向单片机的 C 语言作为开发工具有着显著的优点。

综上所述,采用 C 语言进行 89C51 系列单片机的开发,相对于 PL/M 和 BASIC 的高级语言有较大的优势,与汇编语言相比,同样具有很大优势。目前,单片机片内 ROM 的不断加大,单片机的运行速度不断提高,因此,采用 C 语言开发单片机已成为主流,它不但可以大大缩短开发周期,而且明显增强程序的可读性。

目前,理工科的学生在学习单片机之前都学习过 C 语言课程,因此,要学会利用 C 语言对单片机进行编程,只需要初步了解单片机的硬件结构即可,在学习过程中边复习 C 语言知识,边学习 C51 与标准 C 语言的不同点和编程注意事项,通过实例逐渐练习较系统的 C 语言编写程序的思维模式。

## 本章小结

本章以单片机与计算机的不同为切入点,引入了单片机的定义、介绍单片机的发展过程、应用领域及展望,并以 Intel 公司的 MCS-51 系列单片机 89C51 为代表,介绍单片机的硬件资源和单片机编程中常用的编程方法。

## 习 题

1. 什么是单片机?其主要特点是什么?
2. 8 位单片机中的"8 位"指的是什么?
3. 单片机与普通的芯片有什么不同?单片机与微型计算机有什么不同?
4. MCS-51 系列的典型产品 8051、8751 和 8031 的区别是什么?
5. 当外部晶振周期分别为 6 MHz 和 12 MHz 时,计算机器周期。
6. SFR 指的是什么?分布在哪里?
7. 单片机片内存储器如何分类?片内低 128 B 分为哪三个区域?都是什么?
8. 程序状态字 PSW 中各个状态位是从哪里得到的?其中两个未安排的自定义位

(PSW.5 和 PSW.2)用户能任意使用吗?

9. 指针分为哪几种?分别是什么?

10. 什么是 SP?一般将 SP 设置为多少?什么是堆栈?89C51 的堆栈开辟在什么地方?

11. 89C51 的 4 个口中哪个口有第二功能,分别是什么?

12. I/O 接口如何进行输入、输出?

13. 为什么要进行片外存储器的扩展?扩展的方法有几种?都是什么?

14. 使用 3−8 译码器最多可以扩展多少片 6264?试画出其逻辑扩展图,并且写出每一片的地址范围。

15. 画出单片机外扩一片 2716 作为程序存储器的逻辑扩展图,并写出其地址范围。

16. 画出综合扩展一片 2764 和两片 6264 的逻辑扩展图,并写出其地址范围。

17. 想一想机器语言、汇编语言和高级语言各自的优缺点是什么?

18. 为什么用 C 语言对单片机进行编程?与其他编程方法相比有什么优点?

# 第 2 章

# C51 语言编程基础

## 2.1 C51 程序的基本结构

### 2.1.1 C51 语言基础

C 语言是一个通用的编程语言,它提供高效的代码、结构化的编程和丰富的操作符。一般来说它限制较少,可以为各种软件任务提供方便和有效的编程。C51 就是基于 51 系列单片机硬件系统的 C 语言编译器。C51 编译器支持 ANSI C 语言标准。它首先的目标是生成针对 51 系列单片机最快和最紧凑的代码。C51 是一个交叉编译器,也具有 C 编程的弹性、高效的代码和汇编语言的速度。

Keil C51 是美国 Keil Software 公司出品的 51 系列兼容单片机 C 语言软件开发系统。与汇编相比,C 语言在功能、结构性、可读性、可维护性上有明显的优势,因而易学易用。

### 2.1.2 C51 程序的基本结构和书写特点

**1. 基本程序结构**

任何一种程序设计语言都具有特定的语法规则和规定的表达方法。一个程序只有严格按照语言规定的语法和表达方式编写,才能保证编写的程序在计算机中正确地执行,同时也便于阅读和理解。

为了了解 C51 语言的基本程序结构,首先介绍一个 C51 程序。

```
#include "reg51.h"
void delay(unsigned int i)
{
    while(i--);    // 循环,i=0 时,跳出循环体,步长为 1 个减法周期
}
void main()
{
```

```
        P1=0x00;    //P1口为低电平输出
        delay(1000);  /* 延时程序 */
}
```

这是一个最简单的C51程序,其执行结果是P1口全部输出低电平。此程序的执行过程是:

① 程序从main( )处开始。
② P1表示51系列单片机的P1口引脚输出寄存器,在reg51.h头文件中定义。
③ 执行向P1引脚寄存器中写入00H数值。
④ 此时P1口的8条引脚全部输出低电平。
⑤ 进入延时子函数程序,延时,即没有意义的空操作。
⑥ 程序中"/*……*/"和"//"表示对程序的说明(称为注释),不参与程序的运行。注释文字可以是任意字符,如汉字、拼音、英文等。

C51程序为函数模块结构,所有的C51程序都是由一个或多个函数构成,其中必须只能有一个主函数main( )。程序从主函数开始执行,当执行到调用函数的语句时,程序将控制转移到调用函数中执行,执行结束后,再返回主函数中继续运行,直至程序执行结束。C51程序的函数是由编译系统提供的标准函数(如printf、scanf等)和由用户自己定义的函数(如delay等)。虽然从技术上讲,主函数不是C语言的一个成分,但它仍被看做是其中的一部分,因此,"main"不能用做变量名。

函数的基本形式是:函数类型 函数名(形式参数) 形式参数说明;
{
    数据说明部分;
    语句部分;
}

其中。函数头包括函数说明、函数名和圆括号中的形式参数(如void delay(unsigned int i)等),如果函数调用无参数传递,则圆括号中形式参数为空(如void proc( )函数等)。形式参数说明指定函数调用传递参数的数据类型,如delay(1000)等;函数体包括函数体内使用的数据说明和执行函数功能的语句;花括号{ }用来表示函数体。

从技术上讲,纯粹由程序员自己编写的语句构成C51语言程序是可能的,但这却是罕见的。因为,所有C51编译程序都提供能完成各种常用任务的函数中函数库(如printf、scanf)。C51编译程序的设计者已经编写了大部分常见的通用函数。当调用一个别人编写的函数时,编译程序"记忆"它的名字。随后,"链接程序"把编写的程序同标准函数库中找到的目标码结合起来,这个过程称为"链接"。保存在函数库中的函数是可重定位的。这意味着其中机器码指令的内存地址并未绝对地确定,只有偏移量是确定的。当把程序与标准函数库中的函数相链接时,内存偏移量被用来产生实际地址。

**2. C51程序的书写特点**
(1)C51程序的构成
C51程序主要由函数构成。C51程序中有3种类型的函数:
① main( ):主函数,开发系统提供的特殊函数,每一个C51程序必须且只有一个

main()函数。它代表程序开始执行的起始位置。

②开发系统提供的函数,如 printf()、scanf()等。

③程序员自己设计的函数,如 max()等。

(2) 函数的构成

一个函数由两部分构成,即函数的说明部分和函数体。

①函数的说明部分。其包括:函数名、函数类型(返回值类型)、函数属性(前面的例子中未使用函数的属性)。函数的属性包括 near 和 far。

②函数体。函数体是花括号{ }中的部分。函数体中包含变量定义部分和执行部分。

例如:

int max (x, y)

int x, y;

{

}

③一个 C 程序总是从 main()处开始执行,而不管 main()在源程序中的位置。

④C 程序书写格式自由,一个语句可以占多行,一行也可以有多个语句。

⑤语句和数据定义后必须要有分号。例如,c=a+b;

⑥C 语言用函数进行输入输出,如 scanf()、printf()等。

⑦C 语言用"/* … */"作为注释。

## 2.2 C51 数据与运算

### 2.2.1 C51 的数据类型

数据类型是按照规定形式表示数据的一种方式,不同的数据类型占用的空间也不同。每写一个程序,总离不开数据的应用,在学习 C51 语言的过程中掌握理解数据类型是很关键的。单片机 C 语言编译器所支持的数据类型如表 2.1 所示。

表 2.1 单片机 C 语言编译器所支持的数据类型

| 数据类型 | 长度 | 值域 | 说明 |
| --- | --- | --- | --- |
| unsigned char | 单字节 | 0～255 | 无符号字符型 |
| signed char | 单字节 | -128～+127 | 带符号字符型 |
| unsigned int | 双字节 | 0～65 535 | 无符号整型 |
| signed int | 双字节 | -32 768～+32 767 | 带符号整型 |
| unsigned long | 四字节 | 0～4 294 967 295 | 无符号长整型 |
| signed long | 四字节 | -2 147 483 648～+2 147 483 647 | 带符号长整型 |
| float | 四字节 | ±1.175 494E-38～±3.402 823E+38 | 单精度型 |
| * | 1～3 个字节 | 对象的地址 | 指针 |
| bit | 位 | 0 或 1 | 位变量 |
| sfr | 单字节 | 0～255 | 8 位特殊功能寄存器 |
| sfr16 | 双字节 | 0～65 535 | 16 位特殊功能寄存器 |
| sbit | 位 | 0 或 1 | 可位寻址定义 |

在标准 C 语言中基本的数据类型为 char、int、short、long、float 和 double,而在 C51 编译器中 int 和 short 相同,float 和 double 相同。

**1. char(字符类型)**

char 的长度是 1 个字节,通常用于定义处理字符数据的变量或常量。分无符号字符类型(unsigned char)和有符号字符类型(char),默认值为 char 类型。unsigned char 类型用字节中所有的位来表示数值,所能表达的数值范围是 0~255。char 类型用字节中最高位字节表示数据的符号,"0"表示正数,"1"表示负数,负数用补码表示,所能表示的数值范围是-128~+127。unsigned char 常用于处理 ASCII 字符或用于处理小于或等于 255 的整型数。

**2. int(整型)**

int 型数据的长度为两个字节,用于存放一个双字节数据,分有符号整型数(signed int)和无符号整型数(unsigned int),默认值为 int 类型。int 表示的数值范围是-32 768~+32 767,字节中最高位表示数据的符号,"0"表示正数,"1"表示负数。unsigned int 表示的数值范围是 0~65 535。

**3. long(长整型)**

long 型数据的长度为 4 个字节,用于存放一个四字节数据,分有符号长整型(long)和无符号长整型(unsigned long),默认值为 long 类型。long 表示的数值范围是-2 147 483 648~+2 147 483 647,字节中最高位表示数据的符号,"0"表示正数,"1"表示负数。unsigned long 表示的数值范围是 0~4 294 967 295。

**4. float(浮点型)**

float 型数据的在十进制中具有 7 位有效数字,是符合 IEEE-754 标准的单精度浮点型数据,占用 4 个字节。

**5. *(指针型)**

指针型数据本身就是一个变量,在这个变量中存放的指向另一个数据的地址。指针变量要占据一定的内存单元,对不一样的处理器长度也不尽相同,在 C51 中它的长度一般为 1~3 个字节。指针变量也具有类型,表示方法是在指针符号"*"的前面冠以数据类型符号。指针变量的类型表示该指针所指向地址中数据的类型,使用指针型变量可以方便地对 8051 单片机各部分物理地址直接进行操作。

例如:char * p;  /* p 是一个字符型的指针变量 */
　　　p=0x10;/* 定义 p 的地址为 0x10 */

**6. bit(位标量)**

bit 是 C51 编译器的一种扩充数据类型,利用它可定义一个位标量,但不能定义位指针,也不能定义位数组。与 8051 硬件特性操作有关的位变量必须定位在 8051 单片机片内存储区(RAM)的可位寻址空间中。它的值是一个二进制位,不是 0 就是 1,类似一些高级语言中的 Boolean 类型中的 True 和 False。一个函数中可以包含 bit 类型的参数,函数的返回值也可以是 bit 类型。

例如:bit func(bit m,bit n) /* 定义一个返回位型值的函数 func,其函数包括两个位型参数 m、n */

```
    {……
return(b1);    /* 返回一个位型值 b1 */
}
```

**7. sfr(特殊功能寄存器)**

sfr 也是一种扩充数据类型,占用一个内存单元,值域为 0~255。利用它能访问 51 系列单片机内部的所有特殊功能寄存器,且地址范围为 0x80~0xFF。

使用方法为:sfr 特殊功能寄存器名 = 特殊功能寄存器地址常数;

例如:sfr P1 = 0x90;// 定义 P1 的 I/O 端口,其地址为 90H。

**8. sfr16(16 位特殊功能寄存器)**

sfr16 占用两个内存单元,值域为 0~65 535。sfr16 和 sfr 一样用于操作特殊功能寄存器,所不同的是它用于操作占两个字节的寄存器,如 DPTR 及 8052 单片机的定时器。

使用方法为:sfr16 特殊功能寄存器名 = 特殊功能寄存器常数;

例如:sfr16 DPTR = 0x82;    // 定义数据指针 DPTR, DPL = 82H, DPH = 83H。

sfr16 T2 = 0xCC;    // 定义 8052 的定时器 2,地址为 T2L = CDH, T2H = CCH。

**9. sbit(可寻址位)**

sbit 同样是单片机 C 语言中的一种扩充数据类型,利用它能访问芯片内部的 RAM 中的可寻址位或特殊功能寄存器中的可寻址位。sbit 的使用方法有以下 3 种:

①sbit 位变量名 = 位地址;

例如:sbit P0_1 = 0x81;

②sbit 位变量名 = 特殊功能寄存器名^位位置;

说明:操作符"^"后面的位位置的最大值取决于指定的基址类型,char(0~7),int(0~15),long(0~31)。

例如:sft P0 = 0x80;    sbit P0_1 = P0^1;    /* P0_1 为 P0 中的 P0.1 引脚 */

③sbit 位变量名 = 字节地址^位位置;

例如:sbit P1_1 = 0x90^1;

**10. 用关键字(typedef)重新定义数据类型**

除了上面介绍的数据类型之外,用户还可以根据自己的需要对数据类型重新定义。重新定义时需用到关键字 typedef,定义格式如下:

typedef 已有的数据类型 新的数据类型名;

其中,已有的数据类型是指上面所介绍的 C 语言中所有的数据类型,包括结构、指针、数组等;新的数据类型名可按用户自己的习惯或根据任务需要决定,而 typedef 的作用只是将 C 语言中已有的数据类型作了置换,因此可用置换后的新数据类型名来进行变量的定义。

用 typedef 定义的新数据类型一般用大写字母表示,以便与 C 语言中原有的数据类型相区别。另外还要注意,用 typedef 可以定义各种新的数据类型名,但不能直接用来定义变量。typedef 只是对已有的数据类型作了一个名字上的置换,并没有创造出一个新的数据类型。

例如:typedef int STUDENT;/* 定义 STUDENT 为整型类型,且 STUDENT 是 int

类型的一个新名字 */

　　　　STUDENT n; 　　/* 将 n 定义为整型变量 */

**11. signed/unsigned(有符号/无符号)**

在编写程序时,如果使用 signed 和 unsigned 两种数据类型,那么就得使用两种格式类型的库函数,这将使占用的存储空间成倍增长。因此在编程时,如果只强调程序的运算速度而不进行负数运算,则最好采用无符号(unsigned) 格式。

在编程时,为了书写方便,经常使用简化的缩写形式来定义变量的数据类型。

例如: #define uchar unsigned char　/* 后面的编程中用 uchar 代替 unsigned char */
　　　　#define uint unsigned int　　/* 后面的编程中用 uint 代替 unsigned int */

对于 C 语言这样的高级语言,不管使用何种数据类型,从表面上看,其操作十分简单,但实际上系统的 C 语言编译器需要用一系列机器指令对其进行复杂的变量类型和数据类型的处理。因此,要慎重选择变量和数据类型。而对于 51 系列单片机来说,只有 bit 和 unsigned char 两种数据类型可以直接支持机器指令。所以,在程序设计中尽可能地使用位变量和无符号字符变量。

### 2.2.2　常量与变量

C51 同样有常量和变量,其用法与 C 语言相同。

**1. 常量**

常量是在程序运行过程中数值不变的量。具体如下:

(1) 整型常量

整型常量即整常数。它可以是十进制、八进制、十六进制数字表示的整数值。通常,C51 程序设计时使用十进制和十六进制比较多。

十进制如 123、0、-89 等。十六进制则以 0x 开头,如 0x34、-0x3B 等。长整型就在数字后面加字母 L,如 104L、034L、0x40L 等。

(2) 浮点型常量

浮点型常量又称为实型常量,分为十进制和指数表示形式。

十进制由数字和小数点组成,如 0.888,3 345.345,0.0 等,整数或小数部分为 0,能省略,但必须有小数点。

指数表示形式为[±]数字[.数字]e[±]数字,其中[ ]中的内容为可选项,内容根据具体情况可有可无,但其余部分必须有,指数部分用 E 或 e 开头,且要求字母 E 或 e 之前必须有数字。幂指数可以为负数,当没有符号时视正指数的基数为 10,如 1.375E8 表示为 $1.375×10^8$。在浮点型常量中不得出现空白符号,在不加任何说明的情况下,字符型常量为正值。如果表示负数,需要在常量前使用符号,如 125e3、7e9、-3.0e-3。

(3) 字符型常量

字符型常量是单引号内的字符,如 'a'、'd' 等,不能显示的控制字符,可在该字符前面加一个反斜杠"\"组成专用转义字符,如表 2.2 所示。

表 2.2　常用转义字符表

| 转义字符 | 含义 | ASCII 码(十六/十进制) |
|---|---|---|
| \0 | 空字符(NULL) | 00H/0 |
| \n | 换行符(LF) | 0AH/10 |
| \r | 回车符(CR) | 0DH/13 |
| \t | 水平制表符(HT) | 09H/9 |
| \b | 退格符(BS) | 08H/8 |
| \f | 换页符(FF) | 0CH/12 |
| \' | 单引号 | 27H/39 |
| \" | 双引号 | 22H/34 |
| \\ | 反斜杠 | 5CH/92 |

需要注意的是,字符"6"和数字"6"的区别:前者是字符常量,后者是整型常量,它们的含义和在单片机中的存储方式都是不同的。

(4) 字符串型常量

字符串型常量由双引号内的字符组成,如"test"、"OK"等。当引号内没有字符时,为空字符串。在使用特殊字符时同样要使用转义字符如双引号。在 C51 中字符串常量是作为字符类型数组来处理的,在存储字符串时系统会在字符串尾部加上\0 转义字符以作为该字符串的结束符。因此在程序中,长度为 $n$ 个字符的字符串常量,在内存中占 $n+1$ 个字节的存储空间。

注意:字符串常量"A"和字符常量"A"是不一样的,前者在存储时多占用一个字节的空间。

(5) 符号常量

符号常量是指将程序中的常量定义为标识符。符号常量一般使用大写英文字母表示,以区别于一般用小写字母表示的变量。符号常量在使用前必须先定义,定义的形式是:

#define 标识符 常量

例如:#define PI 3.1415926

#define 是 C51 语言的预处理命令,它表示经定义的符号常量在程序运行前将由其对应的常量替换。定义符号常量的目的是为了提高程序的可读性,便于程序的调试与修改。

**2. 变量**

变量是一种在程序执行过程中其值不断变化的量。

要在程序中使用变量必须先定义变量名,并指定所用的数据类型和存储模式,这样编译系统才能为变量分配相应的存储空间。定义一个变量的格式如下:

[存储种类]　数据类型　[存储器类型]　变量名表

在定义格式中除了数据类型和变量名表是必要的,其他都是可选项。

变量的存储种类有 4 种：自动（auto）、外部（extern）、静态（static）和寄存器（register），缺省类型为自动（auto）。

例如：static bit m;　/* 定义一个静态位变量 m */
　　　extern bit n;　/* 定义一个外部位变量 n */

定义一个变量时，除了需要说明其数据类型外，还可选择说明该变量的存储器类型。Keil C51 编译器完全支持 8051 系统单片机的硬件结构和存储器组织，对于每个变量可以准确的赋予其存储器类型，使之能够在单片机系统内准确的定位。如表 2.3 所示，是 Keil C51 编译器所能识别的存储器类型，变量的存储种类与存储器类型完全无关。

注意：在 AT89C51 芯片中 RAM 只有低 128 B，52 芯片中有 80H 到 FFH 的高 128 B，并和特殊寄存器地址重叠。

表 2.3　存储器类型

| 存储器类型 | 说　明 | 地址 |
| --- | --- | --- |
| data | 直接访问内部数据存储器（128 B），访问速度最快 | 00H ~ 7FH |
| bdata | 可位寻址内部数据存储器（16 B），允许位与字节混合访问 | 20H ~ 2FH |
| idata | 间接访问内部数据存储器（256 B），允许访问全部内部地址 | 00H ~ FFH |
| pdata | 分页访问外部数据存储器（256 B），用 MOVX @Ri 指令访问 | 00H ~ FFH |
| xdata | 外部数据存储器（64 KB），用 MOVX @DPTR 指令访问 | 0000H ~ FFFFH |
| code | 程序存储器（64 KB），用 MOVC @A+DPTR 指令访问 | 0000H ~ FFFFH |

如果省略存储器类型，系统则会视为当前存储模式下的默认存储器类型。

从变量的作用范围来看，还有全局变量和局部变量之分。全局变量是指在程序开始处或各个功能函数的外面定义的变量。在程序开始处定义的全局变量对于整个程序都有效，可供程序中所有函数共同使用；而在各功能函数外面定义的全局变量只对从定义处开始往后的各个函数有效，只有从定义处往后的那些功能函数才可以使用该变量，定义处前面的函数则不能使用它。

局部变量是指在函数内部或以花括号 { } 围起来的功能块内部所定义的变量，局部变量只在定义它的函数或功能块内有效，在该函数或功能块以外则不能使用它。局部变量可以与全局变量同名，但是在这种情况下，局部变量的优先级较高，而同名的全局变量在该功能块内被暂时屏蔽。

### 2.2.3　C51 的存储模式

存储模式决定了没有明确指定存储类型的变量、函数参数等的缺省存储区域。C51 编译器提供了以下 3 种存储器模式：

**1. small 模式**

所有缺省变量参数均装入内部 RAM。其优点是访问速度快；缺点是空间有限，只适用于小程序。

**2. compact 模式**

所有缺省变量均位于分页寻址的外部 RAM 区的一页（256 B）。这时，对变量的访问是通过寄存器间接寻址(MOVX @Ri)进行的,采用这种编译模式时,变量的高8位地址由P2口确定,也可用PDATA指定。其优点是空间较small宽裕,速度较small慢,较large要快,是一种中间状态。

**3. large 模式**

所有缺省变量可放在多达64 KB的外部RAM区,使用数据指针DPTR来间接访问变量。其优点是空间大,可存变量多;缺点是速度较慢。

注意:存储模式在单片机C语言编译器选项中选择。

例如:

unsigned char bdata ib;/* 在可位寻址区定义 unsigned char 类型的变量 ib */
int bdata ab[2];/* 在可位寻址区定义数组 ab[2],这些也称为可寻址位对象 */
char xdata * data p;/* 在外部数据存储区定义一个指向对象类型为 char 的指针 p */

### 2.2.4  C51语言对单片机主要资源的控制

C51语言对单片机系统主要资源的控制包括对特殊功能寄存器的定义、片内RAM的使用、片外RAM及I/O接口的使用、位变量的定义。

**1. 对特殊功能寄存器的定义**

对于特殊功能寄存器只能用直接寻址方式访问,可以使用sfr、sbit或直接引用编译器提供的头文件来实现。

若想引用头文件来实现,需要使用前用一条预处理命令 #include < reg51.h >,就可以直接使用特殊功能寄存器名和特殊位名称。

例如:

#include < reg51.h >    /* 使用单片机为 MCS－51 */
void main( )
{ ......
  TH0＝0x4F;    /* 访问定时器0,设置时间常数 */
  TL0＝0x00;
  ......
}

**2. 绝对地址的访问**

C51语言绝对地址的访问包括内部RAM、片外RAM及I/O接口的访问。C51提供了以下3种绝对地址的访问方法:

(1) 绝对宏

C51编译器提供了一组宏定义来对51系列单片机的CODE、DATA、PDATA和XDATA等存储空间进行绝对寻址。在程序中,用 #include < absacc.h > 即可使用其中声明的宏来访问绝对地址,各宏与存储区对应关系如表2.4所示。

表 2.4  宏与存储区对应关系表

| 宏 | 存储区 | 长度 |
|---|---|---|
| DBYTE | data（内部数据存储器） | 字节 |
| DWORD | data（内部数据存储器） | 字 |
| PBYTE | pdata（分页访问外部数据存储器） | 字节 |
| PWORD | pdata（分页访问外部数据存储器） | 字 |
| XBYTE | xdata（外部数据存储器） | 字节 |
| XWORD | xdata（外部数据存储器） | 字 |
| CBYTE | code（程序存储器） | 字节 |
| CWORD | code（程序存储器） | 字 |

例如：
＃include ＜absacc.h＞
＃define COM XBYTE[0xFF00]  /* 将 COM 定义为外部 I/O 接口,地址为 0xFF00 */
＃define SJ DBYTE[0x10]  /* 将 SJ 定义为内部 RAM,地址为 0x10,长度为 8 位 */

(2) _at_ 关键字

关键字 _at_ 对指定的存储器空间的绝对地址进行访问,一般格式如下：

[存储器类型] 数据类型说明符 变量名 _at_ 地址常数；

其中,地址常数用于指定变量的绝对地址,必须位于有效的存储器空间之内；使用 _at_ 定义的变量必须为全局变量。

例如：data unsigned char A1 _at_ 0x10；/* 在内部数据存储器中定义字节变量 A1,且地址为 10H */

　　　A1＝0x40；/* 把数据 0x40 存放到 10H 地址 */

(3) 连接定位控制

此方法利用连接控制指令 code、data、xdata、pdata、bdata 对段地址进行访问,如果要指定某具体变量地址,则很有局限性,在此不作详细讨论。

### 2.2.5　运算符和表达式

运算符就是完成某种特定运算的符号。运算符主要包括算术运算、关系运算、逻辑运算、位运算、赋值运算及其表达式等。

**1. 算术运算**

(1) C51 算术运算符

对于 a＋b、a/b 这样的表达式大家都很熟悉,用在 C 语言中,＋、/ 就是算术运算符。单片机 C 语言中的算术运算符有以下 5 种：

① ＋：加或取正值运算符。

② －：减或取负值运算符。

③ *：乘运算符。

④ /：除运算符。

⑤ %：模运算或取余运算符。

(2) 算术表达式的形式

形式为:表达式 1 算术运算符 表达式 2

例如:a+b*(10-a),(x+9)/(y-a)。

除法运算符和一般的算术运算规则有所不一样,若是两浮点数相除,其结果为浮点数,如 10.0/20.0,值为 0.5;而两个整数相除时,所得值就是整数,如 7/3,值为 2。C51 的运算符也有优先级和结合性,同样可括号"()"来改变优先级。这些和小学的数学几乎是相同的,在此不再赘述。

(3) 自增和自减运算符

"++"为增量运算符;"——"为减量运算符。

这两个运算符是 C 语言中特有的一种运算符。其作用就是对运算对象作加 1 和减 1 运算。要注意的是,运算对象在符号前或后,其含义是不一样的,虽然同是加 1 或减 1。

例如:i++,++i,i——,——i。

i++(或 i——):是先使用 i 的值,再执行 i+1(或 i-1)。

++i(或 ——i):是先执行 i+1(或 i-1),再使用 i 的值。

(4) 运算符的优先级

C51 语言规定算术运算符的优先级为:先乘除和取模,后加减,括号最优先。

如果一个运算符两侧的数据类型不同,则必须通过数据类型转换将数据转换成同种类型。其转换方式有以下两种。

① 自动类型转换。即在程序编译时,由 C 语言编译器自动进行数据类型转换,转换规则如图 2.1 所示。当参与运算的操作数类型不同时,先将精度较低的数据类型转换成精度较高的数据类型,运算结果为精度较高的数据类型。

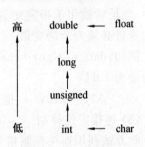

图 2.1 转换规则

② 使用强制类型转换运算符。

格式为:(类型名)(表达式)

例如:int m,n;           /* m、n 为整数 */
     (double)(m+n);     /* 将 m+n 强制转换成 double 类型 */

**2. 关系运算**

(1)C51 语言关系运算符及优先级

单片机 C 语言中有 6 种关系运算符,如表 2.5 所示:

表 2.5

| 关系运算符 | 意义 |
| --- | --- |
| > | 大于 |
| < | 小于 |
| >= | 大于等于 |
| <= | 小于等于 |
| == | 恒等于 |
| != | 不等于 |

关系运算符的优先级别是：>、<、>=、<=四种优先级别相同。==、!=的优先级别相同。前4个优先级别高于后两个。

(2) 关系表达式

当两个表达式用关系运算符连接起来时，就是关系表达式。关系表达式通常是用来判别某个条件是否满足。要注意的是，用关系运算符的运算结果只有1和0两种，也就是逻辑的真与假，当指定的条件满足时结果为1，不满足时结果为0。

一般形式为：表达式1 关系运算符 表达式2

例如：i<j,i==j,(i=4)>(j=3),j+i>j

**3. 逻辑运算**

(1) 逻辑运算符及优先级

逻辑运算是对变量进行逻辑与运算、或运算及非运算等，逻辑运算符就用于对逻辑量运算的表达。单片机C语言提供了3种逻辑运算符，如表2.6所示。

表2.6 逻辑运算符

| 逻辑运算符 | 意义 |
| --- | --- |
| && | 逻辑与 |
| \|\| | 逻辑或 |
| ! | 逻辑非 |

逻辑运算符的优先级别为：! → && → ||，! 的优先级别最高。

(2) 逻辑表达式

用逻辑运算符将表达式或逻辑量连接起来就是逻辑表达式，这里的表达式可以是算术表达式、关系表达式或逻辑表达式。

逻辑表达式的一般形式为：

逻辑与：条件式1&&条件式2；/* 当条件式1和条件式2同时为"1"时，返回值为"1"，否则为"0"。*/

逻辑或：条件式1||条件式2；    /* 当条件式1和条件式2任意为"1"时，返回值为"1"，否则为"0"。*/

逻辑非：!条件式1            // 当条件式1为"0"时，返回值为"1"，否则为"0"。

**4. 赋值运算**

(1) 赋值运算符

"="在C51中的功能是给变量赋值，称之为赋值运算符。它具有右结合性，且优先级最低。

(2) 赋值表达式

利用赋值运算符将一个变量与一个表达式连接起来的式子称为赋值表达式。在表达式后面加";"，便构成了赋值语句。使用"="的赋值语句形式如下：

变量名=表达式；

赋值表达式中的表达式包括变量、算术运算表达式、关系运算表达式、逻辑运算表达式等，甚至可以是另一个赋值表达式。赋值过程是将"="右边表达式的值赋给"="左边的一个变量,赋值表达式的值就是被赋值变量的值。

例如:

a=0xAA;// 将常数十六进制数 AA 赋给变量 a

b=c=33;// 同时把 33 赋给变量 b,c

d=e;// 将变量 e 的值赋于变量 d

f=a+b;// 将变量 a+b 运算后的值赋给变量 f

(3) 赋值的类型转换

在赋值运算中,当"="两侧的类型不一致时,系统自动将右边表达式的值转换成左侧变量的类型,再赋给该变量。转换的规则如下:

① 浮点型数据赋给整型变量时,舍弃小数点部分。

② 整型数据赋给浮点型变量时,数值不变,但以 IEEE 浮点数的形式存储在变量中。

③ 长字节整型数据赋给短字节整型变量时,实现截断处理。例如,将长整型数据赋给整型变量时,其高 2 字节将被丢弃,低 2 字节数据赋给整型变量。

④ 短字节整型数据赋给长字节整型变量时,进行符号扩展。例如,将整型数据赋给长整型变量时,将其数据赋给长整型变量的低 2 字节,而长整型变量的高 2 字节设为数据的符号值。

(4) 复合赋值运算符

复合赋值运算符是在赋值运算符"="的前面加上其他运算符。C51 语言中的复合赋值运算符如表 2.7 所示。

表 2.7  复合赋值运算符表

| 符号 | 意义 | 符号 | 意义 |
| --- | --- | --- | --- |
| += | 加法赋值 | >>= | 右移位赋值 |
| -= | 减法赋值 | &= | 逻辑与赋值 |
| *= | 乘法赋值 | \|= | 逻辑或赋值 |
| /= | 除法赋值 | ^= | 逻辑异或赋值 |
| %= | 取模赋值 | ~= | 逻辑非赋值 |
| <<= | 左移位赋值 | | |

复合赋值运算首先对变量进行某种运算,然后将运算的结果再赋给该变量。复合运算的一般形式为:

变量 复合赋值运算符 表达式

例如:a+=5;// 等价于 a=a+5;

y/=x+9;// 等价于 y=y/(x+9);

很明显,采用复合赋值运算符会降低程序的可读性,但这样却能使程序代码简单化,并能提高编译的效率。

注意:算术运算符、逻辑运算符、关系运算符、赋值运算符之间优先级由低到高的顺序为:赋值运算符 → && 和 || → 关系运算符 → 算术运算符 → !(非)。

**5. 位运算**

由于C51语言能够进行位操作,使其具有汇编语言的一些功能,从而使之能对硬件直接进行操作。所以,位运算在C51语言控制类程序设计中的应用比较普遍。位运算的操作对象只能是整型和字符型数据,不能是浮点型数据。

(1)位运算符

单片机C语言中共有6种位运算符,如表2.8所示。位运算符的作用是按位对变量进行运算,但是并不改变参与运算的变量的值。如果需要按位改变变量的值,则要利用相应的赋值运算。

表2.8 位运算符表

| 符号 | 意义 | 符号 | 意义 |
| --- | --- | --- | --- |
| & | 按位与 | ~ | 按位取反 |
| \| | 按位或 | << | 位左移 |
| ^ | 按位异或 | >> | 位右移 |

位运算一般的表达形式如下:

变量1 位运算符 变量2

位运算符的真值表如表2.9所示。其中,X表示变量1;Y表示变量2。

表2.9 位运算符的真值表

| X | Y | ~X | ~Y | X&Y | X\|Y | X^Y |
| --- | --- | --- | --- | --- | --- | --- |
| 0 | 0 | 1 | 1 | 0 | 0 | 0 |
| 0 | 1 | 1 | 0 | 0 | 1 | 1 |
| 1 | 0 | 0 | 1 | 0 | 1 | 1 |
| 1 | 1 | 0 | 0 | 1 | 1 | 0 |

例如:

unsigned int x=0x57db,y=0xb0f3;// 定义初值

printf("\n x y x&y x^y x | y ~ x");/* x=0x57db,y=0xb0f3,x&y=10d3,x^y=e728,x | y=f72b,~ x=a824 */

位运算符的移位操作比较复杂,左移(<<)运算符是用来将变量1的二进制位值向左移动由变量2所指定的位数。

例如:

b=0x9e; //b的内容为二进制10011110

b=b<<2;/* 将b值向左移动2位,丢弃其左端移出位,右端空位补"0",即 b=0x78 */

右移(>>)运算符是用来将变量1的二进制向右移动由变量2指定的位数。进行右移运算时,如果变量1属于无符号类型数据,则总是在其左端补"0";如果变量1属于有符号类型数据,则在其左端补入原来数据的符号位(即保持原来的符号不变),丢弃右端的移出位。

例如：
  b＝0x9e； //b 的内容为二进制 10011110
  b＝b＞＞2；// 如果 b 是无符号数，则执行后的结果为 b＝0x27(00100111)
  // 如果 b 是有符号数，则执行后的结果为 b＝0xe7(11100111)
（2）位运算优先级

位运算符优先级别从高到低依次是："～"(按位取反)→"＜＜"(左移)→"＞＞"(右移)→"＆"(按位与)→"^"(按位异或)→"|"(按位或)。

### 6. 条件运算符

条件运算符"？：" 是 C 语言中唯一的一个三目运算符，它要求有 3 个运算对象。它能把 3 个表达式连接构成一个条件表达式。条件表达式的一般形式如下：

  逻辑表达式？表达式 1：表达式 2

条件运算符的作用是根据逻辑表达式的值选择使用表达式的值。当逻辑表达式的值为真时(非 0 值)时，整个表达式的值为表达式 1 的值；当逻辑表达式的值为假(值为 0)时，整个表达式的值为表达式 2 的值。需要注意的是，条件表达式中逻辑表达式的类型可以与表达式 1 和表达式 2 的类型不一样。

例如：a＝1、b＝2，这个时候要求是取 a、b 两数中的较小的值放入 min 变量中，通常会这样写：

  if（a＜b)
    min＝a；
  else
    min＝b； // 当 a＜b 时，min 的值为 a 的值，否则为 b 的值。

用条件运算符去构成条件表达式就变得很简单，如 min＝(a＜b)？a:b；

它的结果和含意都和上面的一段程序是相同的，但是代码却比上一段程序少很多，编译的效率也相对要高，缺点是可读性相对较差。一般建议使用第一种方法，增加程序可读性。

### 7. 指针和地址运算符

指针是单片机 C 语言中一个十分重要的概念，也是学习单片机 C 语言中的一个难点。对于指针将会在后面的课程中作详细的讲解。首先来了解单片机 C 语言中提供的两个专门用于指针和地址的运算符。

  ① *：取内容。
  ②＆：取地址。

取内容和地址的表达式分别为：

  变量 ＝ * 指针变量
  指针变量 ＝＆ 目标变量

取内容运算是将指针变量所指向的目标变量的值赋给左边的变量；取地址运算是将目标变量的地址赋给左边的变量。

注意：指针变量中只能存放地址(也就是指针型数据)，一般情况下不要将非指针类型的数据赋值给一个指针变量。

**8. sizeof 运算符**

sizeof 是用来求取数据类型、变量或是表达式的字节数的一个运算符,但它并不像"="之类运算符那样在程序执行后才能计算出结果,它直接在编译时产生结果。它的表达式如下:

sizeof(数据类型)或 sizeof(表达式)

注意:sizeof 是一种特殊的运算符,不要错误地认为它是一个函数。实际上,字节数的计算在程序编译时就完成了,而不是在程序执行的过程中才计算出来的。

例如:

printf("char 是多少个字节?　　%bd byte\n",sizeof(char));
printf("long 是多少个字节?　　%bd byte \n",sizeof(long));

结果是:

char 是多少个字节?　　1 字节
long 是多少个字节?　　4 字节

## 2.3　C51 程序结构

### 2.3.1　程序的三种基本结构

通常的计算机程序总是由若干条语句组成,从执行方式上看,从第一条语句到最后一条语句完全按顺序执行,是简单的顺序结构。如果在程序执行过程当中,根据用户的输入或中间结果去执行若干不同的任务,则为选择结构;如果在程序的某处,需要根据某项条件重复地执行某项任务若干次或直到满足或不满足某条件为止,则构成循环结构。大多数情况下,程序都不是简单的顺序结构,而是顺序、选择、循环 3 种结构的复杂组合。

### 2.3.2　顺序结构

顺序结构的程序设计是最简单的,它的执行顺序是自上而下,依次执行。例如,a=2,b=6,现交换 a、b 的值。这个问题就好像交换两个杯子中的水,这当然要用到第三个杯子,假如第三个杯子是 t,那么正确的程序为:t=a;a=b;b=t;执行结果是 a=6,b=t=2。如果改变其顺序,写成:a=b;t=a;b=t;则执行结果就变成 a=b=t=6,不能达到预期的目的,初学者最容易犯这种错误。

顺序结构可以独立使用,构成一个简单的完整程序,常见的输入、计算、输出三步曲的程序就是顺序结构。

【例 2.1】 试编程将外部数据存储器的 000AH 和 000EH 单元的内容相互交换。

```
#include "absacc.h"
void main()
{
    char t;
    t=XBYTE[0x000A];   /* 可以写成 t=XBYTE[10];将片外 RAM 地址 000AH 内
```

容送给 t * /
　　XBYTE[0x000A]＝XBYTE[0x000E];　// 可以写成 XBYTE[10]＝XBYTE[14]。
　　// 将片外 RAM 地址 000EH 内容送给片外 RAM 地址 000AH 中
　　XBYTE[0x000E]＝t;　// 可以写成 XBYTE[14]＝t。
}

在大多数情况下,顺序结构都是作为程序的一部分,与其他结构一起构成一个复杂的程序,如分支结构中的复合语句、循环结构中的循环体等。

### 2.3.3　选择结构

顺序结构的程序虽然能解决计算、输出等问题,但不能作判断再选择。对于要先作判断再选择的问题就要使用分支结构。分支结构的执行是依据一定的条件选择执行路径,而不是严格按照语句出现的物理顺序。分支结构的程序设计方法的关键在于构造合适的分支条件和分析程序流程,根据不同的程序流程选择适当的分支语句。分支结构适合于带有逻辑或关系比较等条件判断的计算,设计这类程序时往往都要先绘制其程序流程图,然后根据程序流程写出源程序,这样做是为了把程序设计分析与语言分开,使得问题简单化,易于理解。

分支结构可分为单分支、双分支和多分支 3 种。C 程序中提供了 3 种条件转移语句,分别为 if、if－else 和 switch 语句。

**1. 单分支转移语句**

单分支转移语句的格式为:
　　if(条件表达式){语句;}

这种分支结构中的语句可以是一条语句,此时"{ }"可以省略,也可以是多条语句,即复合语句。它有两条分支路径可选:当条件为真,执行{}中的语句,否则执行后面的程序语句。if 语句执行程序流程如图 2.2 所示。

例如,要计算 x 的绝对值,根据绝对值定义,当 x＞＝0 时,其绝对值不变;而当 x＜0 时,其值是它的相反数。 程序实现:if(x＜0) x＝－x;

**2. 双分支转移语句**

双分支转移语句的格式为:
　　if(条件表达式){语句 1;}
　　　　else {语句 2;}

if－else 语句的执行步骤是:先判断条件是否成立,若成立(为"真"),则执行语句 1,否则,执行语句 2,然后继续执行后面的语句。if－else 执行程序双分支流程如图 2.3 所示。

例如:if(x＞y) {z＝1;}
　　else {z＝0;}

if－else 中的 else 不能单独使用,应与 if 配对。双分支语句在使用中可以嵌套而实现多分支语句功能,即嵌套分支语句格式为:
　　if(条件表达式 1){语句 1;}
　　else if(条件表达式 2){语句 2;}

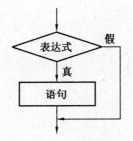
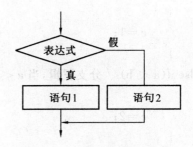

图 2.2　if 单分支流程图　　　　　图 2.3　if－else 双分支流程图

else if(条件表达式 3){语句 3;}
……
else if(条件表达式 n){语句 n;}
else {语句 m;}

这种语句的执行步骤是:先判断条件表达式 1 是否成立,若成立(为"真")则执行语句 1;否则判断条件表达式 2 是否成立;若成立(为"真"),则执行语句 2,否则判断条件表达式 n 是否成立;若成立(为"真"),则执行语句 n;若所有条件都不符,则执行语句 m。if－else 嵌套实现多分支程序流程如图 2.4 所示。

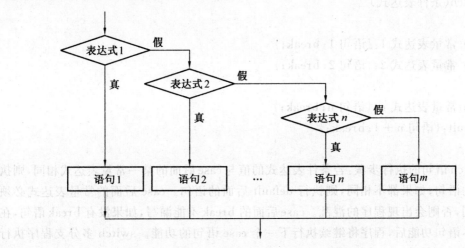

图 2.4　if－else 嵌套实现多分支程序流程图

**【例 2.2】**　比较 P1 口和 P2 口的值,对 c 赋值。
```
#include  "reg51.h"
void main()
{
    unsigned char a,b,c;
    a=P1;// 取 P1 口的值赋给 a
    b=P2;// 取 P2 口的值赋给 b
    if(a>b)// 分支逻辑,当 a>b 时 c 赋值为 1
```

```
        {
            c=1;
        }
        else if(a<b)// 分支逻辑,当 a<b 时 c 赋值为 2
        {
            c=2;
        }
        else c=3;// 分支逻辑,当 a=b 时 c 赋值为 3
    while(1);
}
```

注意:嵌套分支语句虽可解决多个入口和出口问题,但超过三重嵌套后,语句结构变得非常复杂、程序冗长、可读性降低,建议嵌套在三重以内,超过三重可以用下面将介绍的 switch 语句。

**3. 多分支转移语句**

switch 语句是多分支选择语句,用于直接处理并行多分支选择问题。该语句在应用时要特别注意条件的合理设置以及 break 语句的合理应用。它的格式如下:

```
switch(条件表达式)
{
case 常量表达式 1:{语句 1;break;}
case 常量表达式 2:{语句 2;break;}
…
case 常量表达式 n:{语句 n;break;}
default:{语句 n+1;break;}
}
```

switch 语句的执行步骤:若条件表达式的值与 case 后面的某一常量表达式相同,则执行相应的语句;如果都不相同,则执行 default 后面的语句。case 后面的常量表达式必须互不相同,否则会出现程序的混乱。case 后面的 break 不能漏写,如果没有 break 语句,在执行完本语句功能后,程序将继续执行下一个 case 语句的功能。switch 多分支程序执行流程如图 2.5 所示。

**【例 2.3】** 利用 switch−case 开关语句控制 P1 口 4 个 LED 的状态。

```
#include <reg51.h>        // 包含头文件
sbit KEY=P3^2;            // 端口位定义,定义按键端口
void main(void)
{
    unsigned char keynum=0;  /* 定义一个存储按键次数的变量,变量定义的同时给变量赋初值 */
    switch(keynum)        // 使用 switch−case 开关语句,根据按键次数执行相应分支
    {
```

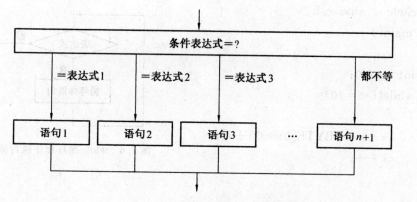

图 2.5  switch 多分支程序流程图

```
     case 1:P1=0xfe;     // 按键次数为 1 次,则点亮第一个 LED
            break;       // 跳出 switch 语句
     case 2:P1=0xfd;
            break;
     case 3:P1=0xfb;
            break;
     case 4:P1=0xf7;
            break;
     default:P1=0xff;    /* 如果按键次数不等于上面的任何一个,则熄灭所有 LED */
            break;
  }
}
```

### 2.3.4  循环结构

循环结构可以减少源程序重复书写的工作量,用来描述重复执行某段算法的问题,这是程序设计中最能发挥计算机特长的程序结构,C 语言中提供 3 种循环:while 语句、do—while 语句、for 语句。

**1. while 语句**

while 语句的一般格式为:

while(表达式){循环语句;}

while 语句的执行步骤是:先判断 while 后的表达式是否成立,若成立(为"真"),则重复执行循环体语句,直到表达式不成立时退出循环。while 循环程序执行流程如图 2.6 所示。

【例 2.4】 使用 while 语句计算从内部存储器 0000H ～ 000AH 地址中内容的累加和。

程序设计如下:

```
#include <absacc.h>
void main()
{
    int i,s=0;
    while(i<=10)
    {
        s=s+DBYTE[0x0000+i];
        i++;
    }
}
```

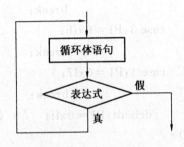

图 2.6 while 循环程序执行流程图

**2. do—while 语句**

do—while 语句的一般格式为：

do{循环体语句;}
while（表达式）;

do—while 语句的执行步骤是：先执行循环体语句，然后判断表达式是否成立，若成立（为"真"）则重复执行循环体语句，直到表达式不成立时退出循环。do—while 循环程序执行流程如图 2.7 所示。

**【例 2.5】** 使用 do—while 语句计算从内部存储器 0000H～000AH 地址中内容的累加和。

图 2.7 do—while 循环程序执行流程图

程序设计如下：

```
#include <absacc.h>
void main()
{
    int i,s=0;
    do
    {
        s=s+DBYTE[0x0000+i];
        i++;
    } while(i<=10);
}
```

**3. for 语句**

for 语句的一般格式为：

for(表达式 1;表达式 2;表达式 3){循环体语句;}

for 语句的执行步骤是：先求表达式 1 的值并将其作为变量的初值；再判断表达式 2 是否满足条件，若为"真"，则执行循环体语句；最后执行表达式 3，对变量进行修正，再判断表达式 2 是否满足条件，这样直到表达式 2 的条件不满足时退出循环。for 循环程序执行流程如图 2.8 所示。

【例 2.6】 使用 for 语句计算从内部存储器 0000H～000AH 地址中内容的累加和。

程序设计如下：

```
#include <absacc.h>
void main()
{
    int i,s=0;
    for(i=0;i<=10;i++)
    {
        s=s+DBYTE[0x0000+i];
    }
}
```

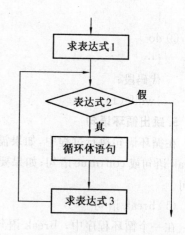

图 2.8 for 循环程序执行流程图

注意：循环的基本用途之一是用嵌套产生时间延时，执行的指令消磨一段已知的时间。这种延时方法是利用一定数量的时钟周期来计时的，所以延时依赖于晶振频率。若系统使用的晶振是 12 MHz，那么完成 1 条指令花费需要 1 $\mu$s。

下面是一个延时 50 $\mu$s 的延时程序：

```
void delay(unsigned int x)
{
    unsigned char i;
    while(x--)
    {
        for(i=0;i<19;i++){;}
    }
}
```

这个程序可以用整型值产生延时。根据汇编代码进行的分析表明，用 i 进行的内循环大约延时 50 $\mu$s，程序编写正确，但不精确。不同的编译器会产生不同的延时，因此 i 的值应根据实际情况调整。若要延时 1 ms，则需调用 delay(20) 来实现。

**4. 死循环**

死循环也称为无限循环，一般用于单片机监控程序，单片机需要等待一个条件的改变，然后进行无限循环。无限循环可以使用以下几种结构：

① for(;;)
  {…
    代码段；
  }

② while(1)
  {…
    代码段；

}
③ do
{...
代码段;
}while(1);

**5. 跳出循环语句**

在循环语句执行过程中,如果需要在满足循环判定条件的情况下跳出代码段,则使用 break 语句或 continue 语句;如果要从任意地方跳转到程序的某个地方,则可以使用 goto 语句。

(1) break 语句

在一个循环程序中,break 语句可以强行退出循环结构,而不再进入循环。

【例 2.7】 在片外存储器 1000H 地址内存放一个随机数,且这个数据每秒产生一次。要求计算这些数据的和,当和超过 2 000 时不再计算,并且计算花费的时间。

```
#include <absacc.h>
void main()
{
    unsigned char d;
    int t,sum=0;// 定义 t 为存放花费的时间,sum 为和。
    while(1)
    {
        t++;// 计算花费时间
        sum=sum+XBYTE[0x1000];
        if(sum>2000)
        {
            break;// 退出整个循环
        }
    }
}
```

由于数据的和超过 2 000 的时间不能确定,所以使用一个"死循环",每次计算和之后判断当前 sum 的值,当 sum 超过 2 000 时使用 break 退出整个循环,不再执行。

(2) continue 语句

该语句的用途是结束本次循环,程序从下一轮循环开始执行,直到判断条件不满足为止。continue 语句和 break 语句的区别是:continue 语句只结束本次循环,而不是终止整个循环的执行;而 break 语句则是结束整个循环过程,不会再去判断循环条件是否满足。

【例 2.8】 在片外存储器 1000H 地址内存放一个随机数,且这个数据每秒产生一次。如果这个数据不等于 0x20,则计算这些数据的和;当和超过 2 000 时停止计算,保存出现的 0x20 的个数,并且计算整个过程花费的时间。

```
#include <absacc.h>
```

```c
void main()
{
    unsigned char d;
    int t,c,sum=0;/* 定义 t 为存放花费的秒数,c 是存放计算 0x20 的个数,sum 为和。*/
    while(1)
    {
        t++;// 计算花费时间
        if(d==0x20)    // 如果等于 0x20
        {
            c++;// 统计出现的个数
            continue;// 退出本次循环,不计算 sum。
        }
        else// 如果不等于 0x20
        {
            sum=sum+XBYTE[0x1000];// 计算和
            if(sum>2000)
            {
                break;// 退出整个循环
            }
        }
    }
}
```

当 d 等于 0x20 时,利用 continue 语句退出本次循环;当 sum 和大于 2 000 时,使用 break 语句退出整个循环。

(3)goto 语句

goto 语句是一个无条件转移语句。当执行 goto 语句时,将程序指针跳转到 goto 给出的下一条代码。基本格式如下:

goto 语句标号;

其中,语句标号是一个带冒号":"的标识符。将 goto 语句和 if 语句一起使用,可以构成一个循环结构。但更常见的是在 C 语言程序中采用 goto 语句来跳出多重循环。需要注意的是,只能用 goto 语句从内层循环跳到外层循环,而不允许从外层循环跳转到内层循环。

goto 语句的跳转非常灵活,因为在结构化的程序设计中使用该语句容易导致程序的混乱,在 C 语言中应避免使用该语句。但 goto 语句在 C51 语言中经常用于在监控死循环程序中退出循环程序或跳转去执行某条必须执行的语句。

【例 2.9】 统计从键盘输入一行字符的个数。

```c
#include <stdio.h>
```

```
void main()
{
    int n=0;
    printf("input a string\n");
    loop:if(getchar()! ='\n')
    {
        n++;
        goto loop;
    }
    printf("%d",n);
}
```

本例用 if 语句和 goto 语句构成循环结构。当输入字符不为 '\n' 时即执行 n++ 进行计数，然后转移至 if 语句循环执行，直至输入字符为 '\n' 才停止循环。

## 2.4 C51 的构造数据类型

C51 语言的构造数据类型主要是数组、指针和结构等。在本节将介绍这些数据类型。

### 2.4.1 数组

数组是同一类型变量的有序集合，需先定义后使用。一维或多维数组的定义格式：

数据类型 数组名 [常量表达式]；

数据类型 数组名 [常量表达式 1]…[常量表达式 N]；

"数据类型"是指数组中的各数据单元的类型，每个数组中的数据单元只能是同一数据类型。"数组名"是整个数组的标识，命名方法和变量命名方法是一样的。在编译时系统会根据数组大小和类型为变量分配空间，数组名可以说就是所分配空间的首地址的标识。"常量表达式"是表示数组的长度和维数，它必须用"[]"括起，括号里的数不能是变量只能是常量。

例如：

unsigned int xcount [10]；// 定义无符号整型数组，有 10 个数据单元

    char inputstring [5]；  // 定义字符型数组，有 5 个数据单元

float outnum [10][10]；  // 定义浮点型数组，有 100 个数据单元

在 C 语言中数组的下标是从 0 开始的而不是从 1 开始，如一个具有 10 个数据单元的数组 count，它的下标就是从 count[0] 到 count[9]，引用单个元素就是数组名加下标，如 count[1] 就是引用 count 数组中的第 2 个元素。需要注意的是，在程序中只能逐个引用数组中的元素，不能一次引用整个数组，但是字符型的数组就可以一次引用整个数组。

数组是可以赋初值的。在上面介绍的定义方式只适用于定义在内存 DATA 存储器使用的数据，有的时候需要把一些数据表存放在数组中，通常这些数据是不用在程序中改

变数值的,这时就要把这些数据在程序编写时就赋给数组变量。因为51系列单片机芯片的片内 RAM 很有限,通常会把 RAM 分给参与运算的变量或数组,而那些程序中不变数据则应存放在片内的 CODE 存储区,以节省宝贵的 RAM。赋初值的方式如下:

数据类型[存储器类型]数组名[常量表达式]={常量表达式};

数据类型[存储器类型]数组名[常量表达式 1]…[常量表达式 N]={{常量表达式}…{常量表达式 N}};

在定义并为数组赋初值时,初值个数必须小于或等于数组长度。若不指定数组长度,则会在编译时由实际的初值个数自动设置。

例如:
unsigned char LEDNUM[2]={12,35}; // 一维数组赋初值
int Key[2][3]={{1,2,4},{2,2,1}}; // 二维数组赋初值
unsigned char IOStr[]={3,5,2,5,3}; // 没有指定数组长度,编译器自动设置
unsigned char code skydata[]={0x02,0x34,0x22,0x32,0x21,0x12}; /* 数据保存在 CODE 区 */

【例 2.10】 使用冒泡法对一个数组排序,冒泡排序算法是一种基本的排序算法,它每次顺序取数组中的两个数,并按需要按其大小排列,在下一次循环中,则取上一次的一个数和数组中下一个数进行排序,直到数组中的数据全部排序完成。

```
#include <reg51.h>
#include <stdio.h>
void taxisfun (int taxis2[])
{
    unsigned char TempCycA,TempCycB,Temp;
    for (TempCycA=0; TempCycA<=8; TempCycA++)
        for (TempCycB=0; TempCycB<=8-TempCycA; TempCycB++)
            if (taxis2[TempCycB+1]>taxis2[TempCycB])   /* 当后一个数大于前一个数 */
            {
                Temp=taxis2[TempCycB]; // 前后 2 数交换
                taxis2[TempCycB]=taxis2[TempCycB+1];
                taxis2[TempCycB+1]=Temp;   /* 因函数参数是数组名调用形参的变动影响实参 */
            }
}
void main(void)
{
    int taxis[]={113,5,22,12,32,233,1,21,129,3};
    taxisfun (taxis); // 以实际参数数组名 taxis 做参数被函数调用
```

```
while(1);
}
```

注意:数组的一个非常有用功能是查表。人们希望单片机、控制器能对提出的公式进行高精度的数学运算。但对大多数实际应用来说,这是不可能的,也是不必要的。在许多嵌入式控制系统应用中,如传感器的非线性转换等比较适合使用查表法。

### 2.4.2 指针

指针是 C51 语言中的一个重要概念,指针类型数据在 C 语言程序中使用得十分普遍,正确地使用指针类型数据,可以有效地表示复杂的数据结构,也可以动态地分配存储器,直接处理内存地址。

关于指针,需要先弄清楚的两个概念:变量的指针和指向变量的指针变量。变量的指针就是变量的地址。例如,对于变量 a,如果它所对应的内存单元地址为 1000H,它的指针就是 1000H。指针变量是指一个专门用来存放另一个变量地址的变量,它的值是指针。例如,要存取变量 a 中的值时,可以先将变量 a 的地址放在另一个变量 b 中。访问时先找到变量 b,从变量 b 中取出变量 a 的地址,然后根据这个地址从内存单元中取出变量 a 的值。因为,变量 b 中存放的是变量 a 的地址,变量 b 中的值是变量 a 的指针,则变量 b 就是一个指向变量 a 的指针变量。

C51 语言支持基于存储器的指针和一般指针两种指针类型。当定义一个指针变量时,若未给出它所指向的对象的存储类型,则该指针变量被认为是一般指针;反之,若给出它所指对象的存储类型,则该指针被认为是基于存储器的指针。

限于 51 芯片的寻址范围,指针变量最大的值为 0xFFFF,基于存储器的指针类型由 C51 语言源代码中存储器类型决定。用这种指针可以高效访问对象,且只需 1~2 B;一般指针只需占用 3 B:1 B 为存储器类型,2 B 为偏移量。存储器类型决定了对象的 89C51 存储空间,偏移量指向实际地址。一个一般指针可以访问任何变量而不管它在 89C51 存储器空间的位置。这样就允许一般函数如 memcpy() 等,将数据以任意一个地址复制到另一个地址空间。

**1. 基于存储器的指针**

在定义一个指针时,若给出了它所指对象的存储类型,则该指针是基于存储器的指针。

基于存储器的指针以存储器类型为变量,在编译时才被确定。因此,为地址选择存储器的方法可以省略,以便这些指针的长度可为 1 字节(idata *, data *, pdata *)或 2 字节(code *, xdata *)。在编译时,这类操作一般被"内嵌"编码,而无须进行库调用。

例如:

char xdata * px;/* 在 xdata 存储器中定义一个指向字符类型的指针,指针本身在默认存储区(由存储模式决定)。*/

char xdata * data px;/* 在 xdata 存储器中定义一个指向字符类型的指针,指针位于 8051 内部存储器(data)。*/

**2. 一般指针**

在函数的调用中,函数的指针参数需要用一般指针。一般指针的形式如下:

数据类型[存储器类型]* 变量名;

例如:int * pi;

上条指令定义为一般指针,指针自身存放在编译器默认存储区,占 3 个字节,在定义形式中"数据类型"是指所定义的指针变量所指向的变量的类型。"存储器类型"是编译器编译时的一种扩展标识,它是可选的。在没有"存储器类型"选项时,则定义为一般指针,若有"存储器类型"选项时,则定义为基于存储器的指针。

**【例 2.11】** 编程实现由 P1 口驱动点亮 LED 数码管。

```
#include <reg51.h>
void main(void)
{
//定义数组数据,数据存放在片内 CODE 区中
unsigned char code design[]={0xFF,0xFE,0xFD,0xFB,0xF7,0xEF,0xDF,0xBF,
0x7F,0x7F,0xBF,0xDF,0xEF,0xF7,0xFB,0xFD,0xFE,0xFF,0xFF,0xFE,0xFC,
0xF8,0xF0,0xE0,0xC0,0x80,0x0,0xE7,0xDB,0xBD,0x7E,0xFF};
unsigned int a;           //定义循环用的变量
unsigned char code * point;  //定义基于 CODE 区的指针
point=&design[0];         //取得数组第一个单元的地址
do
    {
        for(a=0;a<30000;a++); //延时一段时间
        P1=*point;            //从指针指向的地址取数据到 P1 口
        point++; //指针加 1
    }while(1);
}
```

### 2.4.3 结构

前面介绍的数组是把同一数据类型的数据合成一个整体来使用。在实际应用中,常常还需要把不同数据类型的数据合在一起使用。在 C51 语言中,将不同数据类型的数据合成一个整体使用是通过结构来实现的。结构是一种数据的集合体,它能按需要将不同类型的变量组合在一起,整个结构体用一个结构变量名表示,组成这个集合体的各个变量称为结构成员。结构的概念,可以用班级和学生的关系去理解,班级名称就相当于结构变量名,它代表所有同学的集合,而每个同学就是这个结构中的成员。

**1. 结构与结构变量的引用**

结构与结构变量是两个不同的概念。结构是一种组合数据类型;结构变量是取值为结构这种组合数据类型的变量,相当于整型数据类型与整型变量的关系。对于结构与结构变量的定义有以下两种方法。

(1) 先定义结构类型再定义结构变量

结构一般定义格式如下：

struct 结构名

{结构元素表};

例如：定义一个日期结构类型 date，它由 3 个结构元素 year、month、day 组成，定义结构变量 d1 和 d2。定义如下：

struct date

{

    int year;

    char month,day;

};

上面的例子中定义了一个简单的结构类型，结构中有 3 个元素，分别用于年、月、日。因为结构中的每个数据成员可以使用不同的数据类型，所以要对每个数据成员进行数据类型定义。

定义好一个结构类型后，可按下面的格式定义结构变量，只有结构变量才能参与程序的执行，结构类型只用于说明结构变量是属于哪一种结构。

结构变量的定义如下：

struct 结构名 结构变量名 1,结构变量名 2,…,结构变量 N;

例如：struct date d1,d2;

只定义结构类型不会占用存储空间。结构名是不能进行赋值和运算等操作的，结构变量则是结构中的具体成员，会占用空间，能对每个成员进行操作。

(2) 定义结构类型的同时定义结构变量名

这种方法是将两个步骤合在一起，格式如下：

struct 结构名

    {结构元素表} 结构变量名 1,结构变量名 2,…,结构变量 N;

例如：对于上面日期结构变量 d1 和 d2 可以按以下格式定义：

struct date

{

    int year;

    char month,day;

    }d1,d2;

注意：结构允许嵌套，在定义结构类型时，结构的元素可以由另一个结构构成。

例如：

struct clock    // 结构体 1

{

    unsigned char sec, min, hour;

};

struct date    // 结构体 2

```
    {
        unsigned int year;
        unsigned char month, day;
        struct clock Time; // 结构嵌套
    };
    struct date NowDate; // 定义 date 结构变量名 NowDate
```

**2. 结构变量的引用**

在定义一个结构变量之后,就可以对它进行引用,即可以进行赋值、存取和运算。一般情况下,结构变量的引用是通过对其结构元素的引用来实现的,引用结构元素的一般格式如下:

结构变量名. 结构元素

或  结构变量名 —> 结构元素

要存取上例结构变量中的月份时,就要写成 NowDate.month。而嵌套的结构,在引用元素时就要使用多个成员运算符,一级一级连接到最低级的结构元素。要注意的是,在单片机 C 语言中只能对最低级的结构元素进行访问,而不可能对整个结构进行操作。操作过程如下:

NowDate.year=2010;
NowDate.month=NowDate.month+2; // 月份数据在旧的基础上加 2
NowDate.Time.min++; // 分钟加 1

结构经常被利用到程序整体的规划,一个操作有很多的属性,但是各种属性用到表示的数据长度都不一样,此时结构体就起到了很好的作用,同时也为操作程序增加了可读性。例如:纪录外界环境的一种测试,传感器分别为温度、湿度、风向、光强,并要求温度精确到 1 度,湿度是 0.1%,风向为 8 种,光强是 1 000 级,则此处使用结构体非常方便。

```
struct Nature
{
    char Temp;// 定义温度,从 -128~127 ℃
    float wet;// 定义湿度,浮点型
    unsigned char wind;// 定义风向
    unsigned int light;// 定义光强
};
```

### 2.4.4 联合

前面介绍的结构能够把不同类型的数据组合在一起使用,另外,在 C51 语言中,还提供了一种组合类型——联合。联合和结构类型同样能包含不同类型的数据元素,所不一样的是,联合的数据元素都是从同一个数据地址开始存放。结构变量占用的内存空间是该结构中数据元素所占内存数的总和,而联合变量所占用内存空间只是该联合中最长的元素所占用的内存空间。如在结构中定义了一个 int 和一个 char,那么结构变量就会占用 3 个字节的内存,而在联合中同样定义一个 int 和一个 char,联合变量只会占用 2 个字

节。即结构中定义的各个变量在内存中占用不同的内存单元,在位置上是分开的,而联合中定义的各个变量在内存中都是从同一地址开始存放,这种能充分利用内存空间的技术叫做"内存覆盖技术",它能使不一样的变量分时地使用同一个内存空间。

联合类型变量的定义与引用方法和结构的定义与引用方法相似,只要把关键字 struct 换用 union 就可以了。

例如:
```
union Savefloat
{
    unsigned float SaveValue;
    unsigned int Savedata[4];
};
```

此时,SaveValue 和 Savedata 具有相同的首地址。此种运算方法经常被利用到将内存中的 float 数据存储到串行 flash 或者 EEPROM 中。此种做法防止丢失 float 型数据的小数点位置。

**【例 2.12】** 将 float 数据 0.123 456 存储到 EEPROM AT24C02 中。

程序如下:
```
union Savefloat// 定义一个联合
{
    float SaveValue;
    unsigned int Savedata[4];
}Savehandle;// 定义联合的变量名
void writeROMfloat(float value,unsigned char StartAddress) /* 向 EEPROM 的某地址中写入一个 float 数据 */
{
    unsigned char i;
    Savehandle.SaveValue=value;// 将 float 值赋给 union 变量
    for(i=0;i<4;i++)
    {// 将数据分成 4 段写入 EEPROM,做到了变量的类型无丢失转换
        WriteChartoAT24(StartAddress+i,Savehandle.Savedata[i]);
    }
}
float ReadROMfloat(unsigned char StartAddress)// 将写入某地址的 float 数据读回
{
    unsigned char i;
    float value;
    for(i=0;i<4;i++)
    {// 从 EEPROM 读回数据,分 4 次读回放入联合,做到无数据位丢失读取
        Savehandle.Savedata[i]=ReadChartoAT24(StartAddress+i);
```

}
```
value=Savehandle.SaveValue;/* 将 char 型直接转换成 float 型数据,此句可省略 */
return(value);// 返回该读取的数据。
}
```

使用联合变量时要注意它的数据元素只能是分时使用,而不能同时使用。举个简单的例子,程序先为联合中的 int 赋值 1 000,后来又为 char 赋值 10,那么这个时候就不能引用 int 了,不然程序会出错,起作用的是最后一次赋值的元素,而上一次赋值的元素就失效了。使用中还要注意,定义联合变量时不能对它的值初始化,要使用指向联合变量的指针对其操作。联合变量不能作为函数的参数进行传递,数组和结构能出现在联合中。

### 2.4.5 枚举

在程序中经常要用到一些变量去做程序中的判断标志。如经常要用一个字符或整型变量去储存 1 和 0 作为判断条件真假的标志,但也许会疏忽这个变量只有当等于 0 或 1 时才是有效的,而将它赋上别的值,从而使程序出错或变得混乱。这个时候能使用枚举数据类型去定义变量,限制错误赋值。枚举数据类型就是把某些整型常量的集合用一个名字表示,其中的整型常量就是这种枚举类型变量可取的合法值。

枚举定义的格式与结构和联合基本相同,也有两种方法。

① 先定义枚举类型,再定义枚举变量。定义格式如下:

enum 枚举名 {枚举值列表} 变量列表;

例如:enum TFFlag {False, True} TFF;

② 在定义枚举类型的同时定义枚举变量。定义格式如下:

enum 枚举名 {枚举值列表};

emum 枚举名 变量列表;

例如:enum Week {Sun, Mon, Tue, Wed, Thu, Fri, Sat};

enum Week OldWeek, NewWeek;

在枚举列表中,每一项名称代表一个整数值,在默认的情况下,编译器会自动为每一项赋值,第一项赋值为 0,第二项为 1……如 Week 中的 Sun 为 0,Fri 为 5。C 语言也允许对各项值做初始化赋值。需要注意的是,在对某项值初始化后,它的后续的各项值也随之递增。例如:

enum Week {Mon=1, Tue, Wed, Thu, Fri, Sat, Sun};

上例的枚举就使 Week 值从 1 到 7,这样会更符合人们的习惯。

枚举类型在使用中有以下规定:

① 枚举值是常量,不是变量。不能在程序中用赋值语句再对它赋值。

例如:对枚举 weekday 的元素再作以下赋值:

sun=5;

mon=2;

sun=mon;

都是错误的。

② 枚举元素本身由系统定义了一个表示序号的数值,从 0 开始顺序定义为 0,1,2,…如在 weekday 中,sun 值为 0,mon 值为 1,…,sat 值为 6。

```
main()
{
enum weekday;
{ sun,mon,tue,wed,thu,fri,sat } a,b,c;
a=sun;
b=mon;
c=tue;
printf("%d,%d,%d",a,b,c);
}
```

说明:只能把枚举值赋予枚举变量,不能把元素的数值直接赋予枚举变量。例如:a=sun;b=mon;是正确的,而 a=0;b=1;是错误的。如果一定要把数值赋予枚举变量,则必须用强制类型转换。

例如:a=(enum weekday)2;/* 其意义是将顺序号为 2 的枚举元素赋予枚举变量 a 相当于:a=tue;*/

注意:枚举元素不是字符常量也不是字符串常量,使用时不要加单、双引号。

【例 2.13】 按照结构中的例题再作一个整体的分析。将结构、联合、枚举同时利用起来,做一个工程设计:按照每一小时记录外界环境的一种测试,传感器分别为温度、湿度、风向、光强,并要求温度精确到 1 ℃,湿度是 0.1% ,风向为 8 种,光强是 1 000 级。

程序如下:

```
enum direction {east,south,west,north,EN,ES,WN,WS};/* 枚举 8 个方向的风向,防止程序中弄错。*/
struct Nature// 定义结构体
{
char Temp;// 定义温度,从 -128 ~ 127 ℃
float wet;// 定义湿度,浮点型
enum direction wind;// 定义风向,此处被枚举了 8 个方向
unsigned int light;// 定义光强
};
union Savefloat// 定义一个联合
{
float SaveValue;
unsigned int Savedata[4];
}Savehandle;// 定义联合的变量名
void writeROMfloat(float value,unsigned char StartAddress)/* 向 EEPROM 的某地址中写入一个数据 */
```

```
    unsigned char i;
    Savehandle.SaveValue=value;// 将 float 值赋给 union 变量
    for(i=0;i<4;i++)
    {// 将数据分成 4 段写入 EEPROM,做到了变量的类型无丢失的转换
        WriteChartoAT24(StartAddress+i,Savehandle.Savedata[i]);
    }
}
float ReadROMfloat(unsigned char StartAddress)// 将写入某地址的 float 数据读回
{
    unsigned char i;
    float value;
    for(i=0;i<4;i++)
    {
        // 从 EEPROM 读回数据,分 4 次读回放入联合,做到无数据位丢失的读取
        Savehandle.Savedata[i]=ReadChartoAT24(StartAddress+i);
    }
    value=Savehandle.SaveValue;/* 将 char 型直接转换成 float 型数据,此句可省略,
主要是为了读程序清晰。*/
    return(value);// 返回该读取的数据
}
// 实时存储各种数据
void RealtimeSave(struct Nature SaveAs,unsigned char StartAddress)
{
    WriteChartoAT24(StartAddress,SaveAs.Temp);// 存储温度
    writeROMfloat(SaveAs.wet,StartAddress+sizeof(SaveAs.Temp));/* 存储湿
度,地址偏移+1*/
    WriteChartoAT24(StartAddress+sizeof(SaveAs.Temp)+sizeof(SaveAs.wet),
SaveAs.wind);
    // 存储风向,地址再次偏移+4
    WriteInttoAT24(StartAddress+sizeof(SaveAs.Temp)+sizeof(SaveAs.wet)+
sizeof(SaveAs.wind),SaveAs.light);
    // 存储光强,地址再次偏移+1
}
```

## 2.5 C51 函数

有了函数,C 语言就有了模块化的优点,一般功能较多的程序,会在编写程序时把每

项单独的功能分成数个子程序模块,每个子程序就可以用函数来实现。函数还可以被反复调用,因此,一些常用的函数可以做成函数库以供在编写程序时直接调用,从而更好地实现模块化的设计,大大提高编程工作的效率。

### 2.5.1 函数的定义

函数的概念引自于数学,数学中有 $y=f(x)$,即 C 语言中的函数也是一样的概念,一个函数名称为 $f$,运算形式参数为 $x$,运算结果为 $y$。只是根据计算机的不同运算空间进行了不同的定义。这样函数的形参就有不同的数据类型,如 char、int、float 等。在 C51 里,函数是能够实现特定功能的代码段。一个 C51 程序通常由一个主函数和若干个函数构成。其中,主函数为 main() 函数。C51 程序的执行总是从 main 函数开始,完成对其他函数的调用后再返回到主函数,最后由 main 函数结束整个程序。一个 C51 源程序必须有且只能有一个 main() 函数。main() 函数可以调用其他函数,而不允许被其他函数调用。

通常 C 语言的编译器会自带标准的函数库,这些都是一些常用的函数。标准函数已由编译器软件商编写定义,使用者直接调用就可以了,而无需定义。同时 C 语言允许使用者根据需要编写特定功能的函数,要调用它必须要先对其进行定义。定义的模式如下:

函数类型 函数名称(形式参数表)
{
函数体
}

函数类型是说明所定义函数返回值的类型。返回值其实就是一个变量,所以要按变量类型来定义函数类型。例如,函数不需要返回值函数类型可以写作"void",表示该函数没有返回值。注意:函数体返回值的类型一定要和函数类型一致,否则会造成错误。

形式参数是指调用函数时要传入到函数体内参与运算的变量,它可以有一个、几个或没有,当不需要形式参数也就是无参函数,括号内可以为空或写入"void"表示,但括号不能少。函数体中可以包含有局部变量的定义和程序语句,如果函数要返回运算值,则要使用 return 语句进行返回。

return 语句是返回语句,返回语句是用于结束函数的执行,返回到调用函数时的位置。其语法有两种:

①return (表达式);

②return;

语法中若带有表达式,返回时先计算表达式,再返回表达式的值;若不带表达式,则返回的值不确定。

### 2.5.2 函数的调用

调用就是指一个函数体中引用另一个已定义的函数来实现所需要的功能,这时函数体称为主调用函数,函数体中所引用的函数称为被调用函数。一个函数体中可以调用数个其他的函数,这些被调用的函数同样也可以调用其他函数,也可以嵌套调用。在 C51 语

言中,主函数 main( ) 是不能被其他函数所调用的。调用函数的一般形式如下:
  函数名(实际参数表);
其中,函数名就是指被调用的函数。实际参数表可以为零或多个参数,多个参数时要用逗号隔开,每个参数的类型、位置应与函数定义时的形式参数一一对应。它的作用就是把参数传到被调用函数中的形式参数,如果类型不对应就会产生一些错误。当调用的函数是无参函数时,不写参数,但不能省略后面的括号。

**1. 函数语句**

函数调用语句即把被调用函数名作为主调用函数中的一个语句。
例如:print_m();
此时并不要求被调用函数返回结果数值,只要求函数完成某种操作。

**2. 函数参数**

函数参数是指被调用函数的返回值当做另一个被调用函数的实际参数。例如:
temp=StrToInt(CharB(16));
CharB 的返回值作为 StrToInt() 函数的实际参数传递。

**3. 函数表达式**

例如:temp=Count();
这时函数的调用作为一个运算对象出现在表达式中,可以称为函数表达式。例中 Count() 返回一个 int 类型的返回值直接赋值给 temp。标准库函数只需要用 #include 引入已写好说明的头文件,在程序中就可以直接调用函数了。若调用的是自定义的函数,则要用如下形式编写函数类型说明。

**4. 类型标识符**

函数的名称(形式参数表);
这样的说明方式用在被调函数的定义和主调函数是在同一文件中,也可以把这些写到文件名为.h 的文件中,用 #include "文件名.h" 引入。如果被调函数的定义和主调函数不在同一文件中,则要说明被调函数的定义在同一项目的不同文件之上,其实库函数的头文件也是如此说明库函数的。

**5. extern 类型标识符**

函数的名称(形式参数表);
函数的定义和说明是完全不同的。从在编译的角度上看,函数的定义是把函数编译存放在 ROM 的某一段地址上,而函数说明是告诉编译器要在程序中使用那些函数并确定函数的地址。如果在同一文件中被调函数的定义在主调函数之前,这时可以不用说明函数类型。也就是说,在 main 函数之前定义的函数,在程序中就可以不用写函数类型说明了。可以在一个函数体调用另一个函数(嵌套调用),但不允许在一个函数定义中定义另一个函数。还要注意的是,函数定义和说明中的"类型、形参表、名称"等都要相一致。

### 2.5.3 C51 库函数

C51 的强大功能及其高效率的重要体现之一在于其丰富的可直接调用的库函数,多使用库函数可使程序代码简单,结构清晰,易于调试和维护。下面主要介绍 3 个重要的头文件:Reg51.h、intrins.h 和 absacc.h,其余的请参照附录 A。

reg51.h 是一个专用寄存器头文件,包含了所有的 8051 的 SFR 及其位定义,几乎所有工程的编写都必须调用该文件才能执行,是 C51 函数库里最重要的头文件。

intrins.h 是本征库函数(intrinsic routines)的一个集合文件,C51 提供的本征函数是指编译时直接将固定的代码插入当前行,而不是用 ACALL 和 LCALL 语句来实现,这样就大大提供了函数访问的效率。

C51 的本征库函数只有 9 个,数目虽少,但都非常有用,分别如下:

①_crol_,_cror_:将 char 型变量循环向左(右)移动指定位数后返回。

②_iror_,_irol_:将 int 型变量循环向左(右)移动指定位数后返回。

③_lrol_,_lror_:将 long 型变量循环向左(右)移动指定位数后返回。

④_nop_:相当于插入 nof。

⑤_testbit_:相当于 jbc bitvar 测试该位变量并跳转,同时清除。

⑥_chkfloat_:测试并返回源点数状态。

⑦absacc.h:是绝对地址头文件,该文件中实际只定义了几个宏,以确定各存储空间的绝对地址。 常用的绝对地址头文件包括:CBYTE、XBYTE、PBYTE、DBYTE、CWORD、XWORD、PWORD、DWORD 等。现介绍一个简单易记的方法:以 BYTE 结尾的宏名,访问的空间大小是一个字节(8 位);以 WORD 结尾的宏名,访问空间大小是一个字(16 位);而前缀 C、D、P、X 分别表示 CODE 区、DATA 区、PDATA 区和 XDATA 区。

例如:Data1=CBYTE[0x0021];/* 即表示读取程序存储器(code)区 21H 地址一个字节的数据赋值到 Data1 变量中 */

⑧XWORD[0x0024]=0xbbaa;/* 即将立即数 0xbbaa 写入地址为 0x24 的外部数据存储器(XDATA)区 */

注意:当操作 16 位读写时,下次读写时顺序地址应该加 2;CBYTE 或者 CWORD 只能用来读,不能用来写。

### 2.5.4 C51 中断函数

C51 语言编译器允许用 C51 语言创建中断服务函数,只需要知道中断号和寄存器组就可以了,编译器会自动产生中断向量和程序的入栈及出栈代码。在函数说明时包括 interrupt,将把所声明的函数定义为一个中断函数。另外,可以用 using 定义此中断服务函数所使用的寄存器组。

中断函数是由中断系统自动调用的。用户在主程序或函数中不能调用中断函数,否则容易导致混乱。

C51 的中断函数的格式为:

void 函数名(void) interrupt n using m
{
函数体语句
}

其中,interrupt 和 using 为关键字;n 为中断源的编号,即中断号;m 是寄存器组,取值范围为 0～3。

使用中断函数时要注意的问题：

① 在设计中断时，要注意哪些功能应该放在中断程序中，哪些功能应该放在主程序中。一般来说，中断服务程序应该做最少量的工作，这样做有很多好处。首先系统在短时间内响应更多中断的处理，有些系统如果丢失中断或对中断反应太慢将产生十分严重的后果，这时有充足的时间等待中断是十分重要的。其次它可使中断服务程序的结构简单，不容易出错。

中断程序中放入的东西越多，它们之间越容易起冲突。简化中断服务程序意味着软件中将有更多的代码段，但可把这些都放入主程序中。中断服务程序的设计对系统的成败有至关重要的作用，要仔细考虑各中断之间的关系和每个中断执行的时间，特别要注意那些对同一个数据进行操作的 ISR。

② 中断函数不能传递参数。

③ 中断函数没有返回值。

④ 如果中断函数调用其他函数，则要保证使用相同的寄存器组，否则会出错。

⑤ 如果中断函数使用浮点运算要保存浮点寄存器的状态。

**【例 2.14】** 设单片机的 $f_{osc}=12\ \mathrm{MHz}$，要求用 T0 的方式 1 编程，在 P1.0 脚输出周期为 2 ms 的方波。

中断服务程序如下：

```
#include <reg51.h>
sbit P1_0 = P1^0;
void timer0(void) interrupt 1 using 1
{        /*T0 中断服务程序入口*/
    P1_0 =! P1_0;
    TH0 = -(1000/256);    /*计数初值重装，关于计算初值计算方法参考后面章节*/
    TL0 = -(1000%256);
}
void main(void)
{
    TMOD = 0x01;      //T0 工作在定时器方式 1
    P1_0 = 0;
    TH0 = -(1000/256);    // 预置计数初值
    TL0 = -(1000%256);
    EA = 1;            //CPU 开中断
    ET0 = 1;           //T0 开中断
    TR0 = 1;           // 启动 T0
    do{}while(1);    // 等待中断
}
```

## 2.6 C51与汇编混合编程

由于单片机硬件的限制,有些场合无法用C语言编程,而只能用汇编语言来编写程序。在大多数情况下,汇编语言程序能与用C语言编写的程序很好地结合在一起。本节将介绍如何进行汇编语言和C语言的混合编程。

**1. 增加段和局部变量**

在把汇编语言程序加入到C语言程序中之前,必须使用汇编语言程序和C语言程序一样具有明确的边界、参数、返回值和局部变量。

一般来说,用汇编语言编写的程序,变量的传递参数所使用的寄存器是无规律的,这将导致汇编语言编写的函数之间参数传递混乱,难以维护。如果在编写汇编功能函数时仿照C语言函数,并按照C51语言的参数传递标准,则程序就会有很好的可读性,并有利于维护,而且这样编写出来的函数很容易和C语言编写的函数进行连接。

汇编程序中的每一个功能函数都有自己的程序存储区,如果有局部变量,就会有相应的存储空间DATA、XDATA等。当程序中需要快速寻址的变量时,就可以把它声明在DATA段中,如果需要查寻表格,可以声明在CODE段中。

注意:局部变量只对当前使用它们的程序段有效。

**2. 函数声明**

为了使汇编语言程序和C语言程序能够兼容,必须为汇编语言编写的程序段指定段名并进行定义。如果要在它们之间进行传递函数,则必须保证汇编语言程序用来传递函数的存储区和C语言函数使用的存储区是一样的。被调用的汇编语言函数不仅要在汇编程序中使用伪指令以使CODE选项有效,并声明为可再定位的段类型,而且还要在调用它的C语言主程序中进行声明。函数名的转换规律如表2.10所示。

表 2.10 函数名的转换规律

| 主函数中的声明 | 汇编符号名 | 说 明 |
|---|---|---|
| void func(void) | FUNC | 无参数传递或不含寄存器的函数名不作改变转入目标文件中,名字只是简单地转为大写形式 |
| void func(char) | _FUNC | 带寄存器参数的函数名,前面加"_"前缀,它表明这类函数包含寄存器内的参数传递 |
| void func(void) reentrant | _? FUNC | 对于重入函数,前面加"_?"前缀,它表明这类函数包含栈内的参数传递 |

其实汇编文件的格式化是很简单的,只需给存放功能函数的段指定一个段名即可。为了和C51语言的内部命名转换兼容,则使用转换命令。命名转换规律如表2.11所示。

表 2.11 命名转换规律

| 存储区 | 命名转换 |
|---|---|
| CODE | ? PR? |
| XDATA | ? XD |
| DATA | ? DT |
| BIT | ? BI |
| PDATA | ? PD |

【例 2.15】 一个典型的可被 C 语言程序调用的汇编函数,该函数不传递参数。
程序如下:
? PR? CLRMEM SEGMENT CODE;程序存储区声明
PUBLIC CLRMEM;输出函数名
RSEG ? PR? CLRMEM;该函数可被链接器放置在任何地方
/ * * * * * * * * * * * * * * * * * * * * * * * * * * * * * * * * *
函数:CLRMEM
功能描述:清除内部 RAM 区
参数:无
返回值:无
* * * * * * * * * * * * * * * * * * * * * * * * * * * * * * * * * /
CLRMEM:
  MOV R0,#7FH
  CLR A
IDATALOOP:
  MOV @R0,A
  DJNZ R0,IDATALOOP
  RET
  END

  RSEG 为段名的属性,这就意味着链接器可以把该段放置在代码区的任意位置。当段名确定后,文件必须声明公共符号,如例 2.15 中的 PUBLIC CLRMEM 语句,然后编写代码。对于有传递参数的函数必须符合参数的传递规则,Keil C51 在内部 RAM 中传递参数时一般都用当前的寄存器组。当函数接收 3 个以上参数时,存储区中的一个默认段将用来传递剩余的参数。用做接收参数的寄存器如表 2.12 所示。

表 2.12 接收参数的寄存器

| 参数序号 | char | int | long,float | 通用指针 |
|---|---|---|---|---|
| 1 | R7 | R6&R7 | R4～R7 | R1～R3 |
| 2 | R5 | R4&R5 | — | — |
| 3 | R3 | R2&R3 | — | — |

例如：

func1(int a)：a 是第一个参数，在 R6、R7 中传递。

func2(int a,int b,int * c)：a 在 R6、R7 中传递，b 在 R4、R5 中传递，c 在 R1、R2、R3 中传递。

func3(long a,long b)：a 在 R4～R7 中传递，b 不能在寄存器中传递，而只能在参数传递段中传递。

**3. Keil C51 语言与汇编语言的接口**

（1）模块内接口

当对硬件进行操作或在一些对时钟要求很严格的场合时就必需使用汇编语言编写，但如果不希望用汇编语言来编写全部程序或调用汇编语言编写的函数，那么可以通过预编译指令 asm 在 C 语言代码中插入汇编代码。其方法是用 #pragma 语句，具体结构是：

#pragma　　asm

汇编行

#pragma　　endasm

这种方法是通过 asm 与 endasm 告诉 C51 语言编译器，中间行不用编译为汇编行。

【例 2.16】 在 C 语言代码中插入一段汇编程序，其功能是由 P1 口输出一个数。
程序如下：

#include ＜reg51.h＞
extern　unsigned char code newval[256]
void　func1(unsigned char param)
{unsigned char temp;
　　temp=newval[param];
　　temp*=2;
　　temp/=3;
　　#pragma　asm;预编译指令 asm
　　MOV　P1,R7;输出 temp 中的数
　　NOP
　　NOP
　　NOP
　　MOV　P1,#0
　　#pragma　endasm

（2）模块间接口

C 语言模块与汇编语言模块的接口较简单，分别用 C51 语言与 A51 语言对源文件进行编译，然后用 L51 语言连接.obj 文件即可。模块接口间的关键问题在于 C 语言函数与汇编语言函数之间的参数传递。C51 语言中有以下两种参数传递方法。

① 通过寄存器传递函数参数。汇编函数要得到参数值时就访问这些寄存器，如果这些值正在被使用并保存在其他地方或已经不再需要了，那么这些寄存器可被用做其他用途。下面是一个 C 语言程序与汇编语言程序的接口例子，应该注意到通过内部 RAM 传

递参数的函数将使用规定的寄存器,汇编函数将使用这些寄存器接收参数。对于要传递多于3个参数的函数,剩余的参数将在默认的存储器段中传递。

【例 2.17】 通过寄存器传递函数参数。

```
//C 语言程序中汇编函数的声明
bit devwait(unsigned char ticks,unsigned char xdata * buf);
if(devwait(5,&outbuf))
{bytes_out++;}
// 汇编语言代码
?PR?_DEVWAIT SEGMENT CODE;在程序存储区中定义段
PUBLIC_DEVWAIT;输出函数名
RSEG ?PR?_DEVWAIT;该函数可被链接器放置在任何地方
/****************************************
函数:_DEVWAIT
功能描述:等待定时器0溢出,向外部器件表明P1中的数据是有效的。如果定时器尚未溢出,则被写入XDATA的指定地址中。
参数:R7为存放要等待的定时长度;R4、R5为存放要写入的XDATA区地址。
返回值:读数成功返回1,时间到返回0。
****************************************/
_DEVWAIT:
    CLR    TR0;设置定时器0
    CLR    TF0
    MOV    TH0,#00
    MOV    TL0,#00
    SETB   TR0
    JBC    TF0,L1;检测定时标志位
    JB     TI,L2;检测数据是否准备就绪
L1:
    DJNZ   R7,_DEVWAIT
    CLR    C
    CLR    TR0;停止定时器0
    RET
L2:
    MOV    DPH,R4;取地址并放入DPTR
    MOV    DPL,R5
    PUSH   ACC
    MOV    A,P1;得到输入数据
    MOVX   @DPTR,A
    POP    ACC
```

```
        CLR   TR0;停止定时器 0
        SETB C;设置返回位
        RET
        END
```

在上面的代码中,函数返回一个位变量。如果时间到,将返回"0";如果输入字节被写入指定的地址中,将返回"1"。当从函数返回值时,C51 语言通过转换使用内部存储区,编译器将使用当前寄存器组来传递返回参数。返回这些类型的函数可以使用这些寄存器来存储局部变量,直到这些寄存器被用来返回参数。如果函数要返回一个长整型,就可以方便地使用 R4~R7 这 4 个寄存器,而不需要声明一个段来存放局部变量,存储区就更加优化了。返回值类型与寄存器对照如表 2.13 所示。

注意:函数不应该随意使用没有被用来传递参数的寄存器。

**表 2.13　返回值类型与寄存器对照**

| 返回值类型 | 寄存器 | 说明 |
| --- | --- | --- |
| Bit | C(标志位) | 由具体标志位返回 |
| char/unsigned char(1_byte 指针) | R7 | 单字节由 R7 返回 |
| int/unsigned int(2_byte 指针) | R6&R7 | 双字节由 R6 和 R7 返回,高位在 R6 中,低位在 R7 中 |
| long/unsigned long | R4~R7 | |
| Float | R4~R7 | 32 bitIEEE 格式,z 指数和符号位在 R7 中 |
| 通用指针 | R1~R3 | 存储类型在 R3 中,高位在 R2 中,低位在 R1 中 |

② 通过固定存储区传递。这种方法将 BIT 型参数传到一个存储段中:

? function_name? BIT

将其他类型参数均传给下面的段:

? function_name? BYTE

并且按照预选顺序存放。至于这个固定存储区本身在何处,则由存储默认指定。

# 本章小结

本章介绍 C51 语言的基本内容和程序设计方法,主要内容包括 C51 语言数据类型和存储类型、构造数据类型、基本运算、程序结构、函数等,并介绍了 C51 与汇编语言的混合编程。

本章重点讲解了 C51 区别于标准 C 语言的内容,及其在单片机程序设计过程中的使用方法。本章给出一些典型程序设计的例子,针对这些读者可以自行编制一些程序。

# 习　题

1.C 语言的关键字是否在 C51 程序设计中可用? 在 C51 扩展关键字中,_at_、idata、sfr16、interrupt、bdata、code、bit、pdata、using、reentrant、xdata、sbit、data、sfr 各有什么作用?

2.有符号串如下：
①256　　②0256　　③0x1234　　④0x23.5　　⑤"123.0"
⑥'A'　　⑦"0"　　⑧'\0'　　⑨078　　⑩1.234e3

(1) 写出不合法的 C 语言常量。

(2) 写出与 ③ 相同的合法常量。

(3) 写出与 ⑩ 相同的合法常量。

3.说明下面语句的作用：

①int x, j;　②int * px, * py;　③px＝&x；py＝&y；　④* px＝0；py＝px；

4.简述 C51 中中断函数与一般函数有什么不同。

5.叙述 C51 语言中采用什么形式对绝对地址进行访问。

6.按照给定的数据类型和存储类型,写出下列变量的说明形式。

(1) 在 DATA 区定义字符变量 a。

(2) 在 IDATA 区定义整型变量 b。

(3) 在 CODE 区定义无符号字符型数组 Tab[2][8]。

(4) 在 XDATA 区定义一个指向对象类型为字符型的指针 px。

(5) 在可位寻址的片外数据存储器中定义字符型变量 flags。

7. break 和 continue 语句的区别是什么？

8.简述 C51 程序调用汇编程序时如何实现参数传递。

9.简述嵌入式汇编的实现方法。

# 第二篇

# 开发环境

# 第二篇

## 开发及挑战

# 第3章

# Keil μVision3 C51 集成开发环境的使用

## 3.1 Keil C51 概述

Keil μVision3 C51 集成开发环境是 Keil Software。用 Inc/Keil Elektronik GmbH 开发的基于51内核的微处理器软件开发平台,内嵌多种符合当前工业标准的开发工具,可以完成从工程建立到管理、编译、链接、目标代码的生成、软件仿真、硬件仿真等。完整的开发流程,尤其是 C 编译工具在产生代码的准确性和效率方面达到了较高的水平,而且可以附加灵活的控制选项,在开发大型项目时非常理想。Keil C51 集成开发环境的主要功能有以下几点:

①μVision3 for Windows:是一个集成开发环境,它将项目管理、源代码编辑、程序调试等组合在一个功能强大的环境中;

②C51 国际标准化 C 交叉编译器:从 C 源代码产生可重定位的目标模块;

③A51 宏汇编器:从 80C51 汇编源代码产生可重定位的目标模块;

④BL51 链接器/定位器:组合由 C51 和 A51 产生的可重定位的目标模块,生成绝对目标模块;

⑤LIB51 库管理器:从目标模块生成连接器可以使用的库文件;

⑥OH51 目标文件至 HEX 格式的转换器:从绝对目标模块生成 Intel Hex 文件;

⑦RTX-51 实时操作系统:简化了复杂的实时应用软件项目的设计。

这个工具套件是为专业软件开发人员设计的,但任何层次的编程人员都可以使用,并获得51系列单片机的绝大部分应用。

Keil Software 提供了一流的51系列开发工具软件,下面描述每个套件及其内容:

①PK51 专业开发套件。PK51 专业开发套件提供了所有工具,适合专业开发人员建立和调试 80C51 系列微控制器的复杂嵌入式应用程序。专业开发套件可针对51系列单片机及其所有派生系列进行配置使用。

②DK51 开发套件。DK51 开发套件是 PK51 的精简版,它不包括 RTX51 Tiny 实时

操作系统。DK51 开发套件可针对 51 系列单片机及其所派生系列进行配置使用。

③CA51 编译器套件。如果开发者只需要一个 C 编译器而不需要调试系统，则 CA51 编译器套件就是最好的选择。CA51 编译器套件只包含 μVision3 IDE 集成开发环境，CA51 不提供 μVision3 调试器的功能。这个套件包括了要建立嵌入式应用的所有工具软件，可针对 51 系列单片机及其所有派生系列进行配置使用。

④A51 汇编器套件。A51 汇编器套件包括一个汇编器和创建嵌入式应用所需要的所有工具。它可针对 51 系列单片机及其所有派生系列进行配置使用。

⑤RTX51 实时操作系统(FR51)。RTX51 实时操作系统是 51 系列微控制器的一个实时内核。RTX51 Full 提供 RTX51 Tiny 的所有功能和一些扩展功能，并且包括 CAN 通信协议接口子程序。

## 3.2 Keil μVision3 的安装

### 3.2.1 Keil C 软件对系统的要求

安装 Keil C 集成开发软件，必须有一个最基本的硬件环境和操作系统的支持，才能确保集成开发软件中编译器以及其他程序功能的正常，其最低要求为：

①Pentium、Pentium-II 或相应兼容处理器的 PC；
②Windows 95、Windows 98、Windows NT4.0 操作系统；
③至少 16 MB RAM；
④至少 20 MB 硬盘空间。

从以上要求来看，现在任意一台个人计算机都能满足。也就是说，现在的新计算机装 Keil C 软件都没问题。

### 3.2.2 Keil C 软件的安装

现以 Keil C51 V8.05 为例介绍 Keil C 的安装方法。

运行安装文件，在桌面将弹出图 3.1 所示的"安装向导"界面；单击"Next"出现图 3.2 所示内容；选中同意许可协议的条款，单击"Next"，在图 3.3 所示界面中选择安装路径后单击"Next"；在图 3.4 所示界面中输入用户信息，再单击"Next"，软件自动进行安装，如图 3.5 所示；安装完成后单击"Finish"即可，如图 3.6 所示。

在桌面上双击 Keil μVision3 的图标进入主界面，如图 3.7 所示，选择文件菜单下的许可证管理，弹出"个人注册用户"界面，在注册 ID 代码处输入代码，并进行添加，如图 3.8 所示。这时代码成功注册，单击"确定"按钮，完成注册。

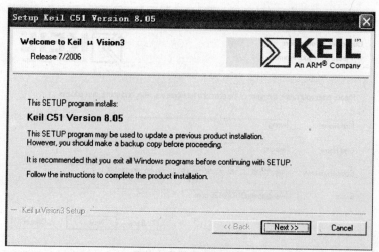

图 3.1　安装向导

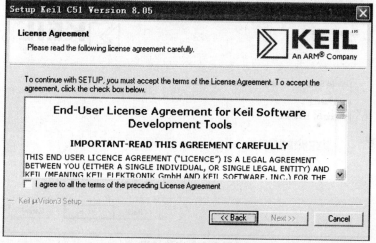

图 3.2　阅读协议

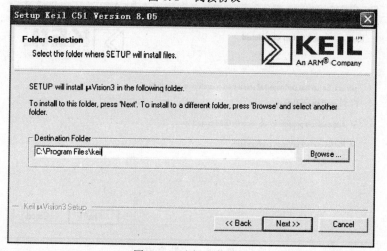

图 3.3　选择安装路径

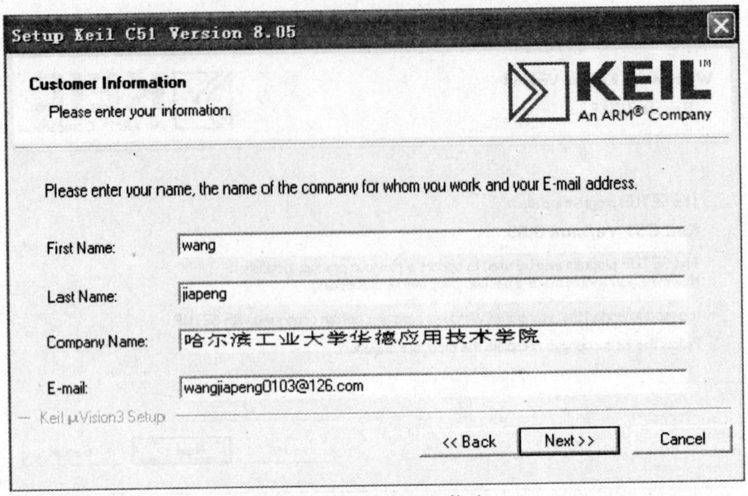

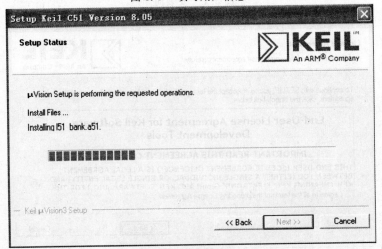

图 3.4 填写用户信息

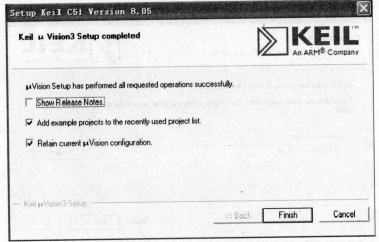

图 3.5 安装过程

图 3.6 安装完成

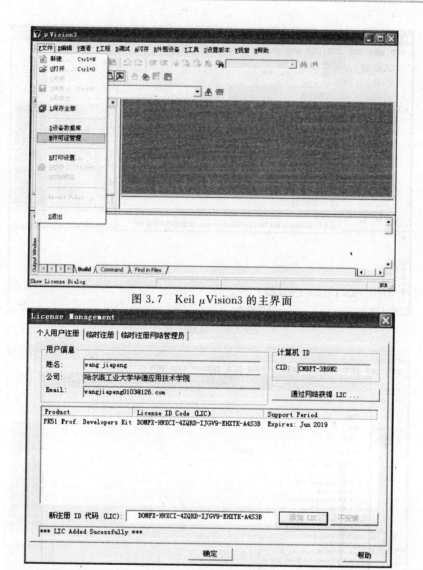

图 3.7 Keil μVision3 的主界面

图 3.8 个人用户注册

## 3.3 Keil μVision3 的使用及调试

### 3.3.1 创建项目及源文件

在 Keil μVision3 的主界面中单击"工程"菜单,选择"新建工程",如图 3.9 所示,之后选择合适的路径和名称,单击"保存"后会弹出如图 3.10 所示的对话框,选择 CPU 厂商后,单击"确定"。

在"文件"菜单中选择"新建",会出现代码编辑窗口,在编辑区输入程序代码,单击"保存"按钮,输入文件名称,如"wjp.asm"或"wjp.c"等,单击"保存"即可。

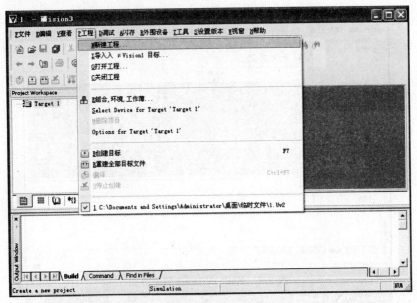

图 3.9　新建工程

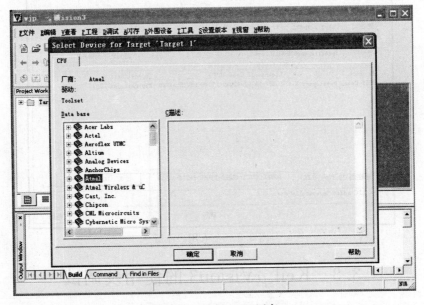

图 3.10　选择 CPU 厂商

### 3.3.2　编译项目

首先,单击"工程"菜单,选"Options for Target 'Target 1'",如图 3.11 所示。在弹出的对话框中选中"输出"标签页,选中页中的有关项,如图 3.12 所示。即在"创建 HEX 文件"前的复选框内打"√";在"HEX 格式"后的文本框中选择"HEX－80";在"浏览信息"前的复选框内打"√"。设置完后点"确定"按钮,返回到主界面。此时可以见到两个快捷按钮建立目标"Build target"和重建全部目标文件"Rebuild all target files"的颜色都变深了。目标文件选项设置完成,如图3.12所示。

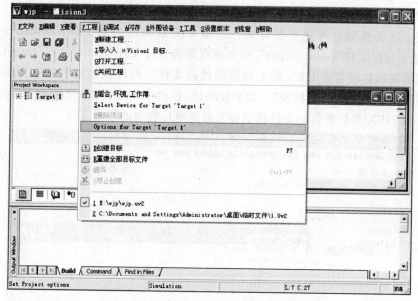

图3.11 在工程菜单中选择目标选项

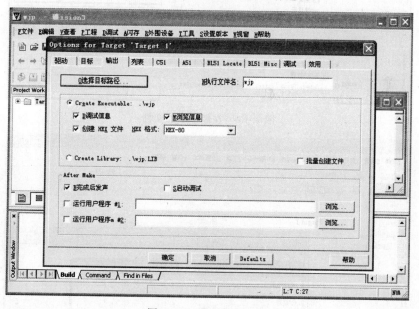

图3.12 设置目标选项

在建立目标文件之前,首先要将文件添加到组里去。具体操作如下:将鼠标箭头移至中间左边项目窗口中的"Source Group 1"前的图标上,再单击鼠标右键,在弹出的菜单项中选择"Add Files to Group 'Source Group 1'",如图3.13所示。在弹出图3.14所示的对话框中"文件类型"选"All files(*.*)",然后再找到刚才编辑保存好的源程序文件"wjp"。点击"Add"按钮,再点击"Close"按钮。此时按钮建立目标"Build target"前的编译当前文件"Translate current file"按钮的颜色也变深了。而在中间左边项目窗口中的

"Source Group 1"前多了一个"+"号。点击"+"号,可以看到在"Source Group 1"下面就有一个源程序文件图标,如图 3.15 所示。

完成上述操作后方可建立目标文件。通常先点编译当前文件"Translate current file",再建立目标文件"Build target";或直接点重建目标文件"Rebuild all target files"。即可生成需要的后缀名为 HEX 的十六进制代码文件。编译或汇编的结果见如 3.16 所示,上面提示"0 个错误、0 个报警"。如果在编译、连接中出现错误,则可按照提示进行检查。这个以 HEX 为扩展名的文件就是要下载到单片机中的程序文件。

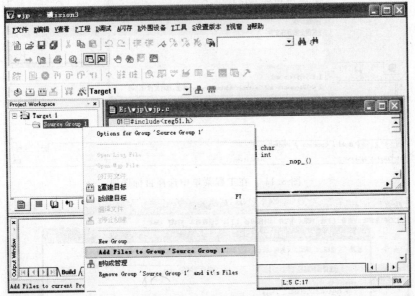

图 3.13　在组中添加文件

图 3.14　添加目标文件

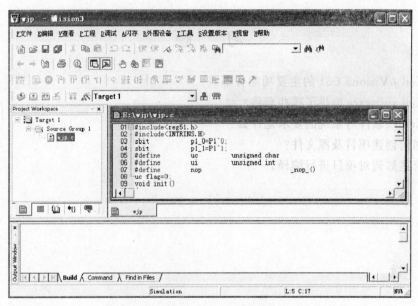

图 3.15　目标文件添加成功

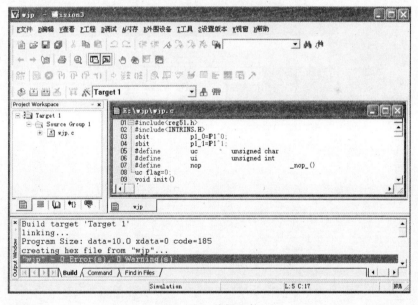

图 3.16　编译文件

# 本章小结

本章主要介绍 Keil μVision3 C51 集成开发环境。Keil μVision3 C51 集成开发环境是一个基于 Windows 的软件开发平台,它包含了源文件编辑器、项目管理器(Project)、源程序调试器(Debug)等。本章介绍了 Keil μVision3 C51 集成开发环境的安装方法、编辑、编译、链接及调试等整个开发流程。

## 习 题

1. Keil μVision3 C51 的主要功能有哪些？
2. Keil software 提供了哪些套件？
3. Keil C 软件对系统的要求是什么？
4. 如何创建项目及源文件？
5. 简述如何对项目进行编译。

# 第 4 章

# 基于 Proteus ISIS 的单片机仿真

## 4.1 Proteus 概述

Proteus 是英国 Labcenter 公司开发的多功能 EDA 软件。它是一个基于 ProSPICE 混合模型仿真器的完整的嵌入式系统软、硬件设计仿真平台。它运行于 Windows 操作系统上，主要由两部分构成：分别是 Proteus ISIS 和 Proteus ARES。前者主要用于原理图的绘制与电路的仿真，后者则是一款高级 PCB 布线编辑软件。

Proteus ISIS 可以仿真、分析各种模拟器件和集成电路。该软件的特点如下：

① 实现了单片机仿真和 SPICE 电路仿真相结合。具有模拟电路仿真，数字电路仿真、单片机及其外围电路组成的系统的仿真，RS232 动态仿真，$I^2C$ 调试器，SPI 调试器，键盘和 LCD 系统仿真的功能；有各种虚拟仪器，如示波器、逻辑分析仪、信号发生器等。

② 支持主流单片机系统的仿真。目前支持的单片机类型有：68000 系列、8051 系列、AVR 系列、PIC12 系列、PIC16 系列、PIC18 系列、Z80 系列、HC11 系列以及各种外围芯片。

③ 提供软件调试功能。在硬件仿真系统中具有全速、单步、设置断点等调试功能，同时可以观察各个变量、寄存器等的当前状态，因此在该软件仿真系统中，也必须具有这些功能；同时支持第三方的软件编译和调试环境，如 Keil μVision3 等软件。

④ 具有强大的原理图绘制功能。

总之，该软件是一款集单片机和 SPICE 分析于一身的仿真软件，功能极其强大。

## 4.2 初识 Proteus

### 4.2.1 进入 Proteus ISIS

双击桌面上的 ISIS 7 Professional 图标 或者单击屏幕左下方的"开始"→"程

序"→"Proteus 7 Professional"→"ISIS 7 Professional",出现如图 4.1 所示屏幕,表明进入 Proteus ISIS 集成环境。

图 4.1 启动时的屏幕

### 4.2.2 工作界面

Proteus ISIS 的工作界面是一种标准的 Windows 界面,如图 4.2 所示,包括:标题栏、主菜单、标准工具栏、绘图工具栏、状态栏、对象选择按钮、预览对象方位控制按钮、仿真控制按钮、预览窗口、对象选择器窗口、原理图编辑窗口。

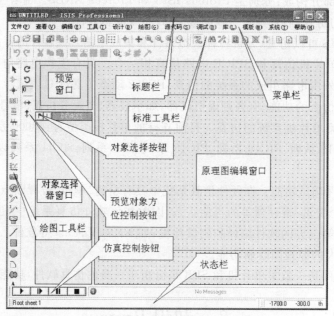

图 4.2 Proteus ISIS 的工作界面

其中,菜单栏包含了 Proteus ISIS 大部分功能的命令菜单,如设计、绘图、源代码、调试等命令菜单。同时也包含了 Windows 窗口应用程序所具备的基本的功能命令菜单,如文件、编辑、帮助等命令菜单。

标准工具栏则包含了在 Proteus ISIS 中进行电路仿真过程中最常用到的一些基本命

令的快捷方式。比如,新建一个设计页面、保存当前设计、从库中选取元器件等操作。

绘图工具栏、对象选择按钮、预览对象方位控制按钮、仿真控制按钮、预览窗口、对象选择器窗口、原理图编辑窗口主要用于原理图设计以及电路分析与仿真。

### 4.2.3 Proteus ISIS 中的主要操作

现以 Proteus 提供的样例设计中的 8051 单片机驱动 LCD 电路来说明电路仿真的主要操作功能。在"帮助"菜单中单击 样例设计(S) 按钮调出样例设计。选择其中的"8051 LCD Driver"文件夹下的"LCDDEMO.DSN"文件,如图 4.3 所示。单击"打开"按钮,打开电路原理图,如图 4.4 所示。

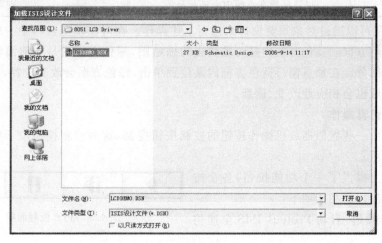

图 4.3　加载 8051 驱动 LCD 样例文件

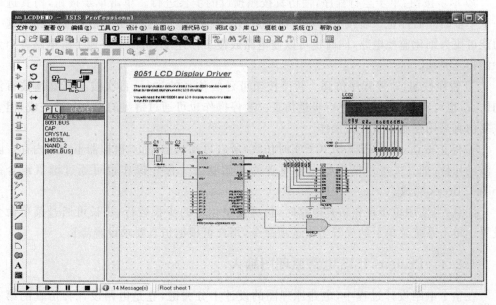

图 4.4　8051 驱动 LCD 原理图

**1. 打开原理图**

通过点击工具栏中显示命令可改变原理图的大小和位置,如4.4图中黑色填充所圈区域,主要功能如表4.1所示。

表 4.1 显示命令按钮功能

| 图标 | 含义 | 图标 | 含义 |
| --- | --- | --- | --- |
|  | 刷新显示页面 |  | 放大 |
|  | 切换网格 |  | 缩小 |
|  | 显示/不显示手动原点 |  | 查看整张图 |
|  | 以鼠标所在点的中心进行显示 |  | 查看局部图 |

其次,还可以通过对象预览窗口来进行上述操作。在对象预览窗口中一般会出现蓝色方框和绿色方框。蓝色方框内是可编辑去的缩略图,绿色方框内是当前编辑区中在屏幕上的可视部分。在预览窗口蓝色方框内某位置单击,绿色方框会改变位置,这时编辑区中的可视区域也会相应地改变、刷新。

**2. 电路仿真操作**

仿真是由一些貌似播放机操作按钮的控制按钮控制,这些控制按钮位于屏幕底端。如图4.5所示。

控制板上提供了4个功能按钮,各个按钮控制电路运行的功能如下:

① 运行按钮:启动 Proteus ISIS 全速仿真。

图 4.5 仿真控制面板

② 单步按钮:单步运行程序,使仿真按照预设的步长进行。单击单步按钮,仿真进行一个单步时间后停止。若按下单步按钮不放,仿真将连续进行,直到释放单步按钮。这一功能可更为细化监控电路,同时也可以使电路放慢工作速度,从而更好地了解电路各个元件的相互关系。

③ 暂停按钮:暂停程序仿真。暂停按钮可延缓仿真的进行,再次按下可继续被暂停的仿真,也可在暂停后接着进行步进仿真。暂停操作也可通过键盘的 Pause 键完成,但要恢复仿真需用控制面板按钮操作。

④ 停止按钮:停止 PROSPICE 实时仿真,所有可动状态停止,模拟器不占用内存。除了激励元件(如开关等),所有指示器重置为初始状态。停止操作也可通过键盘组合键 shift+Break 完成。

注意:当使用单步按钮仿真电路时,仿真按照预定的步长运行,步长可通过菜单命令设置。单击系统菜单下的设置仿真选项命令,用户可根据仿真要求设置步长。

### 4.2.4 Proteus ISIS 电路原理图输入

在整个电路设计过程中,电路原理图的设计十分关键,它是电路设计和仿真的第一步。电路原理图可以表达电路设计人员的设计思路,在后续的电路仿真和电路板设计过程中,它还提供了各个元器件间连线的依据。电路原理图输入要在原理图编辑区进行,原理图的输入流程如图4.6所示。

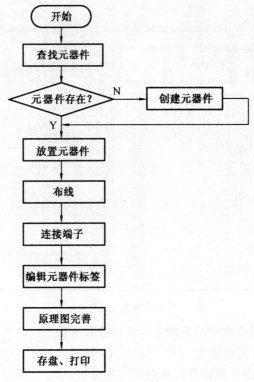

图4.6 电路原理图输入流程

电路原理图是由一系列电路元器件符号、连接导线及相关的说明符号组成的具有一定意义的技术文件。一般来说,原理图设计的主要工作包括:根据所要设计的原理图的要求设置图纸的大小和版面,规划原理图的总体布局,从元器件库中查找并取出所需的元件放置在图纸上并在必要时修改元器件的属性,利用对元器件对象的操作,重新调整各元器件的位置,进行布局走线来连接电路,最后保存文档并打印输出设计。

下面通过实例,学习应用Proteus ISIS进行电路原理图输入的方法。比如,要求使用Proteus ISIS输入一个运算放大器741的应用电路原理图。电路所需元器件如表4.2所示。

表4.2 元器件列表

| 序号 | 元件名称 | 仿真库名称 | 备注 |
| --- | --- | --- | --- |
| B1～B2 | BATTERY | Miscellaneous | 电源库 → 电池 |
| U1 | 741 | OPAMP | 运算放大器库 → 741 |
| R1～R3 | MINRES10K | Resistors | 电阻库 → 电阻 |

**1. Proteus ISIS编辑窗口查找元器件**

单击对象选择器端左侧"P"按钮或者在原理图编辑窗口单击鼠标右键,选择"放置"→"器件"→"从库中选择",打开"器件选择库"对话框,如图4.7所示。

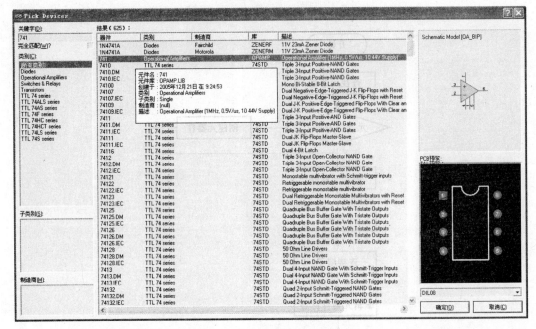

图 4.7 "器件选择库"对话框

在"器件选择库"对话框中的关键字区域中输入所需器件关键字,比如在本例中需要一片 741 芯片,就可将"741"作为关键字来搜索所需器件。找到所需器件后,点击"确定"按钮,将所需电路元器件添加到对象选择器列表中。按此方法将其他所需器件找到并添加到对象选择器列表中,如图 4.8 所示。

### 2. Proteus ISIS 编辑窗口放置元器件

① 设置 Proteus ISIS 为元器件模式,即元器件图标 被选中。

图 4.8 对象选择器

② 在对象选择器中,选中想要选择的元器件,此时预览窗口中将出现所选元件的外观,同时状态栏显示对象选择器及预览窗口状态。

③ 将鼠标指针移向编辑窗口,并点击鼠标左键,此时元器件的轮廓出现在鼠标下方,这一轮廓将随着鼠标在编辑窗口中移动而移动,如图 4.9 所示。

④ 期望放置鼠标的位置点击鼠标左键,元件将放置到编辑窗口所示,如图 4.10 所示。

### 3. Proteus ISIS 编辑窗口中选中对象的方法

在 Proteus 中,当元器件对象被放置到编辑窗口中以后,可以通过选中对象进一步编辑。Proteus ISIS 中提供了多种选择方法:

① 设置 Proteus ISIS 编辑窗口为选择模式,在对象上单击鼠标左键,对象将被选中。

② 在对象上单击右键,对象将被选中,同时弹出右键菜单。

③ 当鼠标为选择指针时,在对象上单击鼠标左键,对象将被选中。

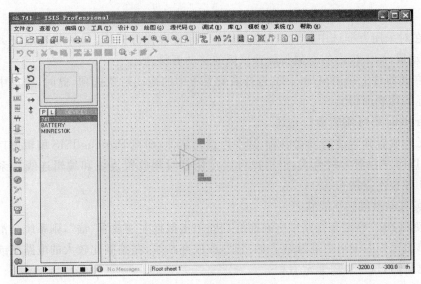

图 4.9　放置元器件过程

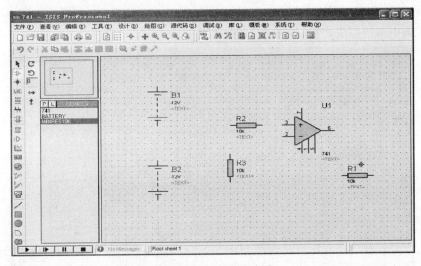

图 4.10　元件放置完成

④ 按下鼠标左键,并拖动鼠标,将产生一个方框,方框内所有对象将被选中,拖动方框周围的手柄,可以改变方框的尺寸,采用这一方式,可将想要选中而未在方框内的对象进行选中。

**4. Proteus ISIS 编辑窗口中清除选中对象的方法**

其方法有以下几种:

① 在空白处单击鼠标左键可清除元件标记。

② 在空白处单击鼠标右键,或选择右键菜单中的清除选项。

**5. Proteus ISIS 编辑窗口中移动选中对象的方法**

其方法有以下几种:

① 当元器件被选中后,将鼠标放置对象上,单击鼠标左键,对象可随鼠标的移动而移

动。

② 在对采用方框选中的对象操作时,将鼠标放置在方框中,鼠标将变成交叉箭头的样式,移动鼠标,方框内的对象将随着鼠标的移动而移动。

③ 在元器件上单击鼠标右键,选择右键菜单中的拖动对象选项,此时,被选中对象将随着鼠标的移动而移动。

**6. Proteus ISIS 编辑窗口布线**

当元件放置到合适的位置以后,接着连接元器件,即在 Proteus ISIS 编辑窗口布线。Proteus ISIS 中没有布线模式,但用户可以在任意时刻放置连线和编辑连线。系统提供了以下 3 种技术支持布线:

① 实时显示鼠标连线状态。

② 使用"锚"确定布线路径。在布线期间单击鼠标左键放置"锚",则系统会沿着"锚"连线。单击鼠标右键可以删除放置的"锚",或放弃画线,在绘制比较大的电路图或需要跨越其他对象时,这一方法非常有用。

③ 用 Ctrl 键手动画线。在画线起始或画线过程中,按下 Ctrl 键可屏蔽自动布线功能,用户可以完全实现手动布线。

本实例中布线完成之后,如图 4.11 所示。

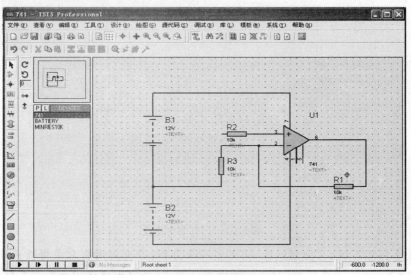

图 4.11　电路原理图布线

**7. Proteus ISIS 编辑窗口连接端子**

在完成电路原理图工作中,还有一步就是放置并连接端子。其步骤如下:

① 选择"终端模式"图标 ,此时在对象选择器中列出可用的端子类型。

② 选择所需要的端子并将其放置到编辑窗口,并与所需元件连接。

本实例中端子连接完成之后,如图 4.12 所示。

**8. Proteus ISIS 编辑元器件属性的方法**

Proteus 提供了多种编辑元器件属性的方法,用户可以采用下述方法编辑元器件属

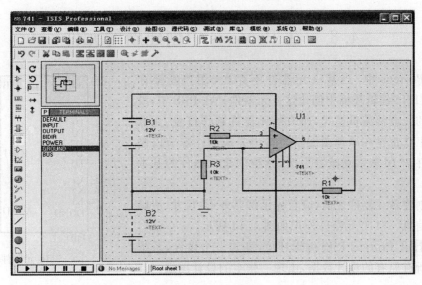

图 4.12 端子连接

性：

① 双击元器件。

② 在元器件上单击鼠标右键，在弹出菜单上选择"属性编辑"选项。

③ 设置编辑窗口为"选择"模式，在元器件上单击鼠标左键，端子将以高亮的形式显示，然后点击鼠标右键，弹出右键菜单，选择右键菜单中的"属性编辑"选项。本实例属性编辑完成之后，如图 4.13 所示。

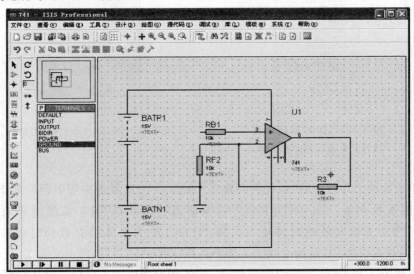

图 4.13 原理图属性编辑

当原理图绘制并完善以后，可以通过文件菜单下的保存命令对设计进行存档。

## 4.3 在Proteus中创建新的元件

在Proteus中,当某一元器件不存在,用户需要在Proteus ISIS编辑环境中创建这一元器件。在ISIS中,没有专门的元器件编辑模式,所有的元器件制作符号、元件编辑工作都是在原理图编辑窗口中完成的。本节以制作元器件7110数字衰减器为例,介绍创建元器件的基本步骤。

在创建新元器件之前,应首先了解其外形、尺寸、引脚数量等信息。7110元器件外观如图4.14所示。

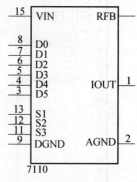

图4.14　7110元器件外观

① 打开Proteus ISIS编辑环境,新建一个设计,系统将清除所有原有的设计数据,出现一张空的设计图纸。

② 单击绘图工具栏中的绘制"2D图形框体模式"的图标■来绘制元器件的外观。对象选择器中列出了各种图形风格,如图4.15所示。不同的风格包含了不同的线的颜色、粗度、填充风格等属性。本例中选择"COMPONTENT"图形风格选项。在原理图编辑区中单击鼠标左键,然后拖动鼠标将出现一个矩形框,如图4.16所示。

图4.15　2D图形框体模式及其所包含的图形风格

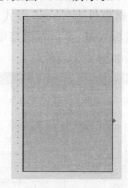

图4.16　COMPONENT图形

③ 单击绘图工具栏中的"器件引脚模式"图标 为新器件添加引脚。如图4.17所示,为引脚名称列表。其中,DEFAULT为普通引脚;INVERT为低电平有效引脚;POSCLK为上升沿有效的时钟输入引脚;NEGCLK为下降沿有效的时钟输入引脚;SHORT为较短引脚;BUS为总线。本例中选择"DEFAULT"。

④ 参照图4.14中7110的引脚位置,在4.16图形边框单击鼠标左键从左到右依次放置引脚VIN、D0、D1、…、D5、S1、S2、S3、DGND、RFB、IOUT及AGND。此外,在元件边框上边框和下边框分别放置$V_{DD}$、$V_{BB}$电源引脚,如图4.18所示。

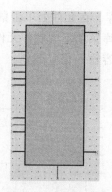

图 4.17 引脚名称列表　　　　图 4.18 放置引脚

⑤ 标注引脚名，并为其设置电气类型。单击鼠标右键，再点击左上方的第一个引脚，从右键菜单中选择"编辑属性"选项，将弹出如图 4.19 所示对话框。在弹出的"引脚编辑"对话框的引脚名称文本框键入引脚名称为"VIN"，其引脚类型设置为输入，并设置显示引脚选项，如图 4.20 所示。点击"确定"按钮，完成设置其结果如图 4.21 所示。

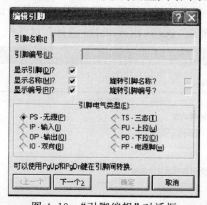

图 4.19 "引脚编辑"对话框

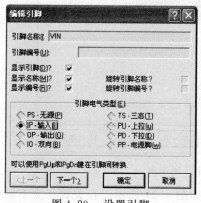
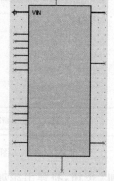

图 4.20 设置引脚　　　　图 4.21 设置 VIN 引脚

参照上述方法设置其他引脚。其中 IOUT 引脚设置为输出类型；$V_{DD}$、$V_{BB}$、AGND 和 DGND 设置为电源脚；$V_{DD}$ 和 $V_{BB}$ 引脚设置为不显示；其余引脚均设置为输入，得到如图 4.22 所示的元件。

⑥ 封装入库。在元件上单击鼠标右键,选择"全选"命令选中整个元件,如图4.23所示。然后,选择库菜单下的制作元件命令,出现如图4.24所示对话框,并按照图4.22或图4.23中的内容输入相应部分。

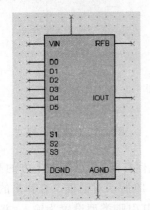 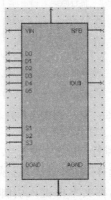

图4.22　制作出的元件7110　　　　图4.23　用右键选择整个元件

单击图4.24中的"下一步"按钮,出现选择PCB封装的对话框,如图4.25所示。直接单击图4.25中的"添加/删除"选项,出现"封装器件"对话框,如图4.26所示。

图4.24　"制作器件"对话框

单击"添加"按钮,将弹出添加封装对话框,如图4.27所示。在关键字文本框中键入"DIL16",选择DIL16封装,单击"确定"按钮,系统将设置7110的默认封装为DIL16,如图4.28所示。

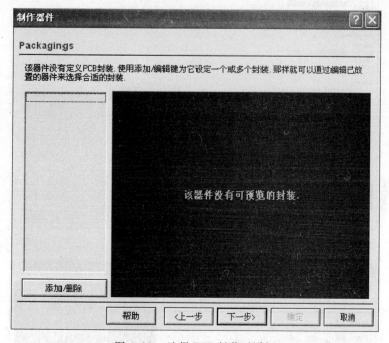

图 4.25　选择 PCB 封装对话框

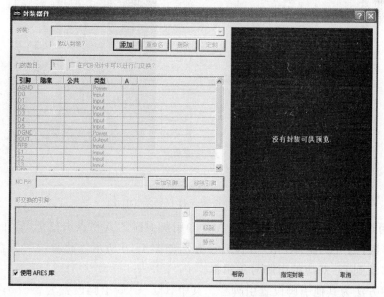

图 4.26　可视封装工具对话框

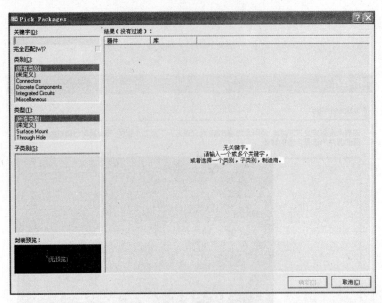

图 4.27 添加封装对话框

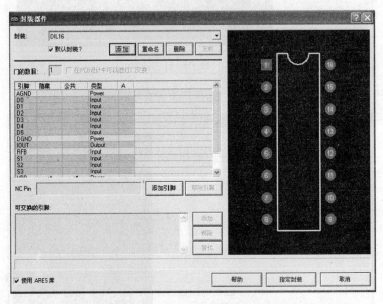

图 4.28 设置元件封装为 DIL16

⑦ 利用封装图编辑引脚编号。在 AGND 引脚对应的 A 栏点击鼠标,后在封装预览区点击 2 号焊盘,则可设置 AGND 引脚编号为 2,如图 4.29 所示。此时,2 号焊盘高亮显示,同时光标移动到 D0 对应的引脚号编辑框。

照上述方法为其他引脚设置引脚号。其中,D0~D5 引脚设置为 8~3;DGND 引脚号设置为 9;IOUT 引脚号设置为 1;RFB 引脚号设置为 16;S1~S3 引脚号设置为 13~11;$V_{BB}$ 引脚号设置为 10;$V_{DD}$ 引脚号设置为 14;VIN 引脚号设置为 15。设置完成,如图 4.30 所示。

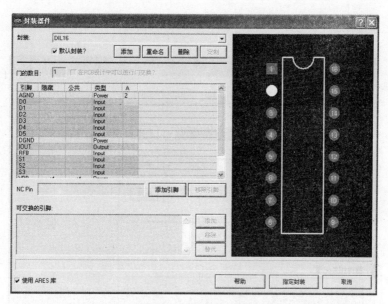

图 4.29 编辑引脚编号

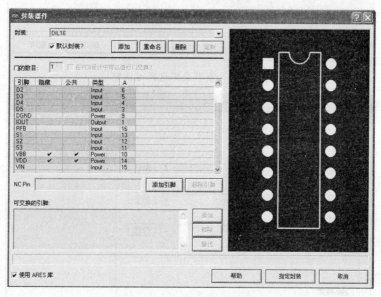

图 4.30 引脚编号编辑完成

继续单击"指定封装"按钮,系统返回到创建元器件对话框。单击"下一步"按钮,直到出现如图 4.31 所示对话框。在这一对话框中指定元器件类别为"Anolog ICS",子类为"Miscellaneous",如图 4.32 所示。单击"确定"按钮,元器件创建完成。

单击选择器件按钮"P",在关键字文本框中输入"7110",在搜索结果中即可找到刚刚创建的元器件 7110,如图 4.33 所示。

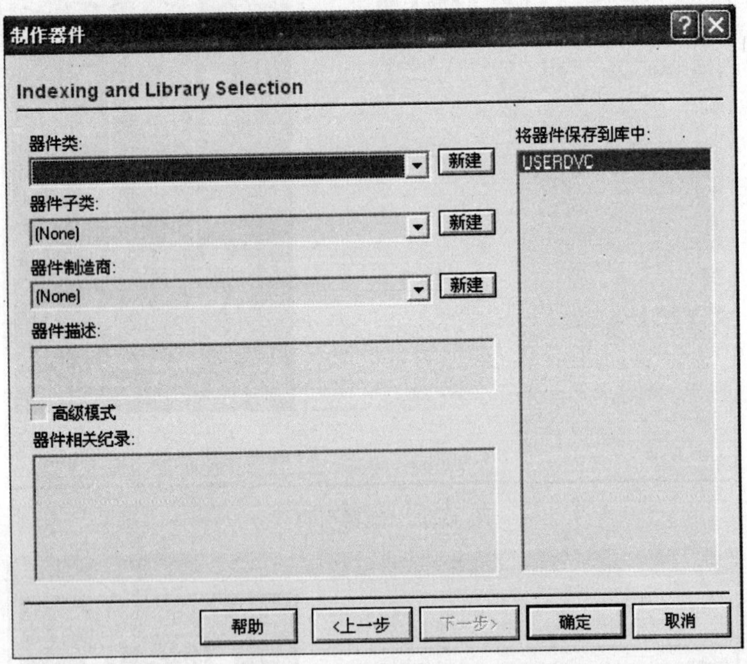


图 4.31　索引及库选择对话框

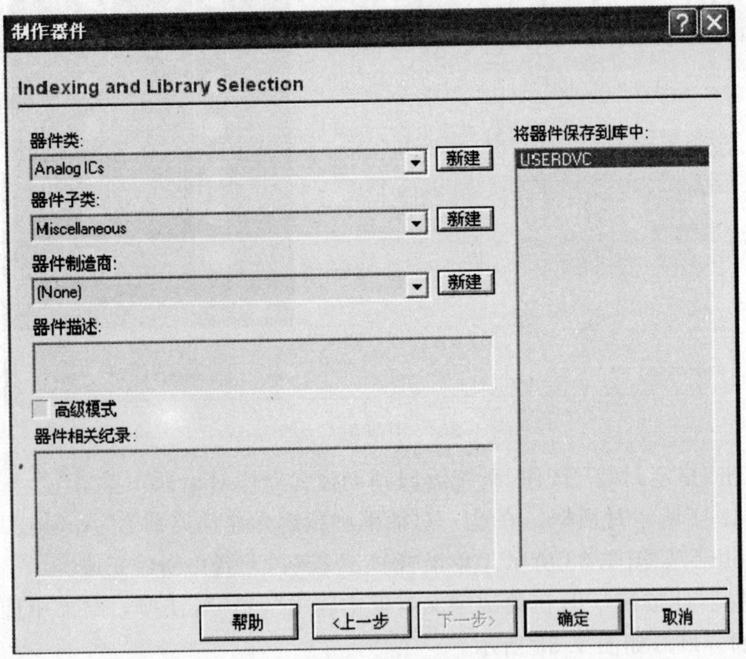


图 4.32　编辑元件所属类及其子类

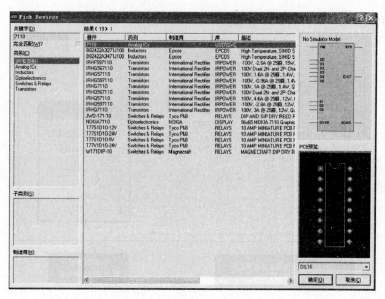

图 4.33　在器件库中查找 7110

## 4.4　Proteus 电路仿真

PROTEUS VSM 有两种不同的仿真方式：交互式仿真和基于图表的仿真。

### 4.4.1　Proteus ISIS 交互式仿真

交互式仿真实时地、直观地反映电路设计的仿真结果；基于图表的仿真（ASF）用来精确分析电路的各种性能，如频率特性、噪声特性等。

PROTEUS VSM 中的整个电路分析是在 ISIS 原理图设计模块下延续下来的，原理图中可以包含以下仿真工具：

① 探针：直接布置在线路上，用于采集和测量电压／电流信号。

② 电路激励：系统的多种激励信号源。

③ 虚拟仪器：用于观测电路的运行状况。

④ 曲线图表：用于分析电路的参数指标。

交互式电路仿真通过在编辑好的电路原理图中添加相应的电流／电压探针，或放置虚拟仪器，然后点击控制面板上的运行按钮，即可观测出电路的实时输出。这种仿真方式具有直观的结果输出，如图 4.34 所示。

除了一些通用的元件外，Proteus ISIS 交互式仿真通常使用一些动态元器件进行电路仿真，如图 4.35 所示。动态元器件具有指示结构及操作结构，指示结构以图形状态显示其在电路中的状态。操作结构为红色的标记，点击相应的标记，动态元器件就会作相应的操作，如开关，可以打开和闭合。

下面看一个交互式仿真的简单例子，如图 4.36 所示。这是一个简单的串联电路，需要的电子元器件主要有：12 V 的电池组一个、开关一个、50 Ω 的滑动变阻器一个、熔断电流为 1 A 的保险丝一个。其操作步骤如下：

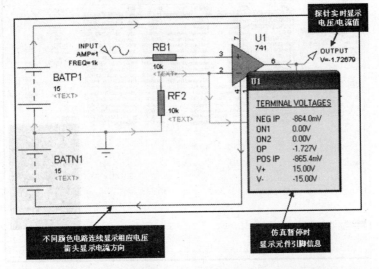

图 4.34　交互式仿真

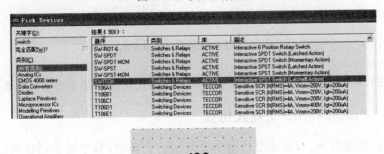

图 4.35　动态元器件

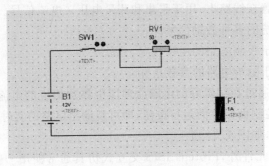

图 4.36　交互式仿真实例

① 将电路输入到 ISIS 的原理图编辑区。点击对象选择器的"P"按钮，进入"元件库"对话框，如图 4.37 所示。

② 在元器件库对话框的关键字区域输入所需器件的关键字，将所需元器件逐个添加到对象选择器窗口中，如图 4.38 所示。

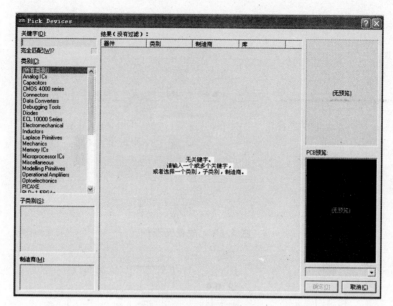

图 4.37 选择元器件

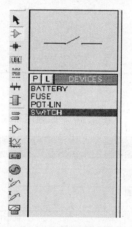

图 4.38 对象选择器

③ 将对象选择器中的元器件,逐一添加到原理图编辑窗口的适当位置,如图 4.39 所示。

④ 将元器件用线连接起来,如图 4.40 所示。

⑤ 滑动变阻器的阻值和保险丝的熔断电流可以通过左键选择器件后,右键点击编辑属性命令来调整,如图 4.41 和图 4.42 所示。

原理图编辑完成,如图 4.43 所示。

这是一个简单的串联电路,当开关闭合时,减小滑动变阻器的阻值,整个电路的阻值将会减小,从而电路中的电流会增大,当电路中的电流增大到超过保险丝的熔断电流以后,保险丝会被熔断。在 Proteus ISIS 中可以通过电路中放置的动态器件来仿真这一变化过程。

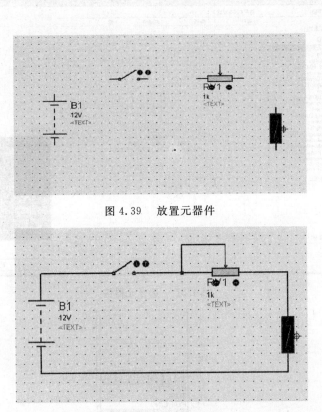

图 4.39　放置元器件

图 4.40　原理图布线

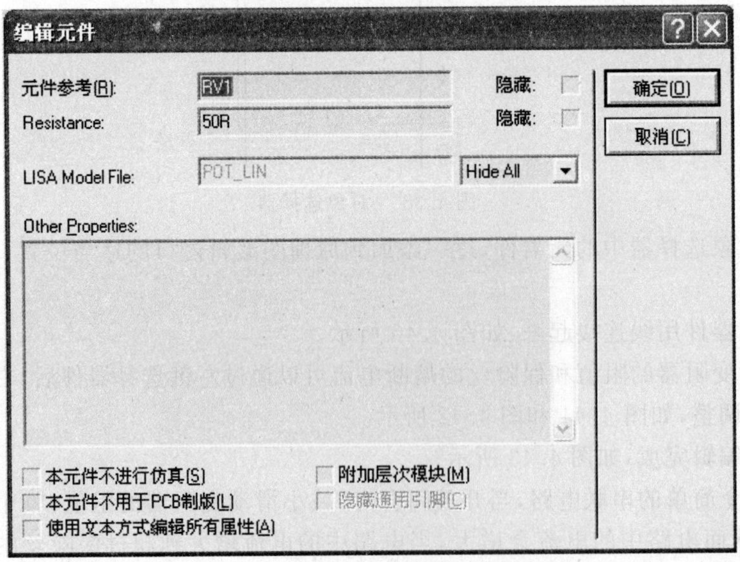

图 4.41　编辑滑动变阻器属性对话框

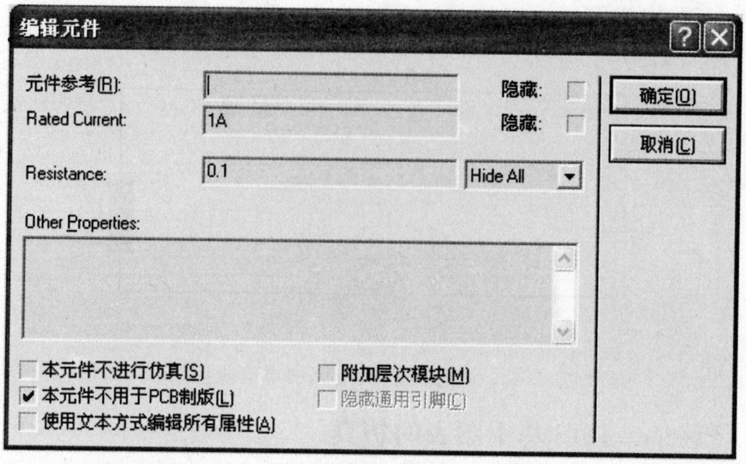

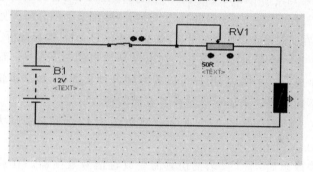

图 4.42　编辑保险丝属性对话框

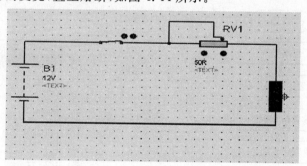

图 4.43　交互仿真实例原理图

当原理图输入完成之后,通过点击仿真控制面板的全速运行按钮,启动仿真。闭合开关,然后通过点击滑动变阻器右端箭头来增大整个电路的电流值。电流增大过程中保险丝的亮度会动态的变亮,直至熔断,如图 4.44 所示。

图 4.44　交互式仿真过程实例

也可以在串联电路中添加电流表来观察电流变化。单击绘图工具栏中的虚拟仪器图标 选中直流电流表,同添加普通元器件一样,将其添加到原理图当中,并串联到电路中,在仿真过程中就可以通过虚拟电流标实时观察当前电路中电流的变化过程,如图4.45所示。

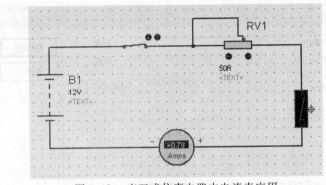

图 4.45　交互式仿真电路中电流表应用

### 4.4.2　Proteus ISIS 基于图表的仿真

图表分析可以得到整个电路的分析结果,并且可以直观地对仿真结果进行分析。同时,图表分析能够在仿真过程中放大一些特别的部分,进行一些细节上的分析。另外,图表分析也是唯一一种能够实现在实时中难以作出的分析,如交流小信号分析、噪声分析、参数扫描等。

图表在仿真中是一个最重要的部分。它不仅是结果的显示媒介,而且定义了仿真类型。通过放置一个或若干个图表,用户可以观测到各种数据(如数字逻辑输出、电压、阻抗等),即通过放置不同的图表来显示电路在各方面的特性。

基于图表的仿真流程图如图 4.46 所示。现以图 4.13 所示运算放大器 741 的应用电路为例作一下说明。

当电路输入完成以后,基于图表的仿真需要放置信号发生器。在这里需要的是频率为 1 kHz、振幅为 1 的正弦波信号源。单击绘图工具栏中的激励源图标 ⊙,在对象选择器列表中会列出相应多种供选择的激励源,如图 4.47 所示。选择其中的正弦信号源,添加到原理图中,并设置信号源属性,如图 4.48 所示。

图 4.46　基于图表仿真流程图

图 4.47　激励源模式下的对象选择器

第二篇 开发环境

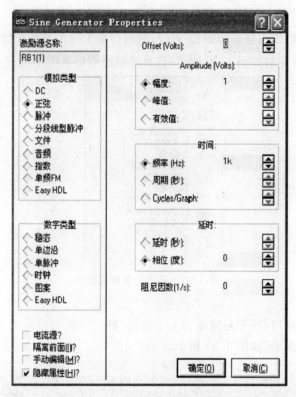

图 4.48 正弦波信号属性编辑窗口

另外,需要在放大电路的输出端放置电压探针。放置完成信号源与电压探针的原理图如图 4.49 所示。

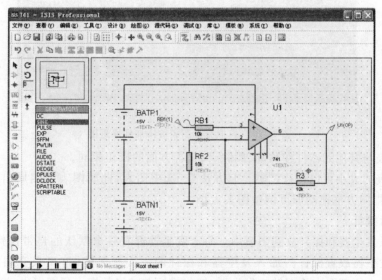

图 4.49 放置完成信号源与电压探针的原理图

下面具体介绍基于模拟图表的电路分析与仿真的方法。

**1. 选择图表**

单击工具箱中的图表模式按钮 ,在对象选择器中将出现各种仿真分析所需的图表(如模拟、数字、混合等),如图 4.50 所示,选择模拟图表仿真图形。

图 4.50　仿真分析所需图表

**2. 放置图表**

光标指向编辑窗口,按下左键拖出一个方框,确定方框大小后松开左键,则模拟分析图表被添加到原理图中,如图 4.51 所示。

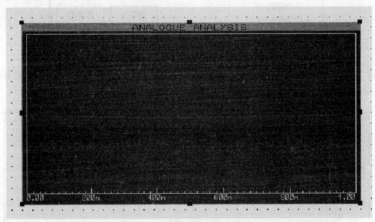

图 4.51　模拟分析图表被添加到原理图

① 图表与其他元器件在移动、删除、编辑等方面的操作相同。

② 图表的大小可以进行调整。其方法是:选中图表,此时图表的四周出现黑色的小方框,光标指向方框拖动即可调整图表大小。

**3. 放置探针**

把信号发生器和探针放到图表中。每个发生器都有一个默认的自带探针,所以不需要单独为发生器放置探针。加入发生器和探针的方法有多种,这里只介绍最常用的一种。依次选中原理图中的探针或发生器,按住鼠标左键将其拖入到图表中,松开左键即可完成放置。图表有左、右两条竖轴,探针或发生器靠近哪侧就向哪侧竖轴拖入,其名称就被放置在哪侧的条轴上,图表中的探针和发生器名与原理图中的名称相同。

**4. 设置仿真图表**

图表仿真的运行时间由 X 轴的范围确定。双击图表即可出现"编辑瞬态图表"对话框,如图 4.52 所示。设置相应的开始时间和停止时间。

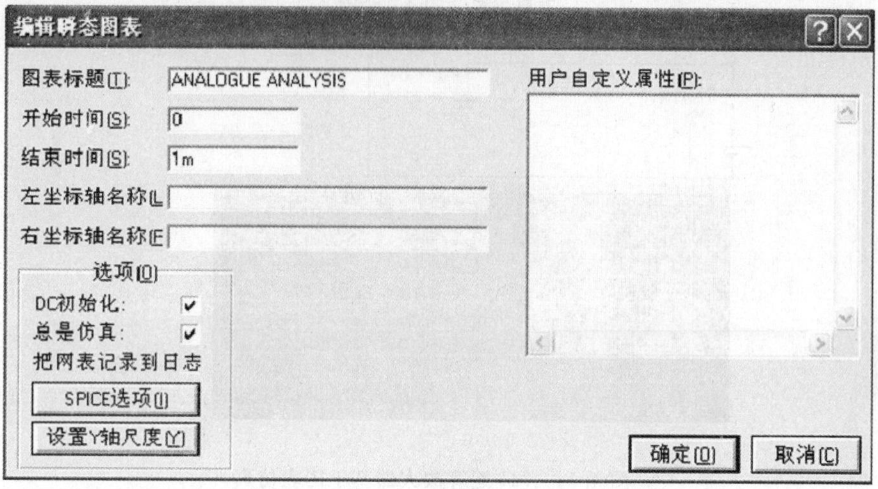

图 4.52　设置模拟仿真图表

设置完成后,单击"确定"按钮结束设置,可以在窗口中看到编辑好的图表。本例中添加的发生器和探针为 INPUT 和 OUTPUT 信号,设置停止时间为 1 ms,如图 4.53 所示。

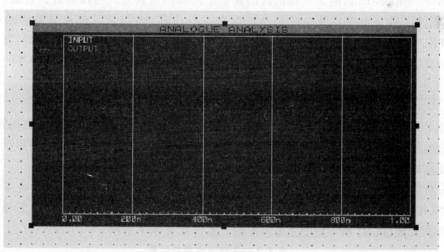

图 4.53　编辑好的图表

**5. 进行仿真**

点选"绘图"菜单下的"仿真图表"命令或者按下空格键,电路开始仿真,图表也随着仿真的结果进行更新,仿真结果如图 4.54 所示。

仿真的情况可以通过"绘图"菜单下的"查看日志"命令查看。仿真日志记录最后一次的仿真情况,当仿真中出现错误时,日志中可显示详细的出错信息。

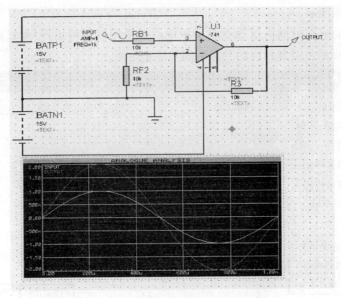

图 4.54 741 运算放大器基于图表仿真

## 4.5 Proteus ISIS 单片机仿真

结合 Proteus ISIS 的交互式仿真以及基于图表的仿真方式可以有效且直观、生动地对模拟电路、数字电路以及单片机系统电路进行仿真,尤其是对单片机系统的仿真是 PROTEUS VSM 的主要特色。用户可在 Proteus 中直接编辑、编译、调试代码,并直观地看到仿真结果。本节主要介绍在 Proteus ISIS 环境中单片机系统的设计与仿真的方法。

### 4.5.1 Proteus ISIS 中单片机系统电路设计

在 Proteus ISIS 环境中设计单片机系统电路和设计其他类型的电路方法相同,仍然是一个电路原理图的输入及编辑过程。例如,要求利用 51 单片机设计一个简单计数电路对外部按键输入进行 0~9 循环计数,并且将计数值显示在 7 段数码管上。

分析题目要求,首先要确定整个电路由 3 个部分组成,分别是:单片机系统工作的最小电路、按键输入、显示输出。然后对电路的每个部分作详细设计,确定具体需要的元器件的种类及数量。在本示例中主要需要的元器件如表 4.3 所示。

表 4.3 实例所需器件列表

| 序号 | 元器件名称 | 仿真库名称 | 备注 |
| --- | --- | --- | --- |
| U1 | AT89C51 | MCS8051 | 微处理器库 → AT89C51 |
| L1 | 7SEG-COM-ANODE | Optoelectronics | 光电元件库 → 七段数码管 |
| R1~R7 | RES | Resistors | 电阻库 → 电阻(需设置为 220 Ω) |
| R8 | MINRES10K | Resistors | 电阻库 → 电阻 |

续表 4.3

| 序号 | 元器件名称 | 仿真库名称 | 备注 |
|---|---|---|---|
| C1\C2 | CAP | Capacitors | 电容库 → 电容(需设为 33 pF) |
| C3 | CAP—POL | Capacitors | 电容库 → 电解电容(需设为 10 μF) |
| X1 | CRYSTAL | Miscellaneous | 杂项库 → 晶振(频率需设为 12 MHz) |
| K1 | BUTTON | Switches & Relays | 杂项库 → 按键 |

Proteus ISIS 原理图编辑区输入原理图包括查找元器件、放置元器件、布线、连接端子、编辑器件属性等。输入结果如图 4.55 所示。

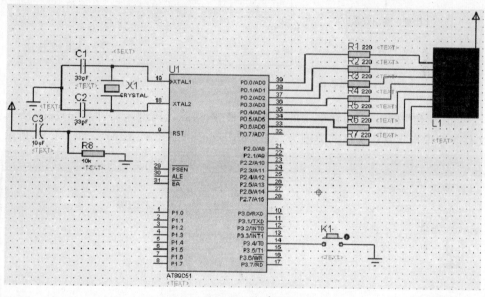

图 4.55  计数电路原理图

### 4.5.2 Proteus ISIS 中单片机程序设计

Proteus VSM 中的源代码控制系统包括以下两个主要特性:

① 内部集成源代码编程环境。这一功能使得用户可以直接在 ISIS 编辑环境中直接编辑源代码,而无需手动切换应用环境。在 ISIS 中定义了源代码编译为目标代码的规则。一旦程序启动,并执行仿真,这些规则将被实时加载,因此目标代码被更新。

② 如果用户定义的汇编程序或编译器自带 IDE,可直接在其中编译,无需使用 ISIS 提供的源代码控制系统。当生成外部程序时,切换回 Proteus 即可。

在本实例中主要涉及内部计数器的编程,程序流程如图 4.56 所示。

下面介绍在 Proteus ISIS 中创建源代码方法。

选择"源代码"菜单下"添加/移除源文件"命令,在弹出的对话框中单击代码生成工具下方的下拉式菜单,将列出系统提供的代码生成工具。在本例中使用的是 51 系列单片机,因此选择"ASEM51"代码生成工具,如图 4.57 所示。

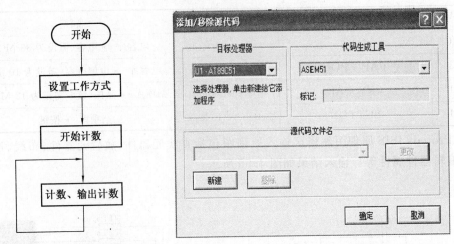

图 4.56　计数实例软件流程图　　图 4.57　代码生成工具选择

单击"新建"按钮,在对话框中的文件名一栏中为源代码键入文件名"51counter",并在文件类型中指定新建文件的类型为"ASEM51 souce files( *.asm)",如图 4.58 所示。

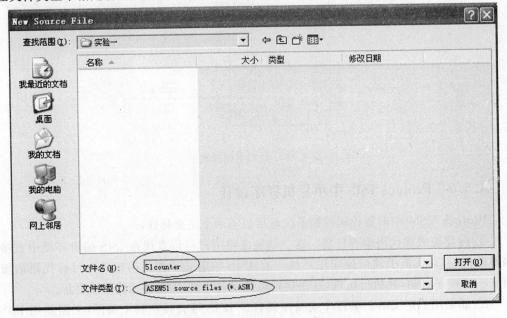

图 4.58　新建源代码文件

选择"源代码"菜单,点选"51counter.ASM",即可打开源文件编辑窗口,在编辑窗口中键入程序并保存,如图 4.59 所示。

选择"源代码"菜单,点选"全部编译"命令,如果程序没有语法错误,将对当前源文件进行编译并生成目标文件,并加载到当前所选 CPU,同时生成日志,如图 4.60 所示。

第二篇　开发环境

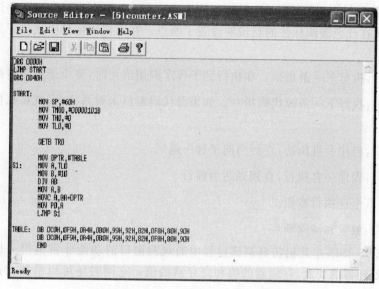

图 4.59　Proteus ISIS 中源代码编辑

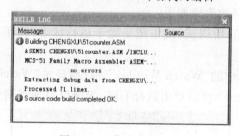

图 4.60　代码编译日志

### 4.5.3　Proteus ISIS 中单片机系统调试

Proteus 支持源代码调试。系统的 debug loders 包含在系统文件 LOADERS.DLL 中。目前，系统可支持的工具数量正在增加。

对于系统支持的汇编程序或编译器，Proteus 将会为设计项目中的每一个源代码文件创建一个源代码窗口，并且这些代码将会在 Debug 菜单中显示。

在进行代码调试时，需先在微处理器属性编辑中的 Program File 项配置目标代码文件名。因为设计中可能有多个处理器，ISIS 不能自动获取目标代码。

单击控制面板中的暂停按钮 ▌▌，开始调试程序。此时会弹出源代码调试窗口，如图 4.61 所示。

源代码窗口为一个组和框，允许用户选择组成项目的其他源代码文件。用户也可使用快捷键

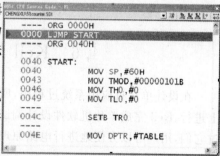

图 4.61　源代码调试窗口

CTRL＋1、CTRL＋2、CTRL＋3 等切换源代码文件。蓝色条代表当前命令行，在此处按

· 107 ·

F9 键,可设置断点;如果按 F10 键,程序将单步执行。红色箭头表示处理程序计数器的当前位置。系统在红色圆圈标注的行说明设置了断点。在源代码窗口中提供了如下命令按钮:

① ![icon]:执行下一条指令。在执行到子程序调用语句时,整个子程序将被执行。

② ![icon]:执行下一条源代码指令。如果源代码窗口未被激活,系统将执行一条机器代码指令。

③ ![icon]:程序一直执行,直到当前子程序返回。

④ ![icon]:程序一直执行,直到到达当前行。

⑤ ![icon]:全速执行按钮。

⑥ ![icon]:放置和清除断点。

PROTEUS ISIS 单片机仿真调试过程中的观测窗口的功能非常值得一提。观测窗口可以显示处理器的变量、存储器的值和寄存器的值。它同时还可以给独立存储单元指定名称。

观测窗口中添加项目的步骤如下:

① 按下 Ctrl+F12 开始调试,或系统正处于运行状态时,单击"暂停"按钮,暂停仿真。

② 单击"调试"菜单中的"Watch Window"命令,显示"Watch Window"窗口。

③ 在"Watch Window"窗口单击鼠标右键,为窗口添加观测变量,如图 4.62 所示。

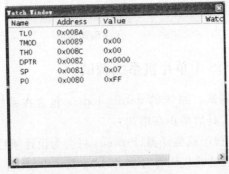

图 4.62 观测窗口

## 4.6 Keil 与 Proteus 联合调试

在设计单片机应用系统过程中,所有的设计工作其实都可以在 Keil 及 Proteus 平台上进行,Keil 完成单片机软件设计调试,Proteus 完成硬件设计及系统运行结果查看。通过它们,用户可以方便地进行电路原理图的设计和仿真测试,观察电路的工作状态及软件运行后的变化情况。

### 4.6.1 Keil 与 Proteus 接口

将 Proteus 和 Keil 进行联调,需要设置好双方软件的接口,联调接口设置步骤如下:

① 把安装目录 Proteus\MODELS 下的 VDM51.dll 文件复制到 Keil 安装目录的 \c51\BIN 目录中。

② 修改 Keil 安装目录下 Tools.ini 文件,在 C51 字段加入 TDRv5=BIN\VDM51.DLL("PROTEUS 7 EMULATOR") 并保存。注意:不一定要用 TDRV5,根据原来字段选用一个不重复的数值就可以了,引号内的名字随意设定。

③ 打开 Proteus,画出相应电路,在"调试"菜单中选中"使用远程调试监控"命令。

④ 进入 Keil 软件,选择"Project"菜单下的"Option for Target 'Target1'"命令,在弹出的对话中选择"Debug"选项卡,单击右栏上部的组合列表框,选择"Proteus VSM Simulator"。然后单击"Settings"按钮,设置机器 IP 为 127.0.0.1,端口号为 8000,如图 4.63 所示。

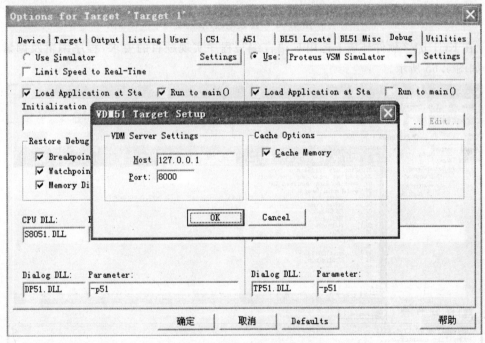

图 4.63 Keil 中的联调设置

⑤ 在 Keil 中进行程序调试,同时在 Proteus 中查看直观的结果。这样就可以像使用仿真器一样调试程序了。

### 4.6.2 Keil 与 Proteus 联合调试实例

现仍以基于 89C51 单片机的简单计数电路为例,说明使用 Proteus 和 Keil 软件进行单片机系统设计和仿真的过程。

首先,用 Proteus ISIS 画好电路图,如图 4.64 所示。

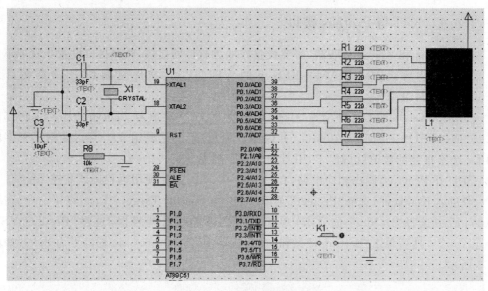

图 4.64　计数电路原理图

在 Keil μV3 软件环境下运用 C 语言编写程序实现题目的要求,程序编辑及调试过程,如图 4.65 所示。

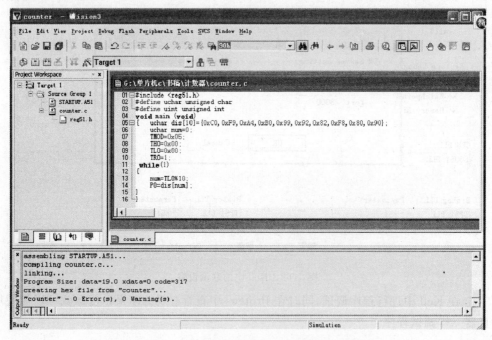

图 4.65　运用 C 语言在 Keil 中对单片机编程

Keil 中的具体调试过程,本小节中不作详细介绍,相关内容请参照第 3 章。编译无误后生成 .hex 文件,生成的目标文件通常在 Keil 的当前工程文件目录中。其次,将生成的 .hex 文件"下载"到 51 芯片中,如图 4.66 所示。

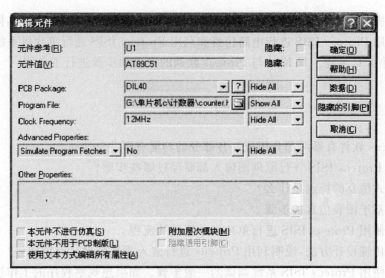

图 4.66　加载目标文件

在"调试"菜单中选中"使用远程调试监控"命令。

运行 Keil 软件，选择"Project"菜单下"Option for Target 'Target1'"命令，在 Debug 选项中右栏上部的组合下拉列表框中选中"Proteus VSM Simulator"。再进入 Settings，设置机器 IP 为 127.0.0.1，端口号为 8000。在 Keil 中进行调试，同时在 Proteus 中查看直观的结果。这样就可以像使用硬件仿真器一样调试程序了，如图 4.67 所示。

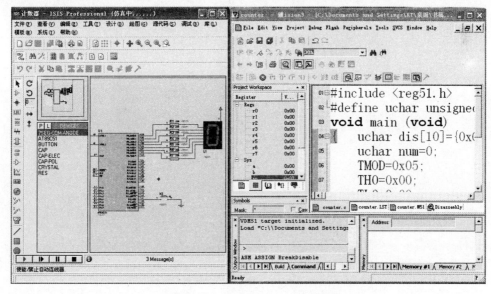

图 4.67　Keil 与 Proteus 联合调试

# 本章小结

本章概括地介绍了 Proteus 7.4 的基本功能，并通过一些实例具体介绍了 Proteus

ISIS 的基本操作、Proteus 电路原理图输入和在 Proteus 中创建元器件的方法,同时着重讲解了怎样利用 Proteus ISIS 进行电路仿真和利用 Proteus ISIS 进行单片机系统设计的步骤和方法,并对 C 编程工具 Keil 与 Proteus 联调的方法和步骤进行了介绍。

## 习 题

1. Proteus 软件有哪两部分组成?各部分的功能有哪些?
2. 使用 Proteus ISIS 进行原理图输入都要经过哪些步骤?
3. 交互式仿真的特点是什么?
4. 简述基于图表仿真的步骤。
5. 简述使用 Proteus ISIS 进行单片机系统设计流程。
6. 对比传统设计方法,说明利用 Proteus 进行嵌入式系统设计有何优势?
7. 简述使用 Proteus ISIS 系统调试的一般步骤。如果想观察程序的工作过程应该怎样做?
8. 简述使用 Proteus ISIS 和 Keil 软件进行整合及联合调试及软、硬协同仿真的一般步骤。

# 第三篇
# 应用实例篇

# 第三篇

# 血用实矣闲篇

# 第5章

# 8051单片机内部资源

## 5.1 并行I/O接口

### 5.1.1 并行I/O接口的基础知识

并行I/O(输入/输出端口)实现单片机与外围设备之间数据传送的电路。MCS—51单片机有4个双向并行的8位I/O接口,记为P0、P1、P2、P3,其中P0和P2通常用于对外部存储器的访问,P3口与内部模块配合实现第二功能。每一个I/O端口均可以并行输入或输出8位数据,也可按位使用。以P0口为例,每一位又记为P0.0～P0.7,由于C语言中不可以使用"."作为标识符,所以通常将"."省略或用下划线代替。

这4个I/O端口在单片机内部映射为4个特殊功能寄存器(SFR),也可以看做存储单元来访问,那么对于数据的输入、输出,也就是对这些寄存器进行写和读的操作。如果希望端口某一位对应的引脚输出高电平,则对应寄存器的位写二进制"1";反之,写二进制"0"。这4个I/O端口在内部结构上略有不同,能实现不同的复用功能,因此在使用时也要根据各自情况区别对待。

**1. P0的结构**

P0口是一个三态双向口,可作为地址/数据分时复用口,也可作为通用I/O接口。P0口由8个图5.1所示的电路组成。

锁存器起输出锁存作用,8个锁存器构成了特殊功能寄存器P0(地址为0x80)。可以通过这样的寄存器符号对P0口做基本的输入或输出的操作(此时图5.1中"控制"端为0,与门3、反相器4及多路转换开关MUX构成了输出控制电路)。

(1) P0口输出操作

P0口输出数据0xff的C51代码如下:

P0=0xff; /*"P0"这个符号已经在头文件reg51.h中有定义,包含到程序即可使用*/

场效应管(FET)V1、V2组成输出驱动器,以增大带负载能力,将锁存器的值输出到引脚。

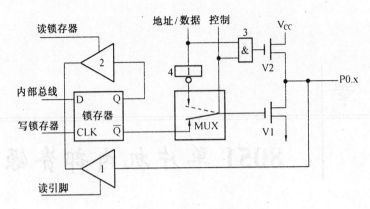

图 5.1　P0 口位结构图

对于 P0 口的基本输出操作,V2 始终为截止状态,那么如果需要向外部引脚输出高电平时,需要为外部引脚接上拉电阻,以保证高电平信号。图 5.1 中,P0.x 为对应 P0 口的外部引脚。

(2) P0 口输入操作

P0 口输入数据,并暂存于变量 dat0 中的 C51 代码如下:

unsigned char dat0;
……
dat0 = P0;

输入操作时,三态门 1 是引脚输入缓冲器,将引脚上的电平信号引入"内部总线",即使用语句"dat0 = P0;"时,开启了"读引脚"操作。三态门 2 用于读锁存器端口,即使用类似"P0 |= 0xff;"按位复合运算时,需要 P0 口中的数值参与运算,所以打开了"读端口"。

MCS-51 单片机的 4 个端口又被称为"准双向"的 I/O 接口,原因是当其进行输入操作时,内部场效应管 V1 的导通影响了外部引脚输入的高电平信号。当锁存器的值为"0"时,V1 是导通的,所以在进行输入操作前,一定要先将 V1 置于截止状态,即先为锁存器写"1",引脚处于悬浮状态,变为高阻抗输入,这就是所谓的准双向口。

将输入代码修改后,实现如下:

unsigned char dat0;
P0 = 0xff;　/* 锁存器置"1",截止 V1 */
dat0 = P0;　/* 读回真正的引脚电平信号 */

(3) P0 口作为地址 / 数据总线

P0 口大多数应用是地址 / 数据总线。当 P0 口作为地址 / 数据分时复用总线时,可分为两种情况:一种是从 P0 口输出地址或数据;另一种是从 P0 口输入数据。

在访问片外存储器而需从 P0 口输出地址或数据信号时,控制信号应为高电平"1",使转换开关 MUX 把反相器 4 的输出端与 V1 接通,同时把与门 3 打开。当地址或数据为"1"时,经反相器 4 使 V1 截止,而经与门 3 使 V2 导通,P0.x 引脚上出现相应的高电平"1";当地址或数据为"0"时,经反相器 4 使 V1 导通而 V2 截止,引脚上出现相应的低电平"0"。这样就将地址 / 数据的信号输出。

## 2. P1 的结构

P1 口的寄存器地址为 0x90,各个位的内部结构如图 5.2 所示。

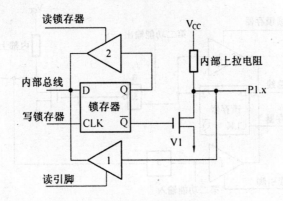

图 5.2　P1 口位结构图

P1 口只有通用 I/O 接口一种功能,其输入输出原理特性与 P0 口作为通用 I/O 接口使用时一样。

## 3. P2 的结构

P2 口的寄存器地址为 0xA0,各个位的内部结构如图 5.3 所示。

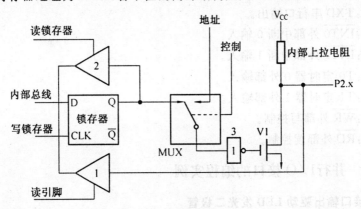

图 5.3　P2 口位结构图

当作为准双向通用 I/O 接口使用时,控制信号使转换开关接向左侧,锁存器 Q 端经反相器 3 接 V1,其工作原理与 P1 相同,也具有输入、输出、端口操作 3 种工作方式,负载能力也与 P1 相同。

当作为外部扩展存储器的高 8 位地址总线使用时,控制信号使转换开关接向右侧,由程序计数器 PC 来的高 8 位地址,或数据指针 DPTR 来的高 8 位地址 DPH 经反相器 3 和 V1 原样呈现在 P2 口的引脚上,输出高 8 位地址为 A8~A15。在上述情况下,锁存器的内容不受影响,所以,取指或访问外部存储器结束后,由于转换开关又接至左侧,使输出驱动器与锁存器 Q 端相连,引脚上将恢复原来的数据。

**4. P3 的结构**

P3 口的寄存器地址为 0xB0,各个位的内部结构如图 5.4 所示。

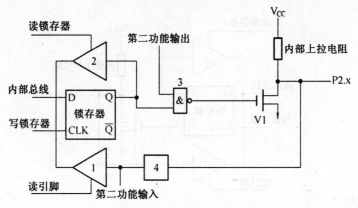

图 5.4　P3 口位结构图

P3 口是一个多功能口,与 P1 口相比,其在内部结构中增加了非门 3 和缓冲器 4,这使 P3 口在准双向 I/O 功能的基础上,又具有了第二功能。P3 口的第二功能和 MCS－51 单片机的其他模块配合实现。P3 第二功能各引脚功能定义如下。

①P3.0:RXD 串行口输入。

②P3.1:TXD 串行口输出。

③P3.2:$\overline{\text{INT0}}$ 外部中断 0 输入。

④P3.3:$\overline{\text{INT1}}$ 外部中断 1 输入。

⑤P3.4:T0 定时器 0 外部输入。

⑥P3.5:T1 定时器 1 外部输入。

⑦P3.6:$\overline{\text{WR}}$ 外部写控制。

⑧P3.7:$\overline{\text{RD}}$ 外部读控制。

### 5.1.2　并行 I/O 接口的编程实例

**1. I/O 接口输出驱动 LED 发光二极管**

(1)LED 闪灯

在 P1 口上接 8 个发光二极管,使其不停地一亮一灭,一亮一灭的时间间隔为 0.3 s。其电路图如图 5.5 所示。从 LED 与 I/O 引脚的接法可以分析,控制方式采用的是灌电流的方式,即输出低电平时,LED 发光,此时 P1 口输出的数据应该是 0x00,对应着 8 位二进制 0。

注意:Proteus 电路图中 MCS－51 等芯片的 $V_{CC}$、GND 引脚是隐藏状态,默认连接好;如果实施焊接电路时,则一定要将其焊接好。Proteus 电路图元件如表 5.1 所示。

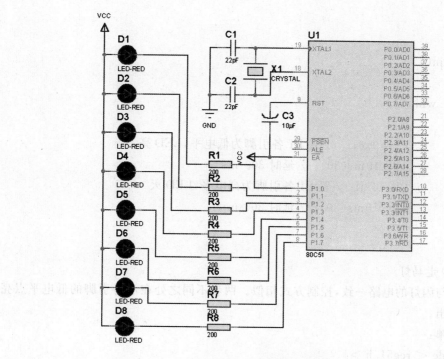

图 5.5 LED 控制电路图

表 5.1 LED 控制电路图元件表

| 序号 | 元器件名称 | 仿真库名称 | 备注 |
|---|---|---|---|
| U1 | 80C51 | Microprocessor ICs | 微处理器库 → 80C51 |
| D1～D8 | LED－RED | Optoelectronics | 光电元件库 → 红色 LED |
| R1～R8 | RES | Resistors | 电阻库 → 电阻(需设置为 200 Ω) |
| C1\C2 | AVX0402NPO22P | Capacitors | 电容库 → 22 pF 瓷片电容 |
| C3 | CAP－POL | Capacitors | 电容库 → 10 μF 电解电容 |
| CRY1 | CRYSTAL | Miscellaneous | 杂项库 → 晶振(需设置频率) |

程序清单：
#include ＜reg51.h＞ // 单片机 51 头文件,存放着单片机的寄存器
void delay10ms(int n)// 约 10 ms 延时程序
{
　　int i,j;
　　while(n－－)
　　{
　　　　for(i＝0;i＜10;i＋＋)
　　　　{
　　　　　　for(j＝0; j＜125; j＋＋);
　　　　}

```
        }
    }
    void main()
    {
            while(1)
            {
                    P1=0x0;   //置P1各引脚为低电平,LED亮
                    delay10ms(30);//延时300 ms
                    P1=0xff;//置P1各引脚为高电平,LED灭
                    delay10ms(30);//延时300 ms
            }
    }
```

(2)LED走马灯

走马灯与闪灯的电路一致,控制方式相似。两者不同之处在于各引脚的低电平点亮信号交替输出。

程序清单:

```
#include <reg51.h>
void delay10ms(int n)// 约10 ms延时程序
{
    int i,j;
    while(n--)
    {
        for(i=0;i<10;i++)
        {
            for(j=0; j<125; j++);
        }
    }
}
void main()
{
    int a;
    int i;
    while(1)
    {
        a=0x01;
        for(i=0;i<=7;i++)
        {
            P1=~(a<<i);/*变量a左移i位后取反,相当于将对应为置0其他
```

位置1*/
    delay10ms(30);//延时函数
   }
  }
}

**2. I/O接口输出驱动数码管**

  I/O接口驱动7段LED数码管(简称数码管)构成显示电路是单片机I/O的典型应用。在此从数码管显示原理开始,讲解利用单片机控制数码管的C51编程实例。

  数码管是在一定形状的绝缘材料上,利用单只LED组合排列成"8"字形,分别引出它们的电极,点亮相应的点划来显示出0~9的数字等。数码管根据其内部LED的接法不同分为共阴和共阳两类,如图5.6所示数码管类型。对于不同类型的数码管,除了它们的硬件电路有差异外,编程方法也是不同的。

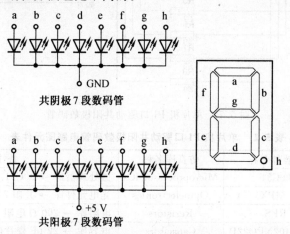

图5.6 数码管类型及原理图

  将多只LED的阴极连在一起即为共阴式,而将多只LED的阳极连在一起即为共阳式。以共阴式为例,如果把阴极接地,在相应段的阳极接上正电源,则该段即会发光。当然,LED的电流通常较小,一般均需在回路中接上限流电阻。假如将"b"和"c"段接上正电源,其他端接地或悬空,那么"b"和"c"段发光,此时,数码管将显示数字"1"。而将"a"、"b"、"d"、"e"和"g"段都接上正电源,其他引脚悬空,此时数码管将显示"2"。如果将各个段接到单片机的I/O引脚上,使用8位并行I/O输出段码,就可以通过单片机控制数码管显示不同的字符。

  如图5.7所示,为单片机P1口驱动共阳极数码管的实验电路图。使用80C51单片机,电容C1、C2和CRY1组成时钟振荡电路。C3为单片机的复位电路,80C51的并行口P1.0~P1.7直接与LED数码管的"a~h"引脚相连,中间接上限流电阻R1~R8。值得一提的是,80C51并行口的输出驱动电流并非很大,为使LED有足够的亮度,LED数码管应选用高亮度的元器件。Proteus电路图元件如表5.2所示。

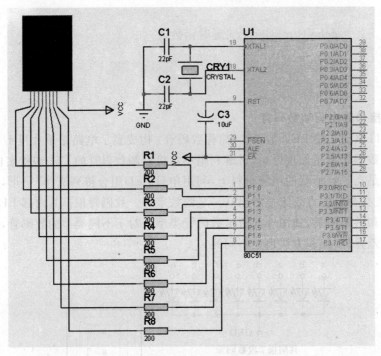

图 5.7 单片机 P1 口驱动共阳极数码管

表 5.2 单片机 P1 口驱动共阳极数码管电路图元件表

| 序号 | 元器件名称 | 仿真库名称 | 备注 |
|---|---|---|---|
| U1 | 80C51 | Microprocessor ICs | 微处理器库 → 80C51 |
| U2 | 7SEG－MPX1－CA | Optoelectronics | 光电元件库 → 共阳 7 段数码管 |
| R1～R7 | RES | Resistors | 电阻库 → 200 Ω 电阻 |
| C1\C2 | AVX0402NPO22P | Capacitors | 电容库 → 22 pF 瓷片电容 |
| C3 | CAP－POL | Capacitors | 电容库 → 10 μF 电解电容 |
| CRY1 | CRYSTAL | Miscellaneous | 杂项库 → 晶振（须在属性中设置频率） |

程序清单：
＃include＜reg51.h＞
unsigned char dispcode[] = {0xc0,0xf9,0xa4,0xb0,0x99,0x92,0x82,0xf8,0x80,0x90};// 共阳数码管的段码
void delay10ms(int n);
void main(void)
{
　　char i;
　　while(1)
　　{
　　　　for (i＝0; i＜10; i＋＋)
　　　　{
　　　　　　P1＝dispcode[i]; // 数码管更新显示

```
        delay10ms(50);// 延时 500 ms
        }
    }
}
//10 ms 延时函数,应用于 11.059 2 MHz 时钟。
void delay10ms(int n)
{
    int i=0,j;
    while(n－－)
    {
        for(i=0;i＜10;i++)
        {
            for(j=0; j＜125; j++);
        }
    }
}
```

**3. I/O 接口输入实例**

上例中实现了数码管的自动循环显示,在此通过一个按键实现对数码管的控制显示,即按键按下一次,数码管显示数字增1。按键电路如图 5.8 所示(该电路是对图 5.6 的增加部分)。图 5.8 中按键接入单片机的 P3.3 I/O 引脚。Proteus 电路图元件如表 5.3 所示。

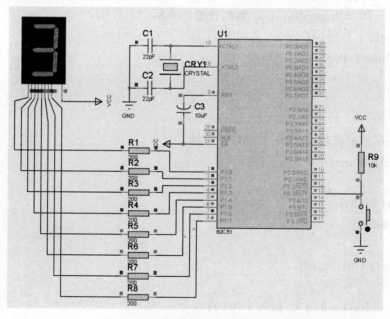

图 5.8　按键电路图

表 5.3 按键电路图元件表

| 序号 | 元器件名称 | 仿真库名称 | 备注 |
|---|---|---|---|
| R | RES | Resistors | 电阻库 → 10 kΩ 电阻 |
| K | BUTTON | Switches & Relays | 开关和继电器库 → 按键 |

注:此表为增量表(部分元件),其他元件参见表 5.2。

按键控制数码管显示程序清单如下:

```c
#include <reg51.h>
unsigned char dispcode[] = {0xc0,0xf9,0xa4,0xb0,0x99,0x92,0x82,0xf8,0x80,0x90};// 共阳数码管的段码
sbit P33 = P3^3;
void delay10ms(int n);
void main(void)
{
    char i = 0;
    while(1)
    {
        P33 = 1;// 截止 I/O 引脚的 FET,准备输入
        while(P33);//P33 按键未按下,循环等待
        delay10ms(2);// 延时消抖
        if (!P33) // 确认按键按下,滤除键盘抖动干扰
        {
            P1 = dispcode[i]; // 数码管更新显示
            i = (i+1)%10;
            while(!P33);
        }
    }
}
//10 ms 延时函数,应用于 12 MHz 时钟。
void delay10ms(int n)
{
    int i = 0,j;
    while(n--)
    {
        for(i=0;i<10;i++)
        {
            for(j=0; j<125; j++);
        }
    }
}
```

## 5.2 中断系统编程

### 5.2.1 中断系统的基础知识

**1. 中断的概念**

CPU 在处理某一事件 A 时,发生了另一事件 B 请求,CPU 迅速去处理(中断发生);CPU 暂时中断当前的工作,转去处理事件 B(中断响应和中断服务);待 CPU 将事件 B 处理完毕后,再回到原来事件 A 被中断的地方继续处理事件 A(中断返回),这一过程称为中断。中断的过程如图 5.9 所示。

引起 CPU 中断的根源,称为中断源。中断源向 CPU 提出中断请求。CPU 暂时中断原来的事务 A,转去处理事件 B。对事件 B 处理完毕后,再回到原来被中断的地方(即断点),称为中断返回。实现上述中断功能的部件称为中断系统(中断机构)。中断系统处理中断的流程如图 5.10 所示。

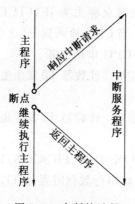

图 5.9 中断的过程

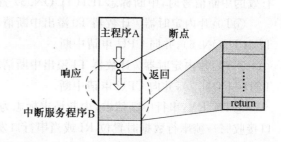

图 5.10 处理中断的流程图

随着计算机技术的应用,人们发现中断技术不仅解决了快速主机与慢速 I/O 设备的数据传送问题,而且还具有如下优点:

① 分时操作。CPU 可以分时为多个 I/O 设备服务,提高计算机的利用率。

② 实时响应。CPU 能够及时处理应用系统的随机事件,系统的实时性大大增强。

③ 可靠性高。CPU 具有处理设备故障及掉电等突发性事件能力,从而使系统可靠性提高。

**2. 51 系列单片机中断系统的结构**

51 系列单片机的中断系统有 5 个中断源(8052 有 6 个)及 2 个优先级,可实现二级中断嵌套。51 系列单片机中断系统的结构如图 5.11 所示。

(1) 中断源

① INT0:外部中断请求 0,由引脚 P3.2 输入,中断请求标志为 IE0(TCON.1)。由 IT0(TCON.0)选择其为低电平有效还是下降沿有效。当 CPU 检测到 P3.2 引脚上出现有效的中断信号时,中断标志 IE0(TCON.1)置"1",向 CPU 申请中断。

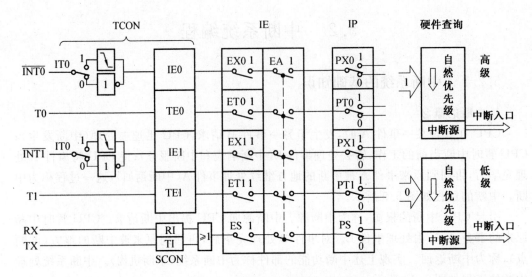

图 5.11　51 系列单片机中断系统的结构

②$\overline{INT1}$：外部中断请求 1，由引脚 P3.3 输入，中断请求标志为 IE1(TCON.3)。由 IT1(TCON.2) 选择其为低电平有效还是下降沿有效。当 CPU 检测到 P3.3 引脚上出现有效的中断信号时，中断标志 IE1(TCON.3) 置"1"，向 CPU 申请中断。

③T0：片内定时器/计数器 T0 溢出中断请求。当定时/计数器 T0 发生溢出时，置位 TF0(TCON.5)，并向 CPU 申请中断。

④T1：片内定时器/计数器 T1 溢出中断请求。当定时/计数器 T1 发生溢出时，置位 TF1(TCON.7)，并向 CPU 申请中断。

⑤TX、RX：串行中断请求，中断请求标志为 RI(SCON.0) 或 TI(SCON.1)。当串行口接收完一帧串行数据时置位 RI 或当串行口发送完一帧串行数据时置位 TI，向 CPU 申请中断。

(2) 中断请求标志寄存器

中断请求标志寄存器各个位的描述如图 5.12 和图 5.13 所示。

图 5.12　寄存器 TCON 的结构

图 5.13　寄存器 SCON 的结构

①IT0(TCON.0)：外部中断 0 触发方式控制位。当 IT0＝0 时，为电平触发方式；当 IT0＝1 时，为边沿触发方式（下降沿有效）。

②IE0(TCON.1):外部中断 0 中断请求标志位。

③IT1(TCON.2):外部中断 1 触发方式控制位。

④IE1(TCON.3):外部中断 1 中断请求标志位。

⑤TF0(TCON.5):定时/计数器 T0 溢出中断请求标志位。

⑥TF1(TCON.7):定时/计数器 T1 溢出中断请求标志位。

⑦RI(SCON.0):串行口接收中断标志位。当允许串行口接收数据时,每接收完一个串行帧,由硬件置位 RI。同样,RI 必须由软件清除。

⑧TI(SCON.1):串行口发送中断标志位。当 CPU 将一个发送数据写入串行口发送缓冲器时,就启动了发送过程。每发送完一个串行帧,由硬件置位 TI。CPU 响应中断时,不能自动清除 TI,TI 必须由软件清除。

### 3.51 系列单片机中断的控制

(1) 中断允许控制寄存器

CPU 对中断系统所有中断以及某个中断源的开放和屏蔽是由中断允许寄存器 IE 控制的。中断允许控制寄存器各个位的描述如图 5.14 所示。

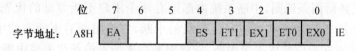

图 5.14　寄存器 IE 的结构

①EX0(IE.0):外部中断 0 允许位。

②ET0(IE.1):定时/计数器 T0 中断允许位。

③EX1(IE.2):外部中断 0 允许位。

④ET1(IE.3):定时/计数器 T1 中断允许位。

⑤ES(IE.4):串行口中断允许位。

⑥EA(IE.7):CPU 中断允许(总允许)位。

(2) 中断优先级控制寄存器

51 系列单片机有两个中断优先级,即可实现二级中断服务嵌套。每个中断源的中断优先级都是由中断优先级寄存器 IP 中的相应位的状态来规定的。中断优先级控制寄存器各个位的描述如图 5.15 所示。

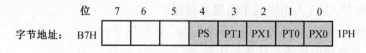

图 5.15　寄存器 IPH 的结构

①PX0(IP.0):外部中断 0 优先级设定位。

②PT0(IP.1):定时/计数器 T0 优先级设定位。

③PX1(IP.2):外部中断 0 优先级设定位。

④PT1(IP.3):定时/计数器 T1 优先级设定位。

⑤PS(IP.4):串行口优先级设定位。

当同一优先级中的中断申请不止一个时,则出现中断优先权排队问题。同一优先级的中断优先权排队,由中断系统硬件确定的自然优先级形成,其排列如表 5.4 所示。

表 5.4 中断源优先级表

| 中断源 | 中断标志 | 中断服务程序入口 | 优先级顺序 |
| --- | --- | --- | --- |
| 外部中断 0($\overline{INT0}$) | IE0 | 0003H | 高 |
| 定时/计数器 0(T0) | TF0 | 000BH | ↓ |
| 外部中断 1($\overline{INT1}$) | IE1 | 0013H | ↓ |
| 定时/计数器 0(T0) | TF1 | 001BH | ↓ |
| 串行口 | RI、TI | 0023H | 低 |

MCS—51 单片机的中断优先级有 3 条原则:
① 当 CPU 同时接收到几个中断时,首先响应优先级别最高的中断请求。
② 正在进行的中断过程不能被新的同级或低优先级的中断请求所中断。
③ 正在进行的低优先级中断服务,能被高优先级中断请求所中断。

为了实现上述后两条原则,中断系统内部设有两个用户不能寻址的优先级状态触发器。若其中一个置 1,表示正在响应高优先级的中断,它将阻断后来所有的中断请求;若另一个置 1,表示正在响应低优先级中断,它将阻断后来所有的低优先级中断请求。

### 4.51 系列单片机中断处理过程

(1) 中断响应条件和时间
① 中断响应条件。
a. 中断源有中断请求;
b. 此中断源的中断允许位为 1;
c. CPU 开中断(即 EA=1)。

只有同时满足,CPU 才有可能响应中断。CPU 执行程序过程中,在每个机器周期,中断系统对各个中断源进行采样。这些采样值在下一个机器周期内按优先级和内部顺序被依次查询。

如果某个中断标志在上一个机器周期被置成了"1",那么它将在现在的查询周期中及时被发现。接着 CPU 便执行一条由中断系统提供的硬件 LCALL 指令,转向被称为中断向量的特定地址单元,进入相应的中断服务程序。

遇到以下任一条件,硬件将受阻,不产生 LCALL 指令:
a. CPU 正在处理同级或高优先级中断。
b. 当前查询的机器周期不是所执行指令的最后一个机器周期。即在完成所执行指令前,不会响应中断,从而保证指令在执行过程中不被打断。
c. 正在执行的指令为 RET、RETI 或任何访问 IE 或 IP 寄存器的指令。即只有在这些指令后面至少再执行一条指令,才能接受中断请求。

若由于上述条件的阻碍中断未能得到响应,当条件消失时该中断标志却已不再有效,那么该中断将不被响应。也就是说,中断标志曾经有效,但未获响应,查询过程在下个机器周期将重新进行。

② 中断响应时间。响应时间为从查询中断请求标志位到转向中断服务入口地址所需的机器周期数。最快响应时间以外部中断的电平触发为最快。从查询中断请求信号到中断服务程序需要 3 个机器周期：1 个周期(查询)＋2 个周期(长调用 LCALL)。最长时间是在当前指令是 RET、RETI 和 IP、IE 指令，紧接着下一条是乘除指令发生，则最长为 8 个周期：2 个周期执行当前指令(其中含有 1 个周期查询)＋4 个周期乘除指令＋2 个周期长调用。

(2) 中断响应过程

将相应的优先级状态触发器置"1"(以阻断后来的同级或低级的中断请求)。执行一条硬件 LCALL 指令，即把程序计数器 PC 的内容压入堆栈保存，再将相应的中断服务程序的入口地址送入 PC，执行中断服务程序。中断响应过程的前两步是由中断系统内部自动完成的，而中断服务程序则要由用户编写程序来完成。

(3) 中断返回

51 汇编指令 RETI 的具体功能是：将中断响应时压入堆栈保存的断点地址从栈顶弹出送回 PC，CPU 从原来中断的地方继续执行程序；将相应中断优先级状态触发器清零，通知中断系统，中断服务程序已执行完毕。注意：不能用 RET 指令代替 RETI 指令。在中断服务程序中，PUSH 指令与 POP 指令必须成对使用，否则不能正确返回断点。

若外部中断定义为电平触发方式，中断标志位的状态随 CPU 在每个机器周期采样到的外部中断输入引脚的电平变化而变化，这样能提高 CPU 对外部中断请求的响应速度。但外部中断源若有请求，必须把有效的低电平保持到请求获得响应时为止，不然就会漏掉；而在中断服务程序结束之前，中断源又必须撤销其有效的低电平，否则中断返回之后将再次产生中断。电平触发方式适合于外部中断输入以低电平输入且中断服务程序能清除外部中断请求源的情况。例如，并行接口芯片 8255 的中断请求线在接受读或写操作后即被复位，因此，以其去请求电平触发方式的中断比较方便。

若外部中断定义为边沿触发方式，在相继连续的两次采样中，一个周期采样到外部中断输入为高电平，下一个周期采样到低电平，则在 IE0 或 IE1 中将锁存一个逻辑 1。即便是 CPU 暂时不能响应，中断申请标志也不会丢失，直到 CPU 响应此中断时才清零。这样，为保证下降沿能被可靠地采样到，外中断引脚上的高低电平(负脉冲的宽度)均至少要保持一个机器周期(若晶振为 12 MHz 时，为 1 $\mu$s)。

边沿触发方式适合于以负脉冲形式输入的外部中断请求，如 ADC0809 的转换结束标志信号 EOC 为正脉冲，经反相后就可以作为 51 系列单片机的中断输入。

### 5.2.2 中断系统的编程实例

**1. 中断函数**

中断函数只有在 CPU 响应中断时才会被执行，这对处理突发事件和实时控制是十分有效的。

关键字是 interrupt，是函数定义时的一个必选项，只要在某个函数定义后面加上这个选项，这个函数就变成了中断服务函数。定义中断服务函数时可以用如下形式：

函数类型 函数名（形式参数）interrupt n [using n]

其中,关键字 interrupt 是不可缺省的,由它告诉编译器该函数是中断服务函数,并由后面的 n 指明所使用的中断号。n 的取值范围为 0～31,但具体的中断号要取决于芯片的型号,像 AT89C51 实际上就使用 0～4 号中断。每个中断号都对应一个中断向量,具体地址为 8n+3,中断源响应后处理器会跳转到中断向量所处的地址,执行程序编译器会在这地址上产生一个无条件跳转语句,转到中断服务函数所在的地址执行程序。using n 代表中断服务使用的寄存器组,n 取 0～3,默认为 0。如果在中断服务程序中调用其他带参数的函数时要注意使用或不使用 using 选项。中断号与中断源对应关系如表 5.5 所示。

表 5.5 中断号与中断源的关系

| 中断号 | 中断源 | 中断向量 |
| --- | --- | --- |
| 0 | 外部中断 0 | 0003H |
| 1 | 定时器／计数器 0 | 000BH |
| 2 | 外部中断 1 | 0013H |
| 3 | 定时器／计数器 1 | 001BH |

函数不能直接调用中断函数,不能通过形参传递参数;但中断函数允许调用其他函数,两者所使用的寄存器组应相同。

**2. 按键中断**

在 I/O 接口的第二个小实例中,我们使用查询的方式完成了按键的输入。但在这种方式中,程序需要牺牲大部分的 CPU 时间用于查询按键的状态。对于节省 CPU 时间、提高利用率行之有效的方法就是使用中断。

按键接到的 P3.3 引脚上,恰好该引脚也是外部中断 1 的输入引脚。中断方式按键输入的编程实例如下:

```
#include <reg51.h>
// 共阳数码管的段码
unsigned char dispcode[] = {0xc0,0xf9,0xa4,0xb0,0x99,0x92,0x82,0xf8,0x80,
0x90};
sbit P33 = P3^3;
void delay10ms(int n);
char i = 0;// 用于索引段码值
void main(void)
{
    EA = 1;// 开总中断
    IT1 = 1;// 中断方式为跳变
    EX1 = 1;// 打开外部中断 1
    while(1)// 等待中断
    {
        /* 在此可以实现其他任务 */
    }
```

```
void delay10ms(int n) //10 ms 延时函数,应用于 11.059 2 MHz 时钟。
{
    int i=0,j;
    while(n--)
    {
        for(i=0;i<10;i++)
        {
            for(j=0; j<125; j++);
        }
    }
}
void keyISR() interrupt 2// 按键中断服务程序
{
    EA=0;// 关中断
    delay10ms(2);// 延时消抖
    if(! P33) // 确认按键按下,滤除键盘抖动干扰
    {
        P1=dispcode[i];// 数码管更新显示
        i=(i+1)%10;// 准备显示下一个字符,保证范围不会超过 0~9
    }
    EA=1;
}
```

## 5.3 定时/计数器编程

### 5.3.1 定时/计数器的基础知识

**1.定时/计数器的结构和工作原理**

对于定时器/计数器来说,不管是独立的定时器芯片还是单片机内的定时器,大都具有以下特点:

① 定时器/计数器有多种方式,可以是计数方式,也可以是定时方式。

② 定时器/计数器的计数值是可变的,当然计数的最大值是有限的,这取决于计数器的位数。计数的最大值也就限定了定时的最大值。在到达设定的定时或计数值时发出中断申请,以便实现定时控制。

③ MCS-51 单片机(51 子系列)内带有两个 16 位定时器/计数器 T0 和 T1,它们均可作为定时器或计数器使用。

(1) 定时/计数器的结构

定时/计数器的实质是加1计数器(16位),由高8位和低8位两个寄存器组成。TMOD是定时/计数器的工作方式寄存器,确定工作方式和功能;TCON是控制寄存器,控制T0、T1的启动和停止及设置溢出标志。其内部结构如图5.16所示。

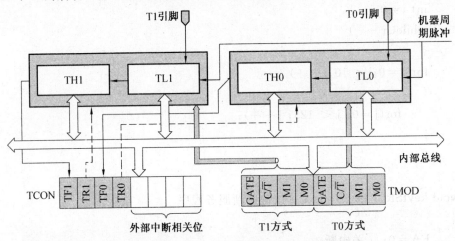

图5.16　8051单片机定时/计数器内部结构图

(2)定时/计数器的工作原理

加1计数器输入的计数脉冲有两个来源:一个是由系统的时钟振荡器输出脉冲经12分频后送来;一个是T0或T1引脚输入的外部脉冲源。每来一个脉冲计数器加1,当加到计数器为全1时,再输入一个脉冲就使计数器回零,且计数器的溢出使TCON中TF0或TF1置1,向CPU发出中断请求(定时/计数器中断允许时)。如果定时/计数器工作为定时模式,则表示定时时间已到;如果工作为计数模式,则表示计数值已满。

可见,由溢出时计数器的值减去计数初值才是加1计数器的计数值。

设置为定时器模式时,加1计数器是对内部机器周期计数(1个机器周期等于12个振荡周期,即计数频率为晶振频率的1/12)。计数值$N$乘以机器周期$T_{cy}$就是定时时间$t$。

设置为计数器模式时,外部事件计数脉冲由T0或T1引脚输入到计数器。在每个机器周期的S5P2期间采样T0、T1引脚电平。当某周期采样到一高电平输入,而下一周期又采样到一低电平时,则计数器加1,更新的计数值在下一个机器周期的S3P1期间装入计数器。由于检测一个从1到0的下降沿需要2个机器周期,因此要求被采样的电平至少要维持一个机器周期。当晶振频率为12 MHz时,最高计数频率不超过1/2 MHz,即计数脉冲的周期要大于2 s。

**2.定时/计数器的控制**

MCS-51单片机定时/计数器的工作由两个特殊功能寄存器控制。TMOD用于设置其工作方式;TCON用于控制其启动和中断申请。

(1)工作方式寄存器TMOD

工作方式寄存器TMOD用于设置定时/计数器的工作方式,低4位用于T0,高4位用于T1。其格式如图5.17所示。

①GATE:门控位。

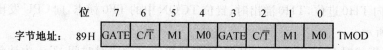

图 5.17 寄存器 TMOD 的结构

a.当 GATE=0 时,只要用软件使 TCON 中的 TR0 或 TR1 为 1,就可以启动定时/计数器工作。

b.当 GATA=1 时,要用软件使 TR0 或 TR1 为 1,同时外部中断引脚为高电平时,才能启动定时/计数器工作。即此时定时器的启动条件,加上了引脚为高电平这一条件。

②C/T̄:定时/计数模式选择位。

a.C/T̄=0 为定时模式。

b.C/T̄=1 为计数模式。

③M1、M0:工作方式设置位。定时/计数器有 4 种工作方式,由 M1、M0 进行设置,如表 5.6 所示。

表 5.6 定时/计数器工作方式设置表

| M1M0 | 工作方式 | 说　明 |
|---|---|---|
| 00 | 方式 0 | 13 位定时/计数器 |
| 01 | 方式 1 | 16 位定时/计数器 |
| 10 | 方式 2 | 8 位自动重装载定时/计数器 |
| 11 | 方式 3 | T0 分成两个独立的 8 位定时/计数器;T1 此方式停止计数 |

(2) 控制寄存器 TCON

TCON 的低 4 位用于控制外部中断,已在前面介绍。TCON 的高 4 位用于控制定时/计数器的启动和中断申请。其格式如图 5.18 所示。

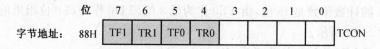

图 5.18 寄存器 TCON 结构

①TF1(TCON.7):T1 溢出中断请求标志位。T1 计数溢出时由硬件自动置 TF1 为 1。CPU 响应中断后 TF1 由硬件自动清 0。T1 工作时,CPU 可随时查询 TF1 的状态。所以,TF1 可用做查询测试的标志。TF1 也可以用软件置 1 或清 0,同硬件置 1 或清 0 的效果一样。

②TR1(TCON.6):T1 运行控制位。TR1 置 1 时,T1 开始工作;TR1 置 0 时,T1 停止工作。TR1 由软件置 1 或清 0。所以,用软件可控制定时/计数器的启动与停止。

③TF0(TCON.5):T0 溢出中断请求标志位,其功能与 TF1 类同。

④TR0(TCON.4):T0 运行控制位,其功能与 TR1 类同。

**3.定时/计数器的工作方式**

(1) 方式 0

方式 0 为 13 位计数,由 TL0 的低 5 位(高 3 位未用)和 TH0 的 8 位组成。TL0 的低

5位溢出时向TH0进位,TH0溢出时,置位TCON中的TF0标志,向CPU发出中断请求,如图5.19所示。

定时器模式时有 $N=t/Tcy$,其中 $N$ 为计数值,$t$ 为定时时间,$Tcy$ 为计数周期。

计数初值计算的公式为:$X=2^{13}-N$。

定时器的初值还可以采用计数个数直接取补法获得。

计数模式时,计数脉冲是T0引脚上的外部脉冲。

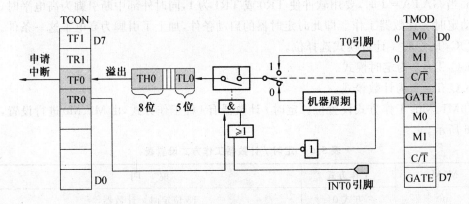

图5.19 定时/计数器工作方式0结构图

门控位GATE具有特殊的作用。当GATE=0时,经反相后使或门输出为1,此时仅由TR0控制与门的开启,与门输出1时,控制开关接通,计数开始;当GATE=1时,由外中断引脚信号控制或门的输出,此时控制与门的开启由外中断引脚信号和TR0共同控制。当TR0=1时,外中断信号引脚的高电平启动计数,外中断信号引脚的低电平停止计数。这种方式常用来测量外中断引脚上正脉冲的宽度。

(2) 方式1

方式1的计数位数是16位,由TL0作为低8位、TH0作为高8位组成的16位加1计数器,如图5.20所示。

计数个数与计数初值的关系为:$X=2^{16}-N$。

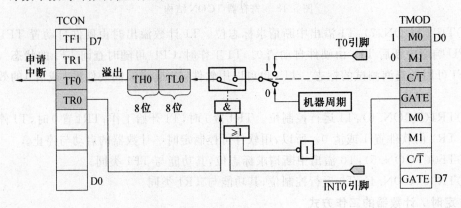

图5.20 定时/计数器工作方式1结构图

(3) 方式2

方式 2 为自动重装初值的 8 位计数方式。其结构图如图 5.21 所示。

计数个数与计数初值的关系为:$X = 2^8 - N$。

工作方式 2 特别适合于较精确的脉冲信号发生器。

(4) 方式 3

方式 3 只适用于定时/计数器 T0。定时器 T1 处于方式 3 时,相当于 TR1＝0,停止计数。

工作方式 3 将 T0 分成为两个独立的 8 位计数器 TL0 和 TH0,如图 5.22 所示。

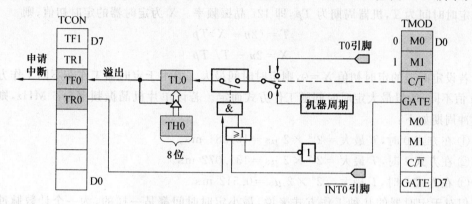

图 5.21　定时/计数器工作方式 2 结构图

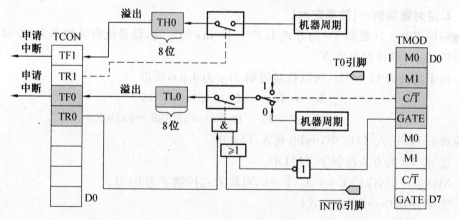

图 5.22　定时/计数器工作方式 3 结构图

**4. 定时/计数器用于外部中断扩展**

扩展方法是将定时/计数器设置为计数器方式,计数初值设定为满程,将待扩展的外部中断源接到定时/计数器的外部计数引脚。从该引脚输入一个下降沿信号,计数器加 1 后便产生定时/计数器溢出中断。

### 5.3.2　定时/计数器的编程实例

**1. 定时/计数器初始化方法**

由于定时/计数器的功能是由软件编程确定的,所以,一般在使用定时/计数前都要对其进行初始化。定时/计数器初始化过程如下:

① 根据定时时间要求或计数要求计算计数器初值。
② 填写工作方式控制字送 TMOD 寄存器,如赋值语句为:TMOD=0x10,表明定时器 1 工作在方式 1,且工作在定时器方式。
③ 送计数初值的高 8 位和低 8 位到 THx 和 TLx 寄存器中,x=0 或 1。
④ 启动定时(或计数),即将 TRx 置位。

定时器初值计算方法:在定时器模式下,计数器的计数脉冲来自于晶振脉冲的 12 分频信号,即对机器周期进行计数。若选择 12 MHz 晶振,则定时器的计数频率为 1 MHz。假设定时时间为 $T$,机器周期为 $Tp$,即 12/晶振频率。$X$ 为定时器的定时初值,则

$$T = (2n - X)Tp$$
$$X = 2n - T/Tp$$

若设定时器的定时初值 $X=0$,则定时时间最大。但由于定时器工作在不同工作方式时,$n$ 值不同,所以最大定时时间随工作方式而定。若该单片机晶振频率为 6 MHz,则计数脉冲周期如下:

① 在方式 0 时,$T$ 最大 $= 2^{13} \times 2\ \mu s = 16.384$ ms。
② 在方式 1 时,$T$ 最大 $= 2^{16} \times 2\ \mu s = 131.072$ ms。
③ 在方式 2 时,$T$ 最大 $= 2^{8} \times 2\ \mu s = 0.512$ ms。

但对于定时器的几种工作方式来说,最小定时时间都是一样的,为一个计数脉冲周期,即 $T_{min} = 2\ \mu s$。

**2. 定时器实例一(简单定时)**

利用定时/计数器 T0 的方式 1,产生 10 ms 的定时,设系统时钟频率为 12 MHz。
解:① 计算计数初值 $X$。
由于晶振为 12 MHz,所以机器周期 $Tcy$ 为 $1\ \mu s$,所以

$$N = t/Tcy = (10 \times 10^3)/1 \times 10^{-6}$$
$$X = 65\ 536 - 10\ 000 = 55\ 536 = 0xD8F0$$

即应将 0xD8 送入 TH0 中,0xF0 送入 TL0 中。
② 求 T0 的方式控制字 TMOD。
M1M0=01,GATE=0,$C/\overline{T}$=0,可取方式控制字为 0x01。
③ 程序清单一(查询方式)。

```
#include <reg51.h>
void main(void)
{
    TMOD=0x01;// 设置定时方式
    TH0=0xD8;
    TL0=0xF0;// 设定定时初值
    TR0=1;// 启动定时器运行
    while(1)
    {
        if(TF0)// 等待定时时间
```

```
            {
                TH0=0xD8;
                TL0=0xF0;// 重新设定定时初值
                TF0=0;// 清除定时时间溢出标志
                /* 在此实现定时时间到达的任务代码 */
            }
        }
    }
```

④ 程序清单二(中断方式)。

```
#include <reg51.h>
void main(void)
{
    TMOD=0x01;// 设置定时方式
    TH0=0xD8;
    TL0=0xF0;// 设定定时初值
    EA=1;// 开总中断
    ET0=1;// 开定时器 0 中断允许
    TR0=1;// 启动定时器运行
    while(1)// 等待中断
    {
        /* 在此可以实现其他任务 */
    }
}
void T0ISR() interrupt 1// 定时器 0 中断服务程序
{
    EA=0;// 关中断
    TH0=0xD8;
    TL0=0xF0;// 重新设定定时初值
    /* 在此实现定时时间到达的任务代码 */
    EA=1;
}
```

**3. 定时中断控制流水灯**

电路采用图 5.5,I/O 驱动 LED 的仿真电路。

程序清单如下:

```
#include <reg51.h>
unsigned char i=0xff;
char n=0;// 用于记录定时中断次数,中断一次 10 ms,中断 100 次达 1 s
void main(void)
```

```
    {
        EA=1;// 开总中断
        IT1=1;// 中断方式为跳变
        EX1=1;// 打开外部中断 1
        ET0=1;// 开定时器 0 中断允许
        TMOD=0x01;// 设置定时方式
        TH0=0xD8;
        TL0=0xF0;// 设定定时初值
        TR0=1;// 启动定时器运行
        while(1)// 等待中断
        {
            /* 在此可以实现其他任务 */
        }
    }
    void T0ISR() interrupt 1// 定时器 0 中断服务程序
    {
        EA=0;// 关中断
        TH0=0xD8;
        TL0=0xF0;// 重新设定定时初值
        n++;
        if(n==10)
        {
            n=0;
            P1=i;//LED更新显示
            if(i==0)
            {
                i=0xff;
            }else
            {
                i=i<<1;
            }
        }
        EA=1;
    }
```

**4. 定时器实例(10 s 倒计时)**

利用 5.2 节 I/O 口驱动数码管的电路图 5.8,实现一个 10 s 的倒计时器。在此需要使用定时/计数器来完成 1 s 的定时,但是通过各定时器工作方式的最大定时时间的计算,发现一次定时不能满足 1 s 这个单位时间的要求,在此可以将这个单位时间再进行细分。

本程序实现的倒计时功能,通过按键 K 来启动这个倒计时过程。程序清单如下:
```c
#include <reg51.h>
//共阳数码管的段码
unsigned char dispcode[] = {0xc0,0xf9,0xa4,0xb0,0x99,0x92,0x82,0xf8,0x80,0x90};
sbit P33 = P3^3;
void delay10ms(int n);
char i=0;//用于索引段码值
char n=0;//用于记录定时中断次数,中断一次 10 ms,中断 100 次达 1 s
void  main(void)
{
    EA=1;//开总中断
    IT1=1;//中断方式为跳变
    EX1=1;//打开外部中断 1
    ET0=1;//开定时器 0 中断允许
    TMOD=0x01;//设置定时方式
    TH0=0xD8;
    TL0=0xF0;//设定定时初值
    while(1)//等待中断
    {
        /* 在此可以实现其他任务 */
    }
}
//10 ms 延时函数
void delay10ms(int n)
{
    int i=0,j;
    while(n——)
    {
        for(i=0;i<10;i++)
        {
            for(j=0; j<125; j++);
        }
    }
}
void keyISR() interrupt 2// 按键中断服务程序
{
    EA=0;//关中断
```

```
        delay10ms(2);// 延时消抖
        if(!P33)// 确认按键按下,滤除键盘抖动干扰
        {
P1=0xff;// 数码管熄灭
i=9;
n=0;
TR0=0;
TH0=0xD8;
TL0=0xF0;// 设定定时初值
TR0=1;// 启动定时器运行
        }
EA=1;
}
    void T0ISR() interrupt 1// 定时器0中断服务程序
    {
        EA=0;// 关中断
        TH0=0xD8;
        TL0=0xF0;// 重新设定定时初值
        n++;
        if(n==100)
        {
            n=0;
            P1=dispcode[i];// 数码管更新显示
            if(i==0)
            {
                TR0=0;
            }else
            {
                i--;
            }
        }
EA=1;
}
```

**5. PWM 直流电机调速**

PWM 信号是一种具有固定周期(T)不定占空比(t)的数字信号,如图 5.23 所示。如果 PWM 信号的占空比随时间变化,那么通过滤波之后的输出信号将是幅度变化的模拟信号。因此,通过控制 PWM 信号的占空比,就可以产生不同的模拟信号。

可以通过公式估算出 PWM 输出周期内的平均电压,这个电压加载到直流电机上就

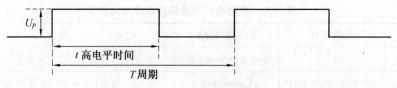

图 5.23  PWM 原理波形图

会产生不同的转速。其公式为

$$\overline{U} = \frac{t}{T} \times u_p$$

其中，$\overline{U}$ 是调速的平均电压；$t/T$ 是占空比；$u_p$ 是输出脉冲的峰值电压。这一 I/O 输出信号时数字量，不能够直接驱动直流电机，还要在单片机的 I/O 接口和直流电机之间加上功率电路。在此选择专用的 H 桥驱动芯片 L293D，仿真电路如图 5.24 所示。

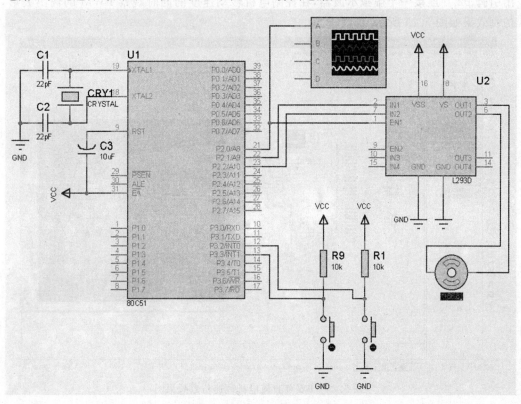

图 5.24  直流电机调速仿真电路图

由于 51 单片机的不具备 PWM 输出模块，所以 PWM 信号需要使用定时器控制 I/O 引脚来进行模拟。在此程序通过定时器获得 $T$ 和 $t$ 的时间，再控制引脚 P2.0 输出 PWM 信号控制 L293D 的使能端 EA1。Proteus 仿真电路图元件如表 5.7 所示。

表 5.7 直流电机调速仿真电路图元件表

| 序号 | 元件名称 | 仿真库名称 | 备注 |
|---|---|---|---|
| U1 | 80C51 | Microprocessor ICs | 微处理器库 → 80C51 |
| C1\C2 | AVX0402NPO22P | Capacitors | 电容库 → 22 pF 瓷片电容 |
| C3 | CAP-POL | Capacitors | 电容库 → 10 μF 电解电容 |
| CRY1 | CRYSTAL | Miscellaneous | 杂项库 → 晶振（需设置频率） |
| MOTOR | MOTOR-DC | Electromechanical | 直流电机 |
| L293D | L293D | Analog ICs | H 桥驱动芯片 |

图 2.24 中 L298D 的功能和用法可查阅相关资料。仿真的过程中可以在 PWM 的输出引脚 P2.0 连接一个虚拟示波器，在控制电机转动速度的同时观察 PWM 的输出波形，仿真效果如图 5.25 所示。

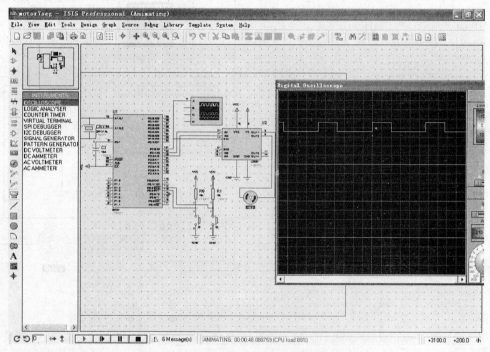

图 5.25 PWM 直流电机调速仿真效果图

程序清单：

```
#include <reg51.h>
#define Tpwm 0xfc18  //PWM 周期对应的计数值 1 ms,基于 12 MHz 晶振
unsigned int duty[] = {0,/*0*/
0xff9c/*100us*/,0xff38/*200us*/,0xfed4/*300us*/,\
0xfe70/*400us*/,0xfe0c/*500us*/,0xfda8/*600us*/,\
0xfd44/*700us*/,0xfce0/*800us*/,0xfc7c/*900us*/,\
0xfc18/*1000us*/};//PWM 高电平时间
```

```c
unsigned char i=0;
sbit P32 = P3^2;
sbit P33 = P3^3;
sbit PWMOUT = P2^0;
sbit PWMIN1 = P2^1;
sbit PWMIN2 = P2^2;
bit flag=1;//PWM 输出电平状态,1 为输出高电平时间,0 为输出低电平时间
void delay10ms(int n);
void main(void)
{
    PWMOUT=0;// 初始化 L293D ,停止电机
    PWMIN1=0;
    PWMIN2=1;
    EA=1;// 开总中断
    IT0=1;// 中断方式为跳变
    IT1=1;
    EX0=1;// 打开外部中断 0
    EX1=1;// 打开外部中断 1
    ET0=1;// 开定时器 0 中断允许
    TMOD=0x01;// 设置定时方式
    while(1)// 等待中断
    {
        /* 在此可以实现其他任务 */
    }
}
//10ms 延时函数
void delay10ms(int n)
{
    int i=0,j;
    while(n--)
    {
        for(i=0;i<10;i++)
        {
            for(j=0; j<125; j++);
        }
    }
}
void keySpeeddownISR() interrupt 0// 按键中断服务程序
```

```c
    {
        EA=0;//关中断
        delay10ms(2);//延时消抖
        if(!P32) //按确认键,滤除键盘抖动干扰
        {//减少PWM高电平时间
            if(i>0)
                i--;
            if((TR0=1) && (i==0))
            {
                TR0=0;
                PWMOUT=0;
            }
        }
        EA=1;
    }
    void keySpeedupISR() interrupt 2// 按键中断服务程序
    {
        EA=0;//关中断
        delay10ms(2);//延时消抖
        if(!P33) //确认按键按下,滤除键盘抖动干扰
        {
            if(i<=10)
                i++ //增加PWM高电平时间;
            if((TR0==0) && (i>0))
            {// 启动PWM,电机顺时针旋转
                PWMIN1=0;
                PWMIN2=1;
                PWMOUT=1;
                TH0=duty[i]>>8;
                TL0=duty[i]&0xff;
                TR0=1;
                flag=1;
            }
        }
        EA=1;
    }
    void T0ISR() interrupt 1// 定时器0中断服务程序
    {
```

```
    EA=0;// 关中断
    if(flag)
    {// 高电平时间结束,输出低电平补齐 PWM 周期
        PWM OUT=0;
        TH0=(65535-(duty[i]-Tpwm))>>8;
        TL0=(65535-(duty[i]-Tpwm))&0xff;
        flag=0;
    }
    else{// 周期结束
        PWM OUT=1;
        TH0=duty[i]>>8;
        TL0=duty[i]&0xff;
        flag=1;
    }
    EA=1;
}
```

## 5.4 串行口编程

### 5.4.1 串行口的基础知识

**1. 计算机串行通信基础**

随着多微机系统的广泛应用和计算机网络技术的普及,计算机的通信功能愈来愈显得重要。计算机通信是指计算机与外部设备或计算机与计算机之间的信息交换。

通信有并行通信和串行通信两种方式。

计算机通信是将计算机技术和通信技术相结合,完成计算机与外部设备或计算机与计算机之间的信息交换。计算机通信可以分为两大类:并行通信与串行通信。

并行通信通常是将数据字节的各位用多条数据线同时进行传送,如图 5.26 所示。

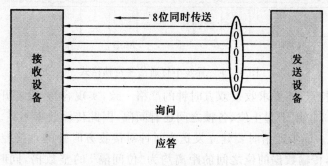

图 5.26 并行通信示意图

串行通信是将数据字节分成一位一位的形式在一条传输线上逐个地传送,如图 5.27

所示。

图 5.27 串行通信示意图

串行通信的特点:传输线少,长距离传送时成本低,且可以利用电话网等现成的设备,但数据的传送控制比并行通信复杂。

在多微机系统以及现代测控系统中信息的交换多采用串行通信方式。

(1) 串行通信的基本概念

① 异步通信。异步通信是指通信的发送与接收设备使用各自的时钟控制数据的发送和接收过程。为使双方的收发协调,要求发送和接收设备的时钟尽可能一致,如图 5.28 所示。

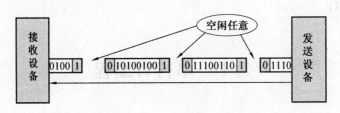

图 5.28 异步串行通信示意图

异步通信是以字符(构成的帧)为单位进行传输,字符与字符之间的间隙(时间间隔)是任意的,但每个字符中的各位是以固定的时间传送的,即字符之间是异步的(字符之间不一定有"位间隔"的整数倍的关系),但同一字符内的各位是同步的(各位之间的距离均为"位间隔"的整数倍)。字符帧格式如图 5.29 所示。

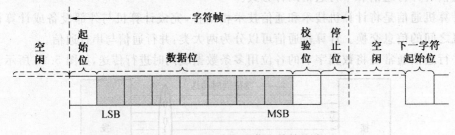

图 5.29 异步串行通信字符帧格式

异步通信的特点:不要求收发双方时钟的严格一致,实现容易,设备开销较小,但每个字符要附加 2～3 位用于起止位,各帧之间还有间隔,因此传输效率不高。

② 同步通信。同步通信时要建立发送方时钟对接收方时钟的直接控制,使双方达到完全同步。此时,传输数据的位之间的距离均为"位间隔"的整数倍,同时传送的字符间不留间隙,即保持位同步关系,也保持字符同步关系。发送方与接收方的同步可以通过两种方法实现,如图 5.30 所示。

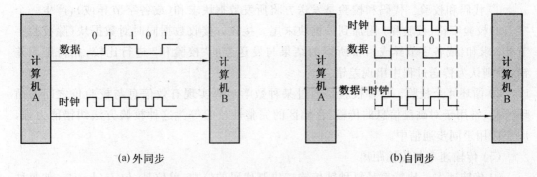

图 5.30　同步通信的外同步和自同步

（2）串行通信的传输方向

① 单工。单工是指数据传输仅能沿一个方向传输，不能实现反向传输，如图 5.31(a) 所示。

② 半双工。半双工是指数据传输可以沿两个方向传输，但需要分时进行，如图 5.31(b) 所示。

③ 全双工。全双工是指数据可以同时进行双向传输，如图 5.31(c) 所示。

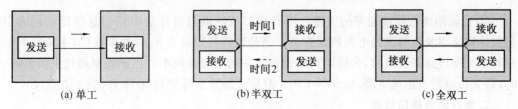

图 5.31　串行通信方向

（3）信号的调制与解调

利用调制器（Modulator）把数字信号转换成模拟信号，然后送到通信线路上去，再由解调器（Demodulator）把从通信线路上收到的模拟信号转换成数字信号。由于通信是双向的，调制器和解调器合并在一个装置中，这就是调制解调器 MODEM，如图 5.32 所示。

图 5.32　远程串行通信示意图

（4）串行通信的错误校验

① 奇偶校验。在发送数据时，数据位尾随的 1 位为奇偶校验位（1 或 0）。奇校验时，数据中"1"的个数与校验位"1"的个数之和应为奇数；偶校验时，数据中"1"的个数与校验位"1"的个数之和应为偶数。接收字符时，对"1"的个数进行校验，若发现不一致，则说明传输数据过程中出现差错。

② 代码和校验。代码和校验是发送方将所发数据块求和（或各字节异或），产生一个字节的校验字符（校验和）附加到数据块末尾。接收方接收数据同时对数据块（除校验字节外）求和（或各字节异或），将所得的结果与发送方的"校验和"进行比较，相符则无差错，否则认为传送过程中出现差错。

③ 循环冗余校验。这种校验是通过某种数学运算实现有效信息与校验位之间的循环校验，常用于对磁盘信息的传输、存储区的完整性校验等。这种校验方法纠错能力强，广泛应用于同步通信中。

(5) 传输速率与传输距离

① 传输速率。比特率是每秒钟传输二进制代码的位数，单位是：位/s(bps)。如每秒钟传送240个字符，而每个字符格式包含10位(1个起始位、1个停止位、8个数据位)，这时的比特率为

$$10 位 \times 240 个 /s = 2400 \text{ bps}$$

波特率表示每秒钟调制信号变化的次数，单位是波特(Baud)。

波特率和比特率不总是相同的，对于将数字信号1或0直接用两种不同电压表示的所谓基带传输，比特率和波特率是相同的。所以，人们也经常用波特率表示数据的传输速率。

② 传输距离与传输速率的关系。串行接口或终端直接传送串行信息位流的最大距离与传输速率及传输线的电气特性有关。当传输线使用每0.3 m(约1英尺)有50 pF电容的非平衡屏蔽双绞线时，传输距离随传输速率的增加而减小。当比特率超过1 000 bps时，最大传输距离迅速下降，如9 600 bps时最大距离下降到只有76 m(约250英尺)。

**2. 串行通信接口标准**

(1) RS－232C 接口

RS－232C 是 EIA(美国电子工业协会)1969年修订 RS－232C 标准。RS－232C 定义了数据终端设备(DTE)与数据通信设备(DCE)之间的物理接口标准。

① 机械特性。RS－232C 接口规定使用25针(9针为简化版)连接器，连接器的尺寸及每个插针的排列位置都有明确的定义。接口形状及引脚顺序如图5.33所示。

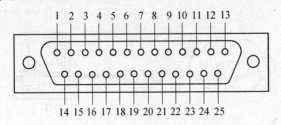 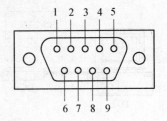

图 5.33 RS－232C 接口形状及引脚顺序

② 功能特性。RS－232C 标准接口各引脚的功能如表5.8所示。

表 5.8　RS－232C 标准接口引脚定义表

| 引脚序号 | 名称 | 功能 | 信号方向 |
|---|---|---|---|
| 1 | PGND | 保护接地 | |
| 2(3) | TXD | 发送数据(串行输出) | DTE→DCE |
| 3(2) | RXD | 接收数据(串行输入) | DTE←DCE |
| 4(7) | RTS | 请求发送 | DTE→DCE |
| 5(8) | CTS | 允许发送 | DTE←DCE |
| 6(6) | DSR | DCE 就绪(数据建立就绪) | DTE←DCE |
| 7(5) | SGND | 信号接地 | |
| 8(1) | DCD | 载波检测 | DTE←DCE |
| 20(4) | DTR | DTE 就绪(数据终端准备就绪) | DTE→DCE |
| 22(9) | RI | 振铃指示 | DTE←DCE |

注：引脚序号()内位 9 针非标准连接器的引脚序号。

③过程特性。过程特性规定了信号之间的时序关系,以便正确地接收和发送数据。近程串行通信接法示意图如图 5.34 所示。

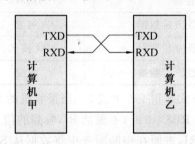 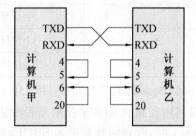

图 5.34　近程串行通信接法示意图

### 5.4.2　51 系列单片机的串行口

**1. 51 系列单片机串行口的结构**

8051 内部有一个全双工的串行通信模块。该模块有两个物理上独立的接收、发送缓冲器 SBUF,它们占用同一地址 99H；接收器是双缓冲结构；发送缓冲器,因为发送时 CPU 是主动的,不会产生重叠错误。具体结构如图 5.35 所示。

**2. 51 系列单片机串行口的控制寄存器**

SCON 是一个特殊功能寄存器,用以设定串行口的工作方式、接收／发送控制以及设置状态标志。其结构如图 5.36 所示。

①SM0 和 SM1：为方式选择位,可选择 4 种工作方式,如表 5.9 所示。

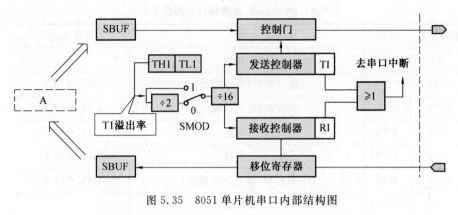

图 5.35　8051 单片机串口内部结构图

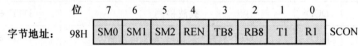

图 5.36　寄存器 SCON 的结构图

表 5.9　8051 串行口工作方式表

| SM0 | SM1 | 方式 | 说明 | 波特率 |
| --- | --- | --- | --- | --- |
| 0 | 0 | 0 | 移位寄存器 | $f_{osc}/12$ |
| 0 | 1 | 1 | 10 位异步收发器(8 位数据) | 可变 |
| 1 | 0 | 2 | 11 位异步收发器(9 位数据) | $f_{osc}/64$ 或 $f_{osc}/32$ |
| 1 | 1 | 3 | 11 位异步收发器(9 位数据) | 可变 |

②SM2 为多机通信控制位,主要用于工作方式 2 和工作方式 3。当接收机的 SM2＝1 时,可以利用收到的 RB8 来控制是否激活 RI(当 RB8＝0 时,不激活 RI,收到的信息丢弃;当 RB8＝1 时,收到的数据进入 SBUF,并激活 RI,进而在中断服务中将数据从 SBUF 读走)。当 SM2＝0 时,不论收到的 RB8 为 0 和 1,均将收到的数据送入 SBUF,并激活 RI(即此时 RB8 不具有控制 RI 激活的功能)。通过控制 SM2,可以实现多机通信。

在方式 0 时,SM2 必须是 0。在工作方式 1 时,若 SM2＝1,则只有接收到有效停止位时,RI 才置 1。

③REN:为允许串行接收位。若软件置 REN＝1,则启动串行口接收数据;若软件置 REN＝0,则禁止接收。

④TB8:在方式 2 或方式 3 中,是发送数据的第 9 位,可以用软件规定其作用。TB8 可以用做数据的奇偶校验位,或在多机通信中,作为地址帧／数据帧的标志位。在方式 0 和方式 1 中,该位未用。

⑤RB8:在方式 2 或方式 3 中,是接收到数据的第 9 位,作为奇偶校验位或地址帧／数据帧的标志位。在方式 1 时,若 SM2＝0,则 RB8 是接收到的停止位。

⑥TI:发送中断标志位。在方式 0 时,当串行发送第 8 位数据结束时,或在其他方式,串行发送停止位的开始时,由内部硬件使 TI 置 1,向 CPU 发中断申请。在中断服务程序中,必须用软件将其清 0,取消此中断申请。

⑦RI：接收中断标志位。在工作方式 0 时，当串行接收第 8 位数据结束时，或在其他方式，串行接收停止位的中间时，由内部硬件使 RI 置 1，向 CPU 发中断申请。在中断服务程序中，必须用软件将其清 0，取消此中断申请。

PCON 中只有一位 SMOD 与串行口工作有关，其结构如图 5.37 所示。

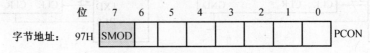

图 5.37　寄存器 PCON 结构

SMOD(PCON.7)：波特率倍增位。在串行口方式 1、方式 2、方式 3 时，波特率与 SMOD 有关，当 SMOD=1 时，波特率提高一倍。复位时，SMOD=0。

### 3. MCS－51 串行口的工作方式

(1) 方式 0

方式 0 时，串行口为同步移位寄存器的输入输出方式。其主要用于扩展并行输入或输出口。数据由 RXD(P3.0) 引脚输入或输出，同步移位脉冲由 TXD(P3.1) 引脚输出。发送和接收均为 8 位数据，低位在先，高位在后。波特率固定为 $f_{osc}/12$。

① 方式 0 输出(图 5.38)。

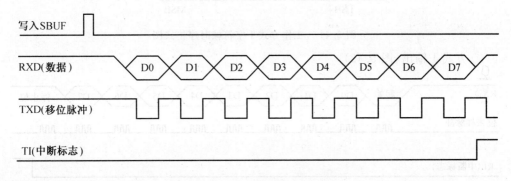

图 5.38　串口方式 0 输出时序图

② 方式 0 输入(图 5.39)。

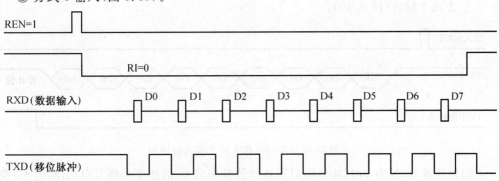

图 5.39　串口方式 0 输入时序图

方式 0 接收和发送电路如图 5.40 所示。

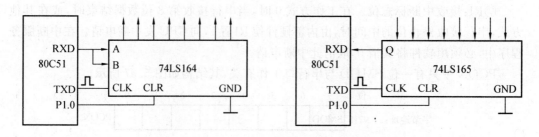

图 5.40　串口方式 0 驱动串并转换芯片电路图

(2) 方式 1

方式 1 是 10 位数据的异步通信口。TXD 为数据发送引脚，RXD 为数据接收引脚，传送一帧数据的格式如图 5.41 所示。其中有 1 位起始位、8 位数据位和 1 位停止位。

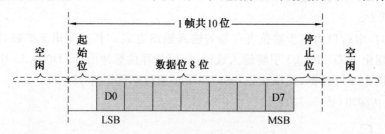

图 5.41　工作方式 1 字符帧时序格式图

① 方式 1 输出（图 5.42）。

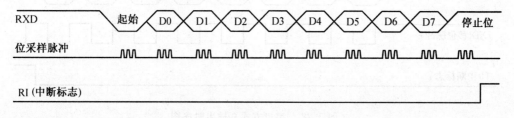

图 5.42　串口工作方式 1 输出时序图

② 方式 1 输入（图 5.43）。

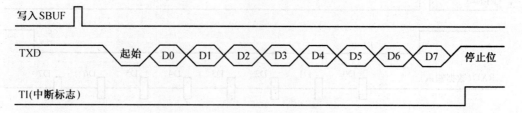

图 5.43　串口工作方式 1 输入时序图

用软件置 REN 为 1 时，接收器以所选择波特率的 16 倍速率采样 RXD 引脚电平，检测到 RXD 引脚输入电平发生负跳变时，则说明起始位有效，将其移入输入移位寄存器，并开始接收这一帧信息的其余位。在接收过程中，数据从输入移位寄存器右边移入，起始位移至输入移位寄存器最左边时，控制电路进行最后一次移位。当 RI＝0，且 SM2＝0（或接收到的停止位为 1）时，将接收到的 9 位数据的前 8 位数据装入接收 SBUF，第 9 位（停止位）进入 RB8，并置 RI＝1，向 CPU 请求中断。

（3）方式 2 和方式 3

方式 2 或方式 3 为 11 位数据的异步通信口。TXD 为数据发送引脚，RXD 为数据接收引脚。

方式 2 和方式 3 时起始位 1 位，数据 9 位（含 1 位附加的第 9 位，发送时为 SCON 中的 TB8，接收时为 RB8），停止位 1 位，一帧数据为 11 位。方式 2 的波特率固定为晶振频率的 1/64 或 1/32，方式 3 的波特率由定时器 T1 的溢出率决定，如图 5.44 所示。

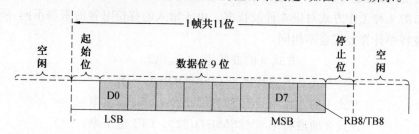

图 5.44　方式 2、3 字符帧时序格式图

① 方式 2 和方式 3 输出（图 5.45）。

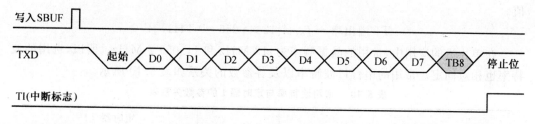

图 5.45　方式 2、方式 3 输出时序图

发送开始时，先把起始位 0 输出到 TXD 引脚，然后发送移位寄存器的输出位（D0）到 TXD 引脚。每一个移位脉冲都使输出移位寄存器的各位右移一位，并由 TXD 引脚输出。

第一次移位时，停止位"1"移入输出移位寄存器的第 9 位上，以后每次移位，左边都移入 0。当停止位移至输出位时，左边其余位全为 0，检测电路检测到这一条件时，使控制电路进行最后一次移位，并置 TI＝1，向 CPU 请求中断。

② 方式 2 和方式 3 输入（图 5.46）。

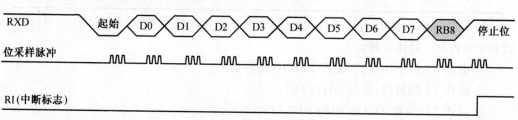

图 5.46　串口工作方式 2、方式 3 输入时序图

接收时,数据从右边移入输入移位寄存器,在起始位 0 移到最左边时,控制电路进行最后一次移位。当 RI=0,且 SM2=0(或接收到的第 9 位数据为 1)时,接收到的数据装入接收缓冲器 SBUF 和 RB8(接收数据的第 9 位),置 RI=1,向 CPU 请求中断。如果条件不满足,则数据丢失,且不置位 RI,继续搜索 RXD 引脚的负跳变。

(4) 波特率的计算

在串行通信中,收发双方对发送或接收数据的速率要有约定。通过软件可对单片机串行口编程为 4 种工作方式,其中方式 0 和方式 2 的波特率是固定的,而方式 1 和方式 3 的波特率是可变的,由定时器 T1 的溢出率来决定。

串行口的 4 种工作方式对应 3 种波特率。由于输入的移位时钟的来源不同,所以,各种方式的波特率计算公式也不相同。

$$方式\ 0\ 的波特率 = f_{osc}/12$$
$$方式\ 2\ 的波特率 = (2SMOD/64) \cdot f_{osc}$$
$$方式\ 1\ 的波特率 = (2SMOD/32) \cdot (T1\ 溢出率)$$
$$方式\ 3\ 的波特率 = (2SMOD/32) \cdot (T1\ 溢出率)$$

当 T1 作为波特率发生器时,最典型的用法是使 T1 工作在自动再装入的 8 位定时器方式(即方式 2,且 TCON 的 TR1=1,以启动定时器)。这时溢出率取决于 TH1 中的计数值。

$$T1\ 溢出率 = f_{osc}/\{12 \times [256-(TH1)]\}$$

在单片机的应用中,常用的晶振频率为:12 MHz 和 11.059 2 MHz。所以,选用的波特率也相对固定。常用的串行口波特率以及各参数的关系如表 5.10 所示。

表 5.10 常用波特率与定时器 1 的参数关系表

| 串口工作方式 1、3 的波特率 | $f_{osc}$/MHz | SMOD | 定时器 T1 | | |
|---|---|---|---|---|---|
| | | | $C/\overline{T}$ | 工作方式 | 初值 |
| 62.5 K | 12 | 1 | 0 | 2 | FFH |
| 19.2 K | 11.059 2 | 1 | 0 | 2 | FDH |
| 9 600 | 11.059 2 | 0 | 0 | 2 | FDH |
| 4 800 | 11.059 2 | 0 | 0 | 2 | FAH |
| 2 400 | 11.059 2 | 0 | 0 | 2 | F4H |
| 1 200 | 11.059 2 | 0 | 0 | 2 | E8H |

串行口工作之前,应对其进行初始化,主要是设置产生波特率的定时器 1、串行口控制和中断控制。具体步骤如下:

① 确定 T1 的工作方式(编程 TMOD 寄存器);
② 计算 T1 的初值,装载 TH1、TL1;
③ 启动 T1(编程 TCON 中的 TR1 位);
④ 确定串行口控制(编程 SCON 寄存器);
⑤ 串行口在中断方式工作时,要进行中断设置(编程 IE、IP 寄存器)。

### 5.4.3 串行口的编程实例

对于串口通信的实例需要使用双机环境(即一台计算机、一个单片机实验板),对于 Proteus 仿真实例来说,可以使用虚拟串口软件(Virtual Serial Ports Driver XP)来实现在一台 PC 上完成实验。首先,通过该软件虚拟出两个串口(COM3、COM4),并建立这两个串口的虚拟连接,如图 5.47 和 5.48 所示;然后,在 Proteus 仿真实例中绘制单片机端电路图,COM3 由 Proteus 的 COMPIM 元件使用,作为单片机的串口元件;COM4 由计算机的串口调试软件或超级终端使用。超级终端的配置如图 5.49、图 5.50、图 5.51 所示。

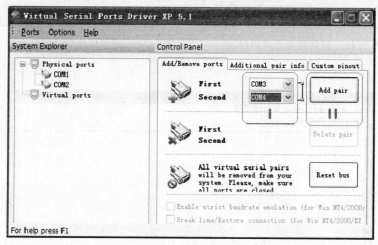

图 5.47 VSPD 虚拟串口选择

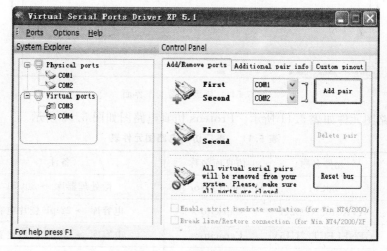

图 5.48 添加虚拟串口

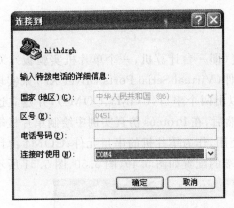
图 5.49 超级终端选择串口

图 5.50 超级终端端口属性设置

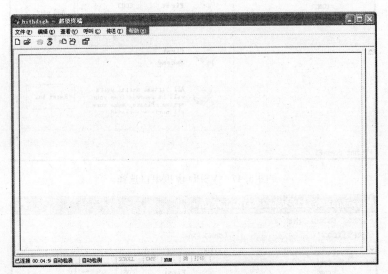
图 5.51 超级终端工作界面

Proteus 电路图元件如表 5.11 所示。Proteus 仿真电路图如图 5.52 所示。

表 5.11 串口仿真电路图元件表

| 序号 | 元件名称 | 仿真库名称 | 备注 |
| --- | --- | --- | --- |
| U1 | 80C51 | Microprocessor ICs | 微处理器库 → 80C51 |
| C1\C2 | AVX0402NPO22P | Capacitors | 电容库 → 22 pF 瓷片电容 |
| C3 | GENELECT22U16V | Capacitors | 电容库 → 22 μF 电解电容 |
| CRY1 | CRYSTAL | Miscellaneous | 杂项库 → 晶振（需设置频率） |
| U3 | COMPIM | Miscellaneous | 杂项库 → 串口仿真元件 |

对于实施电路焊接时,仿真电路图 5.46 中的 P1 要使用 MAX232 芯片进行电平转换才能够进行 RS232 的通信。

第三篇　应用实例篇

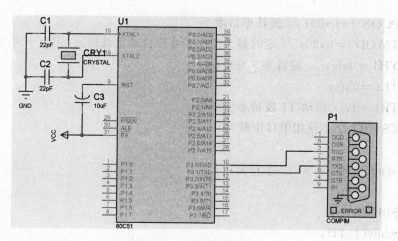

图 5.52　串口仿真电路图

**1. 串口数据发送实例**

此实例实现单片机通过串口循环发送数据。该例使用了串口工作方式 1,波特率 9 600 bps,8 位数据,1 位停止位,无校验位(晶振频率为 11.059 2 MHz)。终端显示效果如图 5.53 所示。

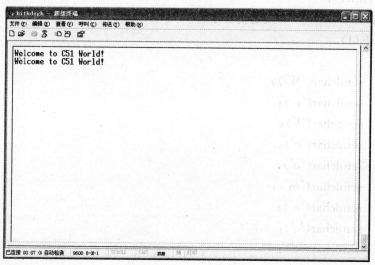

图 5.53　51 串口发送字符

程序清单：
#include < reg51.h >
// 初始化串行通信口,设置串口工作方式 1,波特率 9 600 bps
void uartInit(void)/* 设置 8 位数据,1 位停止位,无校验位(晶振频率为 11.059 2 MHz)*/
{
　　// 设定串行口工作方式,按位与、或用于保护寄存器其他位
　　SCON = (SCON & 0x2f) | 0x50;

```c
    PCON |=0x80; // 波特率倍增
    TMOD |=0x20; // 定时器1工作于8位自动重载模式,用于产生波特率
    TH1=0xfa; // 波特率9 600 bps
    TL1=0xfa;
    TR1=1; // 启动T1波特率生成器
    ES=0; // 不使用串口中断
}
void sendchar(char a) // 字符发送
{
    SBUF=a;
    while(! TI);
    TI=0;
}
void main(void)
{
    uartInit();
    sendchar(0x0c); // 发送清屏字符
    while(1)
    {
        sendchar('W');
        sendchar('e');
        sendchar('l');
        sendchar('c');
        sendchar('o');
        sendchar('m');
        sendchar('e');
        sendchar(' ');
        sendchar('t');
        sendchar('o');
        sendchar(' ');
        sendchar('C');
        sendchar('5');
        sendchar('1');
        sendchar(' ');
        sendchar('W');
        sendchar('o');
        sendchar('r');
        sendchar('l');
```

```
        sendchar('d');
        sendchar(' ');
        sendchar(0x0a);
        sendchar(0x0d);// 回车、换行等特殊字符参见 ASCII 码表
    }
}
```

**2. 串口数据接收实例**

下面的例子实现了中断方式从串行总线接收数据的功能。该例使用了串口工作方式 1,波特率 9 600 bps,8 位数据,1 位停止位,无校验位(晶振频率为 11.059 2 MHz)。本例通过超级终端使用 PC 机键盘输入数字,51 单片机串口接回的数字字符经过转换由数码管进行显示。仿真电路图如图 5.54 所示。

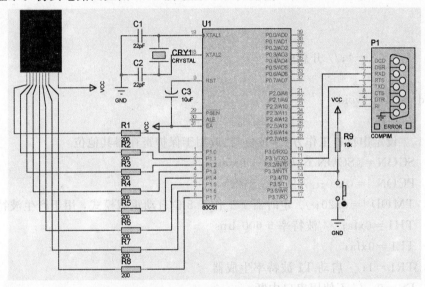

图 5.54 单片机串口仿真电路图

程序清单:
```
#include < reg51.h >
unsigned char dispcode[] = {0xc0,0xf9,0xa4,0xb0,0x99,0x92,0x82,0xf8,0x80,0x90};
char i = 0;
char x;
void serial() interrupt 4// 创建串口中断
{
    EA = 0;// 关总中断
    if(RI)
        RI = 0;
        x = SBUF;{ // 接收到一个字符
```

```c
        SBUF=0x0c;// 超级终端清屏
        while(! TI);
        TI=0;
        SBUF=x;// 字符回显
        while(! TI);
        TI=0;
        if((x<='9') && (x>='0'))
        P1=dispcode[(x-'0')];{// 接收到的是数字,LED显示
            }
        else
            P1=0xff;{// 接收到的不是数字,LED清屏
            }
        }
        EA=1;// 开总中断
}
void uartInit(void)
{
    // 设定串行口工作方式,按位与、或用于保护寄存器其他位
    SCON=(SCON & 0x2f) | 0x50;
    PCON |=0x80; // 波特率倍增
    TMOD |=0x20; // 定时器1工作于8位自动重载模式,用于产生波特率
    TH1=0xfa; // 波特率 9 600 bps
    TL1=0xfa;
    TR1=1;// 启动 T1 波特率生成器
    ES=0; // 不使用串口中断
}
void main()
{
    uartInit();
    SBUF=0x0c;// 超级终端清屏
    while(! TI);
    TI=0;
    EA=1;
    ES=1;// 启用串口中断
    while(1);// 循环等待中断
}
```

**3. 简易上位机串口终端控制的实现**

许多单片机控制系统都需要有上位机配合实现。最典型的是 PC 机通过串口终端

（超级终端）来操作单片机的控制工作，在此实现一个简单的单片机串口终端程序。硬件电路是由单片机串行接口连接 MAX232 实现电平转换，再对接到 PC 机 COM 口的 RXD、TXD 和 GND 上。实验时，需要使用 Windows 操作系统的超级终端软件。超级终端设置为波特率 9 600 bps，8 位数据，1 位停止位，无校验位。单片机上电运行程序后，可以通过 PC 机的超级终端与单片机程序交互。实验环境的设置同上文所述。

仿真电路图如图 5.55 所示，运行时的效果如图 5.56 所示。

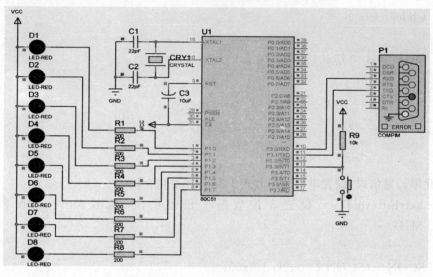

图 5.55　上位机串口控制 LED

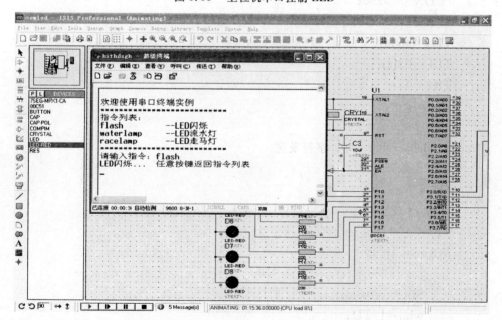

图 5.56　上位机串口控制 LED 运行效果

程序清单：
```c
#include <reg51.h>
#include <string.h>
void delay10ms(int n)// 约 10 ms 延时程序
{
    int i=0,j;
    while(n--)
    {
    for(i=0;i<10;i++)
    {
        for(j=0; j<125; j++);
    }
    }
}
// 初始化串行通信口,设置串口工作方式 1,波特率 9 600 bps
    void uartInit(void)/* 设置 8 位数据,1 位停止位,无校验位（晶振频率为 11.059 2 MHz）*/
    {
        SCON=(SCON & 0x2f) | 0x50;
        PCON |=0x80;
        TMOD |=0x20;
        TH1=0xfa;
        TL1=0xfa;
        TR1=1;
        ES=0;
    }
    void sendchar(char a) // 字符发送
    {
        SBUF=a;
        while(! TI);
        TI=0;
        if(a=='\n')
        {
            SBUF=0x0d;
            while(! TI);
            TI=0;
        }
    }
```

```c
void sends(char *str) // 字符串发送
{
    while(*str)
    {
        sendchar(*str++);
    }
}
char revch()// 字符接收,无回显
{
    char a;
    while(!RI);
    a=SBUF;
    RI=0;
    return a;
}
void revs(char *str)
{
    char *p=str;
    char a;
    while((a=revch())!='\r')
    {
        switch(a)
        {
            case '\b':
            if(p>str)
            {
                p--;
                sendchar('\b');
                sendchar(' ');
                sendchar('\b');
            }
            break;
            default:
                sendchar(a);
                *p=a;
                p++;
        }
    }
```

```c
        *p = '\0';
        sendchar('\n');
    }
    void flash(void)
    {
        sends("LED 闪烁…   任意按键返回指令列表 \n");
        while(1)
        {
            P1=0x0;    // 置 P1 各引脚为低电平,LED 亮
            delay10ms(30);// 延时 300 ms
            P1=0xff;// 置 P1 各引脚为高电平,LED 灭
            delay10ms(30);// 延时 300 ms
            if(RI)
            {// 任意键结束
                RI=0;
                P1=0xff;
                return;
            }
        }
    }
    void wlamp(void)
    {
        unsigned char a,i;
        sends("LED 流水灯…   任意按键返回指令列表 \n");
        while(1)
        {
            a=0xff;
            for(i=0;i<=8;i++)
            {
                P1=~(a<<i);/* 变量a左移i位后取反,相当于将对应为置0其他位置 1 */
                delay10ms(30);// 延时函数
                if(RI)
                {
                    RI=0;
                    P1=0xff;
                    return;
                }
```

```
        }
      }
    }
    void racelamp(void)
    {
        unsigned char a,i;
        sends("LED 走马灯 …   任意按键返回指令列表 \n");
        while(1)
        {
            a=0x01;
            {
                P1=~(a<<i);/* 变量a左移i位后取反,相当于将对应为置0其他位置1*/
                delay10ms(30);// 延时函数
                if(RI)
                {
                    RI=0;
                    P1=0xff;
                    return;
                }
            }
        }
    }
    void main(void)
    {
        char s[100];
        uartInit();
        while(1)
        {
            sendchar('\014');
            sendchar('\n');
            sends(" 欢迎使用串口终端实例 \n");
            sends(" * * * * * * * * * * * * * * * * * * * * * * * \n");
            sends(" 指令列表:\n");
            sends("flash         ——LED 闪烁 \n");
            sends("waterlamp     ——LED 流水灯 \n");;
            sends("racelamp      ——LED 走马灯 \n");;
            sends(" * * * * * * * * * * * * * * * * * * * * * * * \n");
```

```
            sends("请输入指令:");
            revs(s);
            if(! strcmp(s,"flash"))
            {//LED 闪烁
                flash();
            }
            else if(! strcmp(s,"waterlamp"))
            {//LED 流水灯
                wlamp();
            }
            else if(! strcmp(s,"racelamp"))
            {//LED 走马灯
                racelamp();
            }
            else
            {
                sends("指令错误...    任意按键返回指令列表\n");
                while(!RI);
                RI=0;
            }
        }
    }
```

# 本章小结

本章详细叙述了 MCS-51 单片机内部 I/O 模块、中断模块、定时/计数器模块和串行通信模块原理和操作方法;结合实例讲解了基于这些模块的 Proteus 仿真电路设计;针对于每一个实例电路都有详细的 C51 程序设计方法和源代码。

# 习　题

1. 51 单片机有几个 I/O 接口?
2. 51 单片机的 I/O 接口在进行输入操作时为什么先将寄存器对应位置"1"?
3. 简述 P3 口各引脚第二功能。
4. 如何使用 C 语言为 P1 口第三引脚定义位符号 P1_3?
5. 8051 单片机有几个中断源,各自的名称和中断标志是什么?CPU 响应中断时的入口地址各是多少?
6. 定义中断服务函数的格式是什么?

7. 如何使用 C 语句开启总中断、关闭总中断。
8. 51 单片机有几个定时/计数器?
9. 定时/计数器有几种工作方式?各种方式的功能是什么?
10. 假如系统晶振 12 MHz,复位后直接执行 TR0=1(不初始化定时初值),请问定时时间是多长?
11. 假如晶振 12 MHz,T1 定时 50 ms,写出初始化语句。

# 第6章

# 8051单片机常用接口

在8051单片机系统实际应用中,经常需要对单片机的相关资源进行扩展,本章将介绍单片机的并行口、键盘、显示、A/D及D/A等常用接口的使用方法。

## 6.1 并行I/O接口的扩展

并行口是单片机进行内外信息交换的主要通道。MCS-51单片机有4个8位并行输入/输出口P0、P1、P2及P3,但是由于当扩展存储器时,P2口、P0口被占用,留给用户的只有P1和P3口,而P3口是多用途口,当第二功能使用时,就不能用做一般I/O接口,只剩下一个P1口太少了。因此,常常需要进行并行口的扩展,同时也是为了解决单片机并行口驱动能力不足。扩展并行I/O接口的方法主要有两种:一种是采用可编程的I/O接口芯片,如8255、8155等;另一种是利用非可编程的接口芯片,如74LS273、74LS244、74LS245、74LS373、74LS377等。

### 6.1.1 简单I/O接口扩展

简单I/O接口又称为不可编程的I/O接口,一般用于扩展系统比较简单、没有严格时序要求的场合以及仅仅需要对信号进行缓冲、驱动的场合。不可编程的并行口扩展一般包括利用锁存器扩展、三态门扩展、总线驱动器扩展等。

当应用系统需要扩展的I/O接口数量较少,且功能单一时,一般采用非可编程的接口芯片构成简单的I/O接口。这种接口通过P0口进行扩展,由于P0口是数据/地址总线口,因此扩展的输入口面向总线,必须是三态的;扩展的输出口连接外部设备,应具有锁存功能,因此扩展简单并行口选择器件的原则是"输入三态缓冲,输出锁存选通"。

**1. 利用三态门扩展成输入口**

三态缓冲电路就是具有三态输出的门电路,因此也称之为三态门(TSL)。所谓三态,是指0状态、1状态和高阻抗3种状态。当三态缓冲器的输出为高或低电平时,就是对数据总线的驱动状态;当三态缓冲器的输出为高阻抗时,就是对总线的隔离状态(也称为浮动状态)。

在隔离状态下,缓冲器对数据总线不产生影响,犹如缓冲器与总线隔开一般。为此,三态缓冲器的工作状态应是可控制的,其逻辑符号如图6.1(a)所示。其中,E为控制信号端,又称为使能端;A为信号输入端;Y为输出端。

当E=0时,电路处于高阻状态。当E=1时,$Y=\overline{A}$,A=0,Y=1,即为高电平;A=1时,Y=0,即为低电平,实现与非功能。可见电路的输出有高阻态、高电平和低电平3种状态,所以称此门电路为高电平有效三态门。由于TSL门处于高阻状态时电路不工作,所以高阻态又叫做悬浮状态或禁止状态。

还有一种三态输出与非门电路,将控制信号经一非门后相继送到与非门的控制输入端。显然,当E=0时,电路也实现与非功能,并有两种可能的状态;而当E=1时,电路处于高阻输出状态,即禁止状态。这种三态门称为低电平有效三态门,其逻辑符号如图6.1(b)所示。

(a)高电平有效三态输出与非门逻辑符号　　(b)低电平有效三态输出与非门逻辑符号

图 6.1　三态门逻辑符号

三态门的典型特点就是当该器件处于"高阻态"时可以看做是与总线断开。三态门一般用于并行口的输入扩展,能够把多个输入信息连接到一个并行口上,根据系统的需求决定读入哪一组信息。常用的三态门有74XX244、74XX245、74XX240等。

【例 6.1】　用74LS244扩展输入口,如图6.2所示。

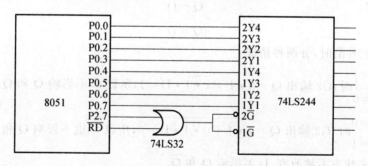

图 6.2　用74LS244扩展并行口

程序清单:
```
#include <absacc.h>
void main()
{
    unsigned char data1;
    ...
    data1=XBYTE[0x7FFF];
    ...
}
```

## 2. 利用锁存器扩展的输出口

锁存器是一个 8 位的 D 触发器,在有效时钟沿来到的时候将单片机并行口的信息打入锁存器中,而在下一个有效时钟沿来到之前,这个信息保持不变,并不随着并行口上信息的变化而变化。这个有效时钟沿可以用单片机的一个地址线和写信号线联合产生。这样就可以在并行口上扩展多个锁存器了,每个锁存器都有自己的独立地址。锁存器原理如图 6.3 所示。

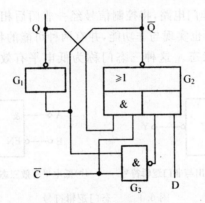

图 6.3 锁存器原理图

图中,$\overline{C}$ 是锁存控制信号输入端;D 是数据输入端;Q 和 $\overline{Q}$ 是数据互补输出端。

① 当 $\overline{C}=0$,G3 左与门被封锁,G3 被封锁,G2 输出

$$\overline{Q} = \overline{0 \cdot Q + 1 \cdot D} = \overline{D}$$

所以
$$\begin{cases} Q = D \\ \overline{Q} = \overline{D} \end{cases}$$

② 当 $\overline{C}$ 上升沿时,分两种情况:

a. 当 $\begin{cases} \overline{Q}=1 \\ Q=0 \end{cases}$ 时,G2 输出 $\overline{Q} = \overline{0 \cdot 1 + \overline{1} \cdot D} = 1$,所以 D 不影响 Q 和 $\overline{Q}$。

b. 当 $\begin{cases} \overline{Q}=0 \\ Q=1 \end{cases}$ 时,G2 输出 $\overline{Q} = \overline{1 \cdot 1 + \overline{0} \cdot D} = 0$,所以 D 也不影响 Q 和 $\overline{Q}$。

结论:原来状态不被改变,D 不影响 Q 和 $\overline{Q}$。

由上述分析看出:

当 $\overline{C}=0$ 时,Q=D,电路不锁存数据,相当于缓冲器。

当 $\overline{C}=1$ 时,D 不起作用,电路状态保持 $\overline{C}$ 由 0→1 时刻前状态。也就是说,$\overline{C}$ 由 0→1 时刻将数据 D 锁定并保持,直到 $\overline{C}$ 由 1→0。

锁存器是控制信号 $\overline{C}$ 上升沿锁存数据,高电平保持,非号的意义是低电平时输入数据可以直达输出端。有的锁存器是控制信号 C 下降沿锁存低电平保持,即加一个非门将控制信号 C 反相;有的锁存器在输出端加一个三态门,由另一个控制信号 OC 控制;另外,有的锁存器带有直接置 0(清除)、置 1(预置) 输入端,等同于触发器的 RD、SD 端。

常用的锁存器有 74LS273 和 74LS377。

若单片机并行接口的输出信息需要在总线上保持一定时间,而在这个时间段内单片

机并行接口上的信息一旦又需要变化时,则可利用锁存器对并行口进行扩展。

【例 6.2】 用 74LS273 扩展输出口,如图 6.4 所示。

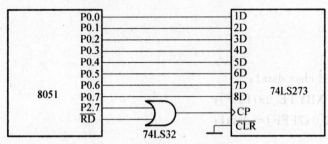

图 6.4 用 74LS273 扩展输出口

程序清单:
```
#include <absacc.h>
void main()
{
    …
    XBYTE[0x7FFF]=0xAA;
    …
}
```

【例 6.3】 如图 6.5 所示,用 74LS273 扩展一个输出口,分别接 8 个 LED 显示器,即 LED0～LED7。用 74LS244 扩展一个输入口,分别接 8 个开关,即 S0～S7,编写程序实现按下任意键,对应的 LED 发光。

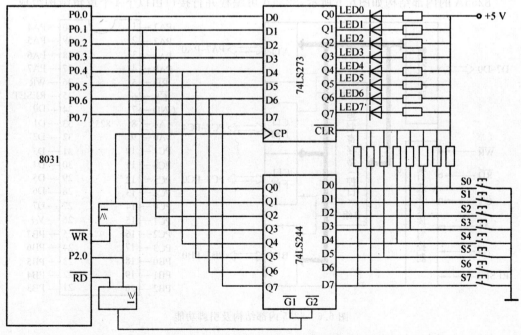

图 6.5 用 74LS273 和 74LS244 扩展并行 I/O 接口

程序清单
```
#include <absacc.h>
void main()
{
    ...
    unsigned char data1;
    data1=XBYTE[0x7FFF];
    XBYTE[0x7FFF]=data1;
    ...
}
```

从上述程序中可知，程序中对扩展的 I/O 接口的访问直接通过片外数据存储器的读写方式来进行。

### 6.1.2 可编程 8255 扩展 I/O 接口

在单片机系统设计中还经常使用可编程并行口芯片 8255 来扩展并行口。

8255A 是 Intel 公司生产的可编程通用并行 I/O 接口芯片，由于每个端口上具有输入/输出的缓冲和锁存功能，因此可用于扩展单片机有限的 I/O 接口，可以直接为 CPU 与外设之间提供数据通道。利用软件编写的程序可使其能按几种不同方式（如基本方式、选通方式、双向方式等）工作。

**1. 8255A 的内部结构**

8255A 的内部结构如图 6.6 所示，8255A 可编程并行接口由以下 4 个逻辑结构组成。

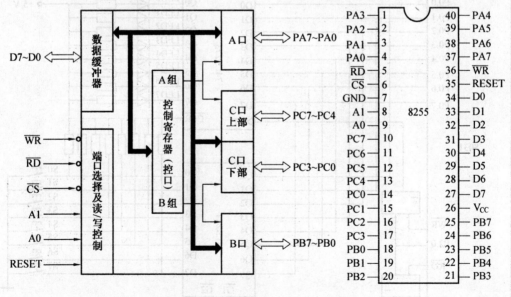

图 6.6　8255 内部结构及引脚功能

（1）3 个并行 I/O 端口

8255A 具有 3 个 8 位可编程并行 I/O 端口，作为数据通道使用，分别叫做 A 口、B 口和

C 口。这 3 个 I/O 端口的功能完全由编程决定,但每个口都有自己的特点。

①A 口:具有一个 8 位数据输出锁存/缓冲器和一个 8 位数据输入锁存器,是最灵活的输入输出寄存器,为可编程 8 位输入输出或双向寄存器,该寄存器的 I/O 地址是 ××××××00 B。

②B 口:具有一个 8 位数据输出锁存/缓冲器和一个 8 位数据输入缓冲器,为可编程 8 位输入输出寄存器,但不能双向输入/输出,该寄存器的 I/O 地址是 ××××××01 B。

③C 口:具有一个 8 位数据输出锁存/缓冲器和一个 8 位数据输入缓冲器,这个口可分为两个 4 位口使用。C 口除了做输入输出口使用外,还可以作为 A 口、B 口选通方式操作时的状态控制信号,该寄存器的 I/O 地址是 ××××××10 B。

(2) 数据缓冲器

这是双向三态的 8 位数据缓冲器,它和单片机的数据总线相连,用于传送单片机与 8255A 之间的控制字、状态字和数据。

(3) 端口选择及读/写控制逻辑

端口选择及读/写控制逻辑用于管理所有的控制字、状态字和数据的传送。接收单片机的地址信号和控制信号来控制 8255A 各个口的工作状态。

(4) A 组和 B 组控制电路

A 组和 B 组控制电路由控制字寄存器和控制逻辑组成。其中控制字寄存器接收 CPU 送来的控制字;控制逻辑用于对 8255A 工作模式的控制;控制字寄存器的 I/O 地址是 ××××××11B。

A 组控制电路,控制 A 口及 C 口的高 4 位;B 组控制电路,控制 B 口及 C 口的低 4 位。

### 2. 8255A 的引脚功能

8255A 共有 40 个引脚,引脚功能如图 6.6 所示。其管脚按功能分为以下 3 类:

(1) 数据输入/输出引脚(8 条)

D0~D7 用于传送数据和控制字双向传送。

(2) 并行 I/O 接口引脚

并行 I/O 接口引脚与外设相连,分为 A、B、C3 组。

①PA7~PA0:A 口的输入/输出引脚,可由软件编程设置为输入或输出方式,或者输入/输出双向方式。

②PB7~PB0:B 口的输入/输出引脚,可由软件编程设置为输入或输出。

③PC7~PC0:C 口的输入/输出引脚或 A 口和 B 口的控制、状态线。若 8255 处于方式 0 时,PC7~PC0 为输入/输出线;若 8255 处于方式 1 或方式 2 时,PC7~PC0 为控制、状态线用。

(3) 控制及地址线

① $\overline{RD}$ :读信号线,低电平有效,与其他信号线实现对 8255A I/O 接口的读操作,即外部输入信号或状态字读到 CPU 中。

② $\overline{WR}$ :写信号线,低电平有效,与其他信号线实现对 8255A 的写操作,即将 CPU 的数据送到 8255A I/O 接口及命令字寄存器。

③ $\overline{CS}$ :片选信号线,低电平有效,只有当为低电平,才可以对进行读或写的操作。

④A0、A1:端口地址选者信号。8255A 的端口地址通常由$\overline{CS}$、A1、A0 一起确定。

⑤RESET:复位输入信号。高电平时使 8255A 复位,复位后 8255A 的 PA、PB、PC 口均为输入状态。

8255A 各端口的工作状态与控制信号的关系如表 6.1 所示。

表 6.1  8255A 端口工作状态选择表

| A1 | A0 | $\overline{CS}$ | $\overline{RD}$ | $\overline{WR}$ | RESET | 工作状态 |
|---|---|---|---|---|---|---|
| 0 | 0 | 0 | 0 | 1 | 0 | 读 PA(PA 数据送数据总线) |
| 0 | 1 | 0 | 0 | 1 | 0 | 读 PB(PA 数据送数据总线) |
| 1 | 0 | 0 | 0 | 1 | 0 | 读 PC(PA 数据送数据总线) |
| 0 | 0 | 0 | 1 | 0 | 0 | 写 PA(数据总线数据送 PA) |
| 0 | 1 | 0 | 1 | 0 | 0 | 写 PB(数据总线数据送 PB) |
| 1 | 0 | 0 | 1 | 0 | 0 | 写 PC(数据总线数据送 PC) |
| 1 | 1 | 0 | 1 | 0 | 0 | 写控制字(数据总线数据送控制字寄存器) |
| × | × | × | × | × | 1 | 复位(PA、PB、PC 均为输入) |
| × | × | 1 | × | × | 0 | 芯片未选通(数据总线为高阻) |

**3. 8255A 的工作方式及 C 口置位/复位控制字**

(1)8255A 的 3 种工作方式

①方式 0:一种基本输入/输出方式,无需联络信号。A 口、B 口、C 口均可设置成基本方式,各端口是输入还是输出由方式控制字来设置。这种方式多用于同步传送和查询式传送。

8255A 工作在方式 0 时,单片机可对 8255A 进行 I/O 数据的无条件传送。

②方式 1:一种选通输入/输出方式,需要联络信号。它把 A 口和 B 口用做数据传送;C 口的部分引脚作为固定的专用应答信号;A 口和 B 口可以通过方式控制字来设置方式 1。这种方式多用于查询传送和中断传送。C 口的各应答联络信号的功能如表 6.2 所示。

表 6.2  8255A 的 C 口联络信号

| C 口位线 | 方式 1 | | 方式 2 | |
|---|---|---|---|---|
| | 输入 | 输出 | 输入 | 输出 |
| PC0 | $INTR_B$ | $INTR_B$ | | |
| PC1 | $IBF_B$ | $\overline{OBF}_B$ | | |
| PC2 | $\overline{STB}_B$ | $\overline{ACK}_B$ | | |
| PC3 | $INTR_A$ | $INTR_A$ | $INTR_A$ | $INTR_A$ |
| PC4 | $\overline{STB}_A$ | | $\overline{STB}_A$ | |
| PC5 | $IBF_A$ | | $IBF_A$ | |
| PC6 | | $\overline{ACK}_A$ | | $\overline{ACK}_A$ |
| PC7 | | $\overline{OBF}_A$ | | $\overline{OBF}_A$ |

$\overline{STB}$(Strobe):选通脉冲输入,低电平有效,是由输入设备送来的输入信号。

IBF(Input Buffer Full):输入缓冲器满,高电平有效。它表示数据已装入缓冲器,可作为送出的状态信号。

INTR(Interrupt):中断请求信号,作为单片机的外部中断源,高电平有效。它在 IBF

为高、$\overline{STB}$ 为高时才有效，用来向单片机 CPU 请求中断服务，单片机对 8255A 的相应 I/O 口进行一次读/写操作后，INTR 变为低电平。

$\overline{OBF}$ (Output Buffer Full)：输出缓冲器满信号，低电平有效。

$\overline{ACK}$：外部设备响应信号。

③ 方式 2：一种双向选通输入/输出方式。它利用 A 口为双向输入/输出口，C 口的 PC3～PC7 作为专用应答线。方式 2 只用于端口 A。在方式 2 下，外设可以通过端口 A 的 8 位数据线，向 CPU 发送数据，也可以从 CPU 接收数据。

当作为输入总线使用时，A 口受 $\overline{STB}_A$ 和 $IBF_A$ 控制；当作为输出总线使用时，A 口受 $\overline{OBF}_A$ 和 $\overline{ACK}_A$ 控制，其具体工作过程和方式 1 相同。

(2) 根据工作方式选择控制字

3 种工作方式由写入控制字寄存器的方式控制字来决定。方式控制字的格式如表 6.3 所示。

表 6.3　8255A 工作方式选择控制字

| D7 | D6 | D5 | D4 | D3 | D2 | D1 | D0 |
|---|---|---|---|---|---|---|---|
| 特征标志位 | A 口方式 | A 口 I/O | C7～C4 I/O | B 口方式 | B 口 I/O | C3～C0 I/O |
| 固定为 1 | 00：方式 0<br>01：方式 1<br>10：方式 2 | 0：输出<br>1：输入 | 0：输出<br>1：输入 | 0：方式 0<br>1：方式 1 | 0：输出<br>1：输入 | 0：输出<br>1：输入 |

3 个端口中 C 口被分为两个部分：上半部分随 A 口称为 A 组；下半部分随 B 口称为 B 组。

例如，写入工作方式选择控制字 82H，可将 8255A 编程为：A 口方式 0 输出、B 口方式 0 输入、C 口输出。

(3) C 口置位/复位控制字

C 口 8 位中的任意一位，可以用写入控制口的置位/复位控制字来对 C 口按位置 1 或者清零，这个功能主要用于位控制，控制字如表 6.4 所示。例如，写入控制字 07H，PC3 置 1；写入控制字 08H，PC4 清零。

表 6.4　08255A 按位置位/复位控制字

| D7 | D6 | D5 | D4 | D3 | D2 | D1 | D0 |
|---|---|---|---|---|---|---|---|
| 特征标志位 | 不用 | | | C 口的位选择 | | | 置位/复位 |
| 固定为 0 | 一般置 0 | | | 000：C 口的位 0；001：C 口的位 1；<br>010：C 口的位 2；011：C 口的位 3；<br>100：C 口的位 4；101：C 口的位 5；<br>110：C 口的位 6；111：C 口的位 3 | | | 0：复位<br>1：置位 |

**4. MCS－51 单片机与 8255A 的接口设计**

(1) 硬件电路

如图 6.7 所示，MCS－51 单片机和 8255A 的连接很简单，只需两者的数据线、$\overline{RD}$、

$\overline{WR}$ 对接，地址线和片选线接单片机的地址线即可。用单片机低两位地址线和 8255A 地址线相连，A 口、B 口、C 口、控制口地址连续，编程方便；用单片机高字节两位地址线和 8255A 地址线相连，可以不使用地址锁存器，接线简单。

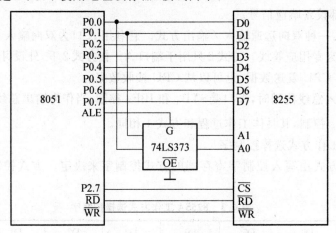

图 6.7  8255A 与单片机的连接电路

(2) 8255A 地址口的确定

如图 6.7 所示，8255 地址线 A1、A0 经 74LS373 接于 P0.1、P0.0；片选端 $\overline{CS}$ 接 P2.7。若单片机其他无用地址都设为"1"，那么 8255A 的 A 口、B 口、C 口及控制口的地址分别为：7FFCH、7FFDH、7FFEH、7FFFH。若无用地址都设为"0"，那么 8255A 的 A 口、B 口、C 口及控制口的地址分别为：0000H、0001H、0002H、0003H。也可将高字节中不用的地址设为"1"，低字节不用的地址设为"0"，那么 8255A 的 A 口、B 口、C 口及控制口的地址分别为：7F00H、7F01H、7F02H、7F03H。

(3) 软件编程

在实际的应用系统中，必须根据外围设备的类型选择 8255A 的操作方式，并在初始化程序中把相应的控制字写入 8255A 的控制口。

【例 6.4】 根据图 6.7 所示，要求 8255A 在方式 0 工作，且 A 口、B 口、C 口输出。
程序清单：

```
#include <reg51.h>
#include <absacc.h>
#define COM8255 XBYTE[0x7F03]   // 定义 8255A 控制寄存器地址
void main()
{
    COM8255=0x80;               // 方式控制字 0x80 送入 8255 控制寄存器
}
```

【例 6.5】 如图 6.8 所示，8051 单片机通过 8255A 的 I/O 控制 LED 发光二极管，8255A 的 A 口及 C 口作为输出口，点亮 LED 发光二极管，当某个端口输出高电平时，相应的 LED 发光二极管亮。8255A 的 B 口作为输入，取相应的 B 口按键值。Proteus 电路图元件如表 6.5 所示。

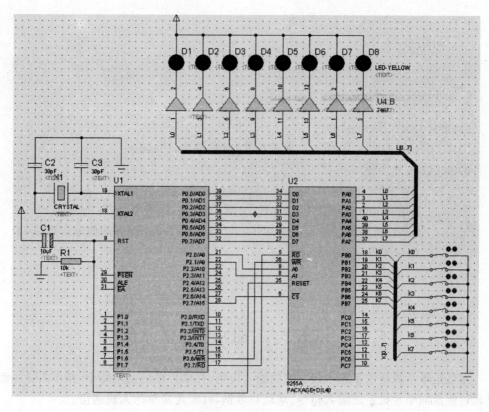

图 6.8　8255 扩展 I/O 的 Proteus 仿真电路图

表 6.5　8255 扩展 I/O 电路图元件表

| 序号 | 元器件名称 | 仿真库名称 | 备注 |
| --- | --- | --- | --- |
| U1 | AT89C51 | MCS8051 | 微处理器库 → AT89C51 |
| D1～D8 | LED－RED | Optoelectronics | 光电元件库 → 红色 LED |
| R1～R7 | RES | Resistors | 电阻库 → 电阻(需设置为 220 Ω) |
| C1\C2 | MINRES10K | RESISTORS | 电容库 → 22 p 瓷片电容 |
| C3 | CAP－POL | Capacitors | 电容库 → 10 μ 电解电容 |
| CRY1 | CRYSTAL | Miscellaneous | 杂项库 → 晶振(需设置频率) |

程序清单：

```
#include "reg51.h"
#include "absacc.h"
#define PortA 0x7CFF    //A 口地址
#define PortB 0x7DFF    //B 口地址
#define PortC 0x7EFF    //C 口地址
#define CADDR 0x7FFF    // 控制字地址
void delay(unsigned int i)    // 延时子程序
```

```
{
    while(i--);
}
main()
{
unsigned char Tempdata;
XBYTE[CADDR]=0x82;// 方式 0,PA、PC 输出,PB 输入
while(1)// 死循环
    {
        Tempdata=XBYTE[PortB];// 读 B 口,送入变量 Tempdata
        XBYTE[PortA]=Tempdata;// 将变量 Tempdata 的值输出到 A 口
        delay(300); // 延时
    }
}
```

## 6.2 键盘与 LED 点阵显示接口

键盘是单片机应用系统中最常用的输入设备,在单片机应用系统中,操作人员一般都是通过键盘向单片机系统输入指令、地址和数据,以实现简单的人机通信。

### 6.2.1 键盘接口

键盘是实现人机对话的纽带,借助键盘可以向计算机系统输入程序、置数、送操作命令、控制程序的执行走向等。键盘是由按键构成的,键盘从硬件结构上分并行接口的独立式键盘和行列式矩阵键盘。

**1. 独立式键盘**

独立式键盘的电路配置灵活,软件结构简单。但每个按键需占用一根 I/O 端口线,在按键较多时,输入口浪费大,电路结构显得很繁杂,故此种键盘适用于按键较少或操作速度较高的场合。

独立式键盘相互独立,每个按键占用一根 I/O 端口线,每根 I/O 端口线上的按键工作状态不会影响其他按键的工作状态。因此,通过检测输入线的电平状态可以很容易判断哪个按键被按下了。

通常按键输入都采用低电平有效,上拉电阻保证了按键断开时,I/O 端口线上有确定的高电平。当 I/O 端口内部有上拉电阻时,外电路可以不配置上拉电阻。8 个独立式按键的应用电路如图 6.9 所示。

独立式按键的处理程序清单:
```
#include <reg51.h>
void main()
{
```

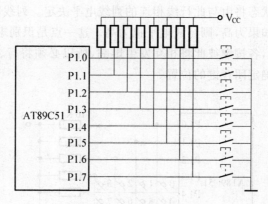

图 6.9 独立式按键的应用电路

```
unsigned char KEY;
while(1)
{
    P1 = 0xFF;
    KEY = P1;
    KEY = ~ KEY;
    switch(KEY)
    {
        case 0x01:……. ;   break;   // 处理 P1.0 按键
        case 0x02:……. ;   break;   // 处理 P1.1 按键
        case 0x04:……. ;   break;   // 处理 P1.2 按键
        case 0x08:……. ;   break;   // 处理 P1.3 按键
        case 0x10:……. ;   break;   // 处理 P1.4 按键
        case 0x20:……. ;   break;   // 处理 P1.5 按键
        case 0x40:……. ;   break;   // 处理 P1.6 按键
        case 0x80:……. ;   break;   // 处理 P1.7 按键
    }
}
```

**2. 矩阵式键盘**

独立式按键电路,当按键数较多时,要占用较多的 I/O 口线,通常采用矩阵式键盘电路,适用于按键数量较多的场合。它由行线和列线组成,按键位于行、列的交叉点上。一个 4×4 的行、列结构可以构成一个含有 16 个按键的键盘等。很明显,在按键数量较多的场合,矩阵键盘与独立式键盘相比,要节省很多的 I/O 口线。

(1) 矩阵式键盘的结构及工作原理

按键设置在行、列线交点上,行、列线分别连接到按键开关的两端。如图 6.10 所示,行线通过上拉电阻接到+5 V 上。平时无按键动作时,行线处于高电平状态,而当有下压键按下时,行线电平状态将由与此行线相连的列线电平决定。列线电平如果为低,则行线电平为低;列线电平如果为高,则行线电平也为高。这一点是识别矩阵键盘按键是否被按下的关键所在。因此,各按键彼此将相互发生影响,所以必须将行、列线信号配合起来并作适当的处理,才能确定闭合键的位置。

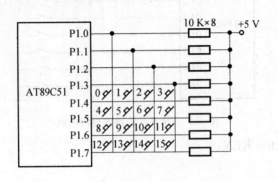

图 6.10  4×4 的行列式矩阵键盘

(2) 矩阵式键盘的软件管理

① 按键的识别。采用全扫描的办法,让所有列线均置为 0 电平,检查各行线电平是否有变化,如果有变化,则说明有键被按下;如果没有变化,则说明无键被按下(实际编程时应考虑按键抖动的影响,通常采用软件延时的方法进行抖动消除处理)。

② 判断被按键的具体位置。采用逐行扫描的方法,逐列置 0 电平,其余各列置为高电平,检查各行线电平的变化,如果某行电平由高电平变为低电平,则可确定此行此列的交叉点处的按键被按下。

③ 计算被按键的键值(键位置的值),以确定要完成的功能。采用某种算法,将行和列的信息合并为一个信息,该信息称为该键的键值。在计算键值应注意所有按键的键值应采用同一种算法并且计算出来的键值应该各不相同。

【例 6.6】 如图 6.10 所示,对 P1.4～P1.7 做列扫描,P1.0～P1.3 做行输出线。编写键盘的管理程序。

程序清单:

```
#include <reg51.h>
#define uchar unsigned char
#define uint unsigned int
void delay(void)
{
    uchar i;
    for(i=0;i<200;i++);
}
```

/********************键盘扫描函数**************/

```
uchar keyboard(void)
{
    uchar h;// 行扫描值
    uchar j;// 列扫描值
    P1=0xF0;//P1.3～P1.0 输出 0000,准备读列状态
    if((P1&0xF0)!=0xF0)// 如果 P1.7～P1.4 不为 1,判断是否有键按下
    {
        delay();// 延时去抖动
        if((P1&0xF0)!=0xF0)// 读高 4 位,若还是不为 1,则有键按下
        {
            h=0xFE;//P1.0 置为 0,开始扫描
            while((h&0x10)!=0xF0)/* 判断是否为最后一行,若不是,继续扫描 */
            {
                P1=h;//P1 口输出行扫描值
                if((P1&0xF0)!=0xF0)/* 如果 P1.7～P1.4 不为 1,该行有键按下 */
                {
                    j=(P1&0xF0)|0xF0};./* 保留 P1 口高 4 位,低 4 位为 1,作为列值 */
                    return((~h)+(~j));/* 键编码=行扫描值+列扫描值,返回主程序 */
                }
                else// 若该行无键按下,行扫描值左移,扫描下一行
                    h=(h<<1)|0x01;
            }
        }
    }
    return(0);// 无键按下,返回 0
}
```

### 6.2.2 键盘与 LED 控制芯片 HD7279A

HD7279A 是一片具有串行接口的,可同时驱动 8 位共阴极数码管(或 64 只独立的 LED)智能显示驱动芯片。该芯片同时还可连接多达 64 键的键盘矩阵,并具有自动消除按键抖动并识别按键代码的功能,从而可以提高 CPU 的工作效率。一片 HD7279A 即可完成 LED 显示及键盘接口的全部功能。

HD7279A 芯片内部有译码器,可以直接接受 16 进制码,并具有两种译码方式和多种控制指令,如消隐、闪烁、左移、右移、段寻址等。HD7279A 和微处理器之间采用串行接

口,其接口和外围电路比较简单,且占用 CPU 的 I/O 端口少,加之它具有较高的性能价格比,因此,广泛应用于微型控制器、智能仪表、控制面板、家用电器等领域。

**1. 引脚说明和接口电路**

HD7279A 是标准 28 引脚双列直插式芯片,如图 6.11 所示。

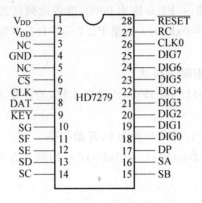

图 6.11 HD7279 的引脚排列

与 8279 相比,HD7279 与 CPU 的接口方式和使用方法更为简单,驱动能力也更强,无需外围元件可直接驱动 LED。HD7279 的引脚如表 6.6 所示。

表 6.6 HD7279 的引脚表

| 引脚 | 名称 | 说明 |
| --- | --- | --- |
| 1,2 | $V_{DD}$ | 正电源 |
| 3,5 | NC | 无连接,必须悬空 |
| 4 | VSS | 接地 |
| 6 | $\overline{CS}$ | 片选输入端,此引脚为低电平时,可向芯片发送指令及读取键盘数据 |
| 7 | CLK | 同步时钟输入端,向芯片发送数据及读取键盘数据时,此引脚电平上升沿表示数据有效 |
| 8 | DATA | 串行数据输入/输出端,当芯片接收指令时,此引脚为输入端;当读取键盘数据时,此引脚在"读"指令最后一个时钟的下降沿变为输出端 |
| 9 | KEY | 按键有效输出端,平时为高电平,当检测到有效按键时,此引脚变为低电平 |
| 10~16 | SG~SA | LED 显示器的段 g 至段 a 驱动输出 |
| 17 | DP | 小数点驱动输出 |
| 18~25 | DIG0~DIG7 | 数字 0~7 驱动输出 |
| 26 | CLK0 | 振荡输出端 |
| 27 | RC | RC 振荡器连接端 |
| 28 | RESET | 复位端 |

## 2. 控制指令

HD7279A 的指令结构有 3 种类型,如表 6.7 所示。

**表 6.7 HD7279A 的指令结构**

| 指令类型 | 指令名 | 指令格式 | 说明 |
|---|---|---|---|
| 纯指令 | 复位指令 | 10100100(A4) | 清除所有的显示 |
| | 测试指令 | 10111111(BF) | 将所有 LED 全部点亮,并处于闪烁状态。 |
| | 左移指令 | 10100001(A1) | 所有显示自右向左移(从低位到高位)1 位(包括处于消隐状态的显示位),但对各位所设置的消隐及闪烁属性不变。移动后,最低位为空(无显示) |
| | 右移指令 | 10100000(A0) | 与左移指令类似,使所有的显示自左向右(从高位到低位)移动 1 位,最高位为空 |
| | 循环左移指令 | 10100011(A3) | 自右向左移 1 位,最低位显示最高位的内容 |
| | 循环右移指令 | 10100010(A2) | 自左向右移 1 位,最高位显示最低位的内容 |
| 带有数据的指令 | 下载数据且按方式 0 译码 | 10000a2a1a0DP×××<br>d3d2d1d0 | a2a1a0 为位地址,d3d2d1d0 为数据,按 BCD 码显示,DP 为小数点控制位,当 DP = 1 时,小数点显示。具体译码方式如表 6.8 所示 |
| | 下载数据且按方式 1 译码 | 11001a2a1a0DP×××<br>d3d2d1d0 | a2a1a0 为位地址,d3d2d1d0 为数据,按二进制码显示。具体译码方式如表 6.9 所示 |
| | 下载数据但不译码 | 10010a2a1a0DP<br>ABCDEFG | a2a1a0 为位地址,DP ABCDEFG 为显示数据,分别对应 LED 数码管的各段。当相应的数据为 1 时,该段为亮,否则不亮 |
| | 闪烁控制 | 10001000d7d6d5<br>d4d3d2d1d0 | 控制各个数码管的闪烁属性。d0~d7 分别对应数码管 1~8,0 = 闪烁,1 = 不闪烁。开机后,默认状态为各位均不闪烁 |
| | 消隐控制 | 10011000d7d6d5<br>d4d3d2d1d0 | 控制各个数码管的消隐属性。d0~d7 分别对应数码管 1~8,0 = 消隐,1 = 显示 |
| | 段点亮指令 | 11100000××<br>d5d4d3d2d1d0 | 点亮数码管中的某一指定段,d0~d5 为段地址。范围从 00H~3FH,具体分配如表 6.10 所示 |
| | 段关闭指令 | 11000000××<br>d5d4d3d2d1d0 | 关闭数码管中的某一指定段,与段点亮指令结构相同。 |
| 读取键盘数据指令 | 读键盘数据指令 | 00010101<br>d7d6d5d4d3d2d1d0 | 读出当前的按键代码,其范围为 0~3FH(无键按下时为 FFH) |

① 不带数据的纯指令。指令的宽度为 8 位，即微处理器需要发送 8 个 CLK 脉冲。如复位指令、测试指令、左移指令、右移指令、循环左移指令、循环右移指令等。

② 带有数据的指令。指令的宽度为 16 位，即微处理器需要发送 16 个 CLK 脉冲。前 8 个向 HD7279A 传送 8 位指令，后 8 个向 HD7279A 传送 8 位数据。如下载数据且按方式 0 译码指令、下载数据且按方式 1 译码指令、下载数据但不译码指令、闪烁控制指令、消隐控制指令、段点亮指令、段关闭指令等。

③ 读取键盘数据指令。指令的宽度为 16 位，前 8 个为微处理器发送到 HD7279A 的指令，后 8 个为 HD7279A 返回的键盘代码。执行该指令时，HD7279A 的 DATA 端在第 9 个 CLK 脉冲的上升沿变为输出状态，并以第 16 个脉冲的下降沿恢复为输入状态，等待接受下一个指令。HD7279A 的 3 种指令接口时序，如图 6.12 所示。

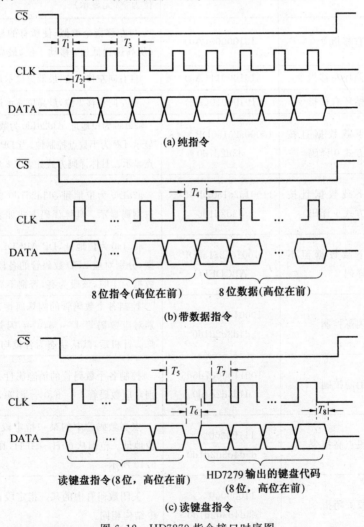

图 6.12  HD7279 指令接口时序图

表 6.8 译码方式

| d3～d0 | d3 | d2 | d1 | d0 | 7段显示 | a2 a1 a0 | 显示位 |
|---|---|---|---|---|---|---|---|
| 00H | 0 | 0 | 0 | 0 | 0 | 0 0 0 | 1 |
| 01H | 0 | 0 | 0 | 1 | 1 | 0 0 1 | 2 |
| 02H | 0 | 0 | 1 | 0 | 2 | 0 1 0 | 3 |
| 03H | 0 | 0 | 1 | 1 | 3 | 0 1 1 | 4 |
| 04H | 0 | 1 | 0 | 0 | 4 | 1 0 0 | 5 |
| 05H | 0 | 1 | 0 | 1 | 5 | 1 0 1 | 6 |
| 06H | 0 | 1 | 1 | 0 | 6 | 1 1 0 | 7 |
| 07H | 0 | 1 | 1 | 1 | 7 | 1 1 1 | 8 |
| 08H | 1 | 0 | 0 | 0 | 8 | | |
| 09H | 1 | 0 | 0 | 1 | 9 | | |
| 0AH | 1 | 0 | 1 | 0 | — | | |
| 0BH | 1 | 0 | 1 | 1 | E | | |
| 0CH | 1 | 1 | 0 | 0 | H | | |
| 0DH | 1 | 1 | 0 | 1 | L | | |
| 0EH | 1 | 1 | 1 | 0 | P | | |
| 0FH | 1 | 1 | 1 | 1 | 无显示 | | |

表 6.9 译码方式

| d3～d0（二进制） | 7段显示 |
|---|---|
| 0000 | 0 |
| 0001 | 1 |
| 0010 | 2 |
| 0011 | 3 |
| 0100 | 4 |
| 0101 | 5 |
| 0110 | 6 |
| 0111 | 7 |
| 1000 | 8 |
| 1001 | 9 |
| 1010 | A |
| 1011 | B |
| 1100 | C |
| 1101 | D |
| 1110 | E |
| 1111 | F |

表 6.10 指令分配

| LED 位(或 LED 矩阵列) | LED 段(或 LED 矩阵行) | | | | | | |
|---|---|---|---|---|---|---|---|
| | SG | SF | SE | SD | SC | SB | SA | DP |
| DIG0 | 00H | 01H | 02H | 03H | 04H | 05H | 06H | 07H |
| DIG1 | 08H | 09H | 0AH | 0BH | 0CH | 0DH | 0EH | 0FH |
| DIG2 | 10H | 11H | 12H | 13H | 14H | 15H | 16H | 17H |
| DIG3 | 18H | 19H | 1AH | 1BH | 1CH | 1DH | 1EH | 1FH |
| DIG4 | 20H | 21H | 22H | 23H | 24H | 25H | 26H | 27H |
| DIG5 | 28H | 29H | 2AH | 2BH | 2CH | 2DH | 2EH | 2FH |
| DIG6 | 30H | 31H | 32H | 33H | 34H | 35H | 36H | 37H |
| DIG7 | 38H | 39H | 3AH | 3BH | 3CH | 3DH | 3EH | 3FH |

**3. HD7279 的应用特性**

HD7279 只能连接共阴极数码管。在应用中,无须用到的键盘和数码管可以不连接,省去数码管或对数码管设置的消隐属性均不会影响键盘的作用。

如果不使用键盘,则应用电路中连接到键盘的 8 只 10 kΩ 电阻和 8 只 100 kΩ 下拉电阻均可省去。如果使用了键盘,则电路中的 8 只 100 kΩ 下拉电阻均不能省略。除非不接入数码管,否则串入 DP 及 SA ~ SG 连线的 8 只 200 kΩ 电阻均不能省略。

在实际应用中,8 只下拉电阻和键盘连接位选线 DIG0 ~ DIG7 的 8 只电阻,应遵循一定的比例关系,下拉电阻应大于位选电阻的 5 倍且小于 50 倍,下拉电阻的取值范围是 10 ~ 100 kΩ,位选电阻的取值范围是 1 ~ 10 kΩ。在不影响显示的前提下,下拉电阻尽可能地取较小的值,这样可以提高键盘部分的抗干扰能力。

HD7279 需要外接 RC 振荡电路以供系统工作,典型值分别为 R1 = 1.5 kΩ,C = 15 pF。

当系统接有键盘时,如果有两个键同时按下,HD7279 将只能给出其中一个键的代码,因此 HD7279 不适用于在需要两个或两个以上的键同时按下的场合。

【例 6.7】 图 6.13 为 HD7279A 应用原理图,可同时驱动 64 个键盘和 8 位 8 段共阴极数码管。与单片机的接口只需要 4 条 I/O 端口即可实现以下驱动。具体驱动程序如下:

```
/* ————————————————— 函数列表 ————————————————— */
unsigned char HD7279_GetKey(void);
void Delay10ms(unsigned char time);
void Write7279(unsigned char, unsigned char);// 写入 HD7279
void HD7279_SendByte(unsigned char);// 发送一个字节
// * * *I/O 端口定义 * * *
sbit HD7279_CS  = P1^4;// HD7279_CS -- P1.4
sbit HD7279_CLK = P1^5;// HD7279_CLK -- P1.5
```

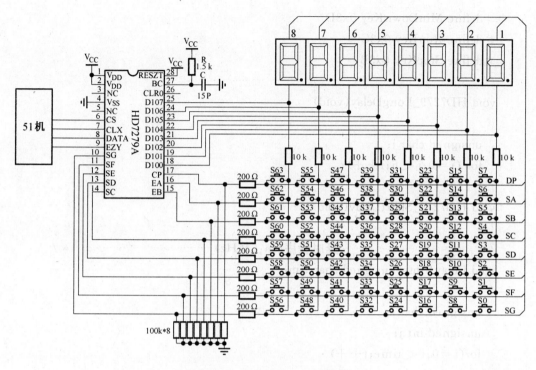

图 6.13　HD7279 应用原理图

```
sbit HD7279_DATA = P1^6;  // HD7279_DATA －－P1.2
sbit HD7279_KEY  = P1^7;  // HD7279_KEY  －－P1.3
//-------------------- HD7279A 指令集 --------------------
#define HD7279_RESET      0xa4  // 复位指令
#define HD7279_TEST       0xbf  // 测试指令
#define HD7279_RLC        0xa3  // 循环左移指令
#define HD7279_RRC        0xa2  // 循环右移指令
#define HD7279_RL         0xa1  // 左移指令
#define HD7279_RR         0xa0  // 右移指令
#define HD7279_DECODE0    0x80  // 译码方式 0 指令
#define HD7279_DECODE1    0xc8  // 译码方式 1 指令
#define HD7279_UNDECODE   0x90  // 译码方式 2:不译码指令
#define HD7279_HIDE       0x98  // 消隐指令
#define HD7279_FLASH      0x88  // 闪烁指令
#define HD7279_SEGON      0xe0  // 段亮指令
#define HD7279_SEGOFF     0xc0  // 段灭指令
#define HD7279_READ       0x15  // 读指令
//-------------------- 按键定义 --------------------
#define ItemSelectKey 0x3F
#define MinUpKey 0x3E
```

```c
#define MinDownKey 0x3D
#define RunKey 0x3C
#define StopKey 0x3B
//─────────────────────────────────────────────
void HD7279_LongDelay(void)
{
    unsigned char i;
    for (i=0;i<6;i++);
}
void HD7279_ShortDelay(void)
{;}
/*────────────────── 延时程序(fn:6MHz) ──────────────────*/
void Delay10ms(unsigned char time)
{
    unsigned char i;
    unsigned int j;
    for(i=0;i<time;i++)
    {
        for(j=0;j<931;j++)  {;;}
    }
}
void HD7279_SendByte( unsigned char out_byte)
{
    unsigned char i;
    HD7279_CS=0;
    HD7279_LongDelay();
    for(i=0;i<8;i++)
    {
        if(out_byte&0x80) { HD7279_DATA=1; }
        else{ HD7279_DATA=0; }
        HD7279_CLK=1;
        HD7279_ShortDelay();
        HD7279_CLK=0;
        HD7279_ShortDelay();
        out_byte=out_byte<<1;//??
    }
    HD7279_DATA=0;
}
```

```c
// 接受一个 BYTE
unsigned char HD7279_ReceiveByte(void)
{
    unsigned char i, in_byte;
    HD7279_DATA = 1;
    HD7279_LongDelay();
    for(i = 0; i < 8; i++)
    {
        HD7279_CLK = 1;
        HD7279_ShortDelay();
        in_byte = in_byte << 1;
        if(HD7279_DATA) { in_byte = in_byte | 0x01; }
        HD7279_CLK = 0;
        HD7279_ShortDelay();
    }
    HD7279_DATA = 0;
    return (in_byte);
}
// 写入命令及参数
void Write7279(unsigned char command, unsigned char dta)
{
    HD7279_SendByte( command );
    HD7279_SendByte( dta );
}
//   显示两位 BCD 数
void ShowBCD(unsigned char block, unsigned char dig)
{
    Write7279(HD7279_DECODE0 + block    , dig/10);
    Write7279(HD7279_DECODE0 + block - 1, dig%10);
}
// 读键盘函数
unsigned char HD7279_GetKey()
{   unsigned char key;
    Delay10ms(2);
    if(! HD7279_KEY)
    {
        HD7279_SendByte(HD7279_READ);
        key = HD7279_ReceiveByte();
```

```
        while(! HD7279_KEY);
        return(key);
    }
}
main()
{
    // 初始化 HD7279
    Delay10ms(10); // 延时 50 ms
    HD7279_SendByte(HD7279_RESET);
    Delay10ms(10); // 延时 50 ms
    HD7279_SendByte(HD7279_RESET);
    Delay10ms(10); // 延时 50 ms
    while(1)
    {
        switch(HD7279_GetKey())// 取 HD7279A 的按键值
        {
        case 1:HD7279_SendByte(HD7279_RESET);break; // 复位
        case 2:HD7279_SendByte(HD7279_TEST);break; // 测试
        case 3:HD7279_SendByte(HD7279_RLC);break; // 循环左移
        case 4:HD7279_SendByte(HD7279_RRC);break; // 循环右移
        case 5:HD7279_SendByte(HD7279_RL);break; // 左移
        case 6:HD7279_SendByte(HD7279_RR);break; // 右移
        case 7:HD7279_SendByte(HD7279_FLASH);break; // 闪烁
        case 8:HD7279_SendByte(HD7279_HIDE);break; // 消隐
        }
    }
}
```

## 6.3 模拟转换器接口

在单片机应用系统中,被采集的数据多为模拟量,而单片机只能处理数字信号和开关量,因此需要将模拟量转换成数字量。同样,单片机输出的是数字量,被控对象需要的是模拟量,为了能实现数字控制,需要将数字量转换成模拟量。因此必需要用 A/D 及 D/A 转换器来实现。

### 6.3.1　A/D 转换器接口

A/D 转换器(简称 ADC),通常是指一个将模拟信号转变为数字信号的器件。通常的模数转换器是将一个输入电压信号转换为一个输出的数字信号。由于数字信号本身不具有实际意义,仅仅表示一个相对大小。故任何一个模数转换器都需要一个参考模拟量作为转换的标准,比较常见的参考标准为最大的可转换信号大小。而输出的数字量则表示输入信号相对于参考信号的大小。

模数转换器最重要的参数是转换的精度,通常用输出的数字信号的位数的多少表示。转换器能够准确输出的数字信号的位数越多,表示转换器能够分辨输入信号的能力越强,转换器的性能也就越好。

A/D 转换一般要经过采样、保持、量化及编码 4 个过程。在实际电路中,有些过程是合并进行的,如采样和保持,量化和编码在转换过程中是同时实现的。

目前应用广泛的有 3 种类型:逐次逼近型 A/D 转换器、积分型 A/D 转换器及 V/F 变换式 A/D 转换器。A/D 转换器与单片机的接口方式有串行接口和并行接口两种方式。

**1. ADC0809 转换芯片应用**

ADC0809 是 8 位 8 路模拟量输入通道的逐次逼近型 A/D 转换器,采用 CMOS 工艺制造。它包括 8 位的模/数转换器、8 通道多路转换器和与微处理器兼容的控制逻辑。8 通道多路转换器能直接连通 8 个单端模拟信号中的任何一个,输出 8 位二进制数字量,适用于实时测试和过程控制。

(1) ADC0809 的内部结构

ADC0809 内部结构框图如图 6.14 所示。片内由锁存功能的 8 路模拟多路开关、8 位逐次逼近式 A/D 转换器、三态输出锁存器及地址锁存与译码电路组成,可对 8 路 0~5 V 的输入模拟电压信号分时进行转换。通道地址选择如表 6.11 所示。

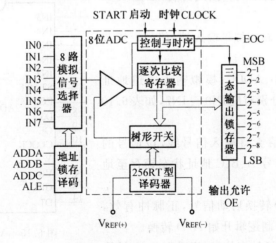

图 6.14  ADC0809 内部结构

表 6.11  通道地址选择表

| ADDC | ADDB | ADDA | 选择的通道 |
| --- | --- | --- | --- |
| 0 | 0 | 0 | IN0 |
| 0 | 0 | 1 | IN1 |
| 0 | 1 | 0 | IN2 |

续表6.11

| ADDC | ADDB | ADDA | 选择的通道 |
|---|---|---|---|
| 0 | 1 | 1 | IN3 |
| 1 | 0 | 0 | IN4 |
| 1 | 0 | 1 | IN5 |
| 1 | 1 | 0 | IN6 |
| 1 | 1 | 1 | IN7 |

(2)ADC0809的主要特性

① 分辨率为8位。

② 最大不可调误差小于±1 LSB。

③ 当 CLK=500 kHz 时,转换时间为 128 $\mu$s。

④ 不必进行零点和满刻度调整。

⑤ 功耗为 15 mW。

⑥ 单一+5 V供电,模拟输入范围为 0~5 V。

⑦ 具有锁存按制的8路模拟开关。

⑧ 可锁存三态输出,输出与TTL兼容。

(3)ADC0809的引脚

ADC0809为28脚双列直插式封装,如图6.15所示,功能如下:

①IN0~IN7:8路模拟量输入端,信号电压范围为 0~5 V。

②ADDA、ADDB、ADDC:模拟输入通道地址选择线,其8种编码分别对应 IN0~IN7,如表6.10所示。

③ALE:地址锁存允许输入信号线,该信号的上升沿将地址选择信号 A、B、C 地址状态锁存至地址寄存器。

④START:A/D转换启动信号,正脉冲有效,其下降沿启动内部控制逻辑开始A/D转换。

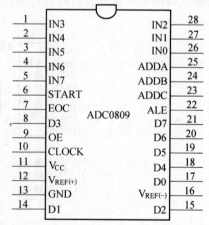

图 6.15　ADC0809引脚图

⑤EOC:A/D转换结束信号,当进行A/D转换时,EOC输出低电平,转换结束后,EOC引脚输出高电平,可作中断请求信号或供CPU查询。

⑥D7(2~1)~D0(2~8):8位数字量输出端,可直接与单片机的数据总线联接。

⑦OE:输出允许控制端,高电平有效。高电平时将A/D转换后的8位数据送出。

⑧CLK:时钟输入端,它决定A/D转换器的转换速度,其频率范围为 10~1 280 kHz,典型值为 640 kHz,对应转换速度等于 100 $\mu$s。

⑨VREF(+)、VREF(-):内部D/A转换器的参考电压输入端。

⑩$V_{CC}$:+5V电源输入端,GND为接地端地。一般$V_{REF(+)}$与$V_{CC}$连接在一起,$V_{REF(-)}$与GND连接在一起。

(4) ADC0809的工作过程

先输入3位地址,并使ALE=1,将地址存入地址锁存器中。此地址经译码选通8路模拟输入之一到比较器。START上升沿将逐次逼近寄存器复位。下降沿启动A/D转换,然后EOC输出信号变低,指示转换正在进行。直到A/D转换完成,EOC变为高电平,指示A/D转换结束,结果数据已存入锁存器,这个信号可用作中断申请。当OE输入高电平时,输出三态门打开,转换结果的数字量输出到数据总线上。

ADC0809对输入模拟量要求:信号单极性,电压范围是0～5V,若信号太小,必须进行放大;输入的模拟量在转换过程中应该保持不变,如若模拟量变化太快,则需在输入前增加采样保持电路。

(5) ADC0809与51系列单片机的接口设计

ADC0809与51系列单片机的硬件接口有3种方式:查询方式、中断方式和延时方式。

① 查询方式。由于ADC0809片内无时钟,可利用8051提供的地址锁存允许信号ALE经D触发器2分频后获得,ALE脚的频率是8051单片机时钟频率的1/6。如果单片机时钟频率采用6 MHz,则ALE引脚的输出频率为1 MHz,再经2分频后为500 kHz,正好符合AD0809对时钟频率的要求,地址译码引脚ADDA、ADDB、ADDC分别与地址总线的低3位A0、A1、A2(由图6.16中74LS373提供)相接,以选通IN0～IN7中的某一通道。将P2.0(地址总线高位A8)作为片选信号,在启动A/D转换时,由输出指令产生写信号,$\overline{WR}$和P2.0都为零,经过或非门后控制ADC0809所需的启动转换信号START和地址锁存允许信号ALE。由于ALE和START连在一起,因此在地址解锁的同时便启动转换。经过大约125 μs的转换时间后,转换结束,由读指令产生读信号,$\overline{RD}$和P2.0都为零,经过或非门后,产生的正脉冲作为输出允许OE信号,用以打开三态输出锁存器,就可将转换出来的数字信号读入CPU中的A中。由以上可知,P2.0与ADC0809的ALE、START和OE之间有如下关系:

$$ALE = START = \overline{\overline{WR} + \overline{P2.0}}$$

$$OE = \overline{\overline{RD} + \overline{P2.0}}$$

由以上分析可知:在软件编写时,应令P2.0=A8=0;A0、A1、A2给出被选择的模拟通道的地址;由于由8051的P2.0和$\overline{WR}$启动转换,因而其端口地址为FEF8H～FFFFH,转换结束信号EOC经反相后接入,作查询标志。此接口电路也可用等待延时方式工作。执行一条输出指令,启动A/D转换;执行一条输入指令,读取A/D转换结果。

【例6.8】 采用查询的方法,分别对8路模拟信号轮流采样一次,并依次把结果转存到数据存储区的采样转换程序。

程序清单:
#include < reg51.h >
#include < absacc.h >

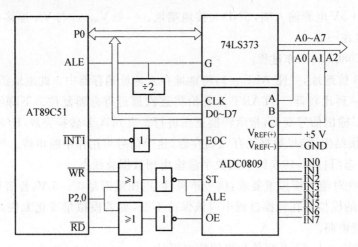

图 6.16 ADC0809 与单片机查询方式的接口电路

```
#include <intrins.h>
void main()
{
    unsigned char dat[8],i;
    for(i=0;i<8;i++)
    {
        XBYTE[0xFEF8]=i;// 选择通道并启动采样
        _nop_();_nop_();_nop_();_nop_();_nop_();// 软件延时
        dat[i]=XBYTE[0xFEF8];// 存储采样转换数据
    }
}
```

② 中断方式。ADC0809 与 51 系列单片机采用中断方式连接的硬件接口电路如图 6.17 所示。

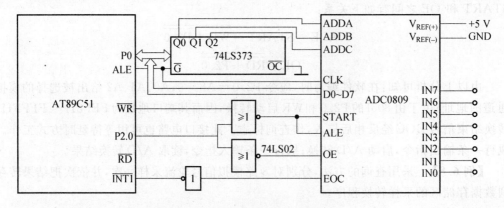

图 6.17 ADC0809 中断方式硬件接口

从图 6.17 可知,ADC0809 是作为一个外部扩展的并行 I/O 端口,直接由 AT89C51 的 P2.0 和脉冲进行启动,因而其端口地址为 FEFFH。用中断方式读取转换结果的数字量,模拟量输入通道选择端 ADDA、ADDB、ADDC 分别与 AT89C51 的 P0.0、P0.1、P0.2 直接相连,因此其端口地址为 FEF8H～FEFFH。CLK 由单片机的 ALE 提供。

【例 6.9】 如图 6.17 所示,采用中断的方法,编程实现对 8 路模拟信号轮流采样一次,并依次把结果存放在内部数据存储区。

程序清单:
```
#include <reg51.h>
#include <absacc.h>
#include <intrins.h>
unsigned char dat[8],ch=0;
void Int_Read_0809() interrupt 2
{
    dat[ch]=XBYTE[0xFEFF]; //存储采样数据
    ch++;
    if(ch==8)ch=0;
}
void main()
{
    IT1=1;
    EA=1;
    EX1=1;
    while(1)
    {
        XBYTE[0xFEFF]=ch; //选择通道并启动采样
        _nop_();_nop_();_nop_();_nop_();_nop_();//软件延时
    }
}
```

③ 延时方式。采用延时方式,无需利用 EOC 引脚的功能。单片机主频取 6 MHz,ALE 输出可直接作为 ADC0809 时钟信号(若主频为 12 MHz,需对其二分频后再作为时钟信号)。ADC0809 的地址译码引脚 ADDA、ADDB、ADDC 端可分别接到单片机地址总线的低三位 A0、A1、A2(P0.0、P0.1、P0.2),以便选通 IN0～IN7 中的某一通道(由于 0809 内部具有地址锁存器,故地址信号无需锁存);ADC0809 的片选信号选用 P2.7,模拟信号 0 通道地址为 7FF8H,具体连接见图 6.18。

由单片机的 $\overline{WR}$ 与 P2.7 经过或非门后,产生正脉冲接到 ADC0809 的 START 端,只要单片机执行写指令,即可启动转换开始;在读取转换结果时,由单片机的 $\overline{RD}$ 与 P2.7 经过或非门后,产生正脉冲接到 ADC0809 的 OE 端,用以打开三态输出锁存器,将转换数据读出。

【例 6.10】 如图 6.18 所示,通过旋转电位器改变输入电压大小,P1 口发光二极管指示转换后的数字量。

单片机原理及应用 —— 基于 Proteus 与 Keil C

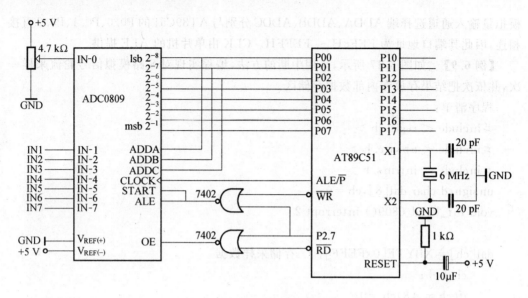

图 6.18 ADC0809 实训电路

程序清单：
＃include ＜ reg51. h ＞
＃include ＜ absacc. h ＞
＃include ＜ intrins. h ＞
void main()
{
  while(1)
  {
    XBYTE[AD0809Port]＝0；// 选择通道并启动采样
    _nop_();_nop_();_nop_();_nop_();_nop_();_nop_();// 软件延时
    P1＝XBYTE[AD0809Port];// 将采样的数据发送到 P1 口输出
  }
}

利用 ADC0809 可实现对 8 路模拟信号进行巡回转换。将图 6.18 中 ADC0809 的 EOC 引脚通过一反相器接至单片机的 INT0 引脚即可采用中断方式编程进行 A/D 转换。当 A/D 转换后，EOC 为高电平，经反相 INT0 端变为低电平，向 CPU 申请中断，在中断服务程序中读取转换结果并启动下一通道的转换。

【例 6.11】 如图 6.19 中 ADC0809 的 EOC 引脚通过一反相器接至单片机的 P3.3(INT1) 引脚即可采用中断方式编程进行 A/D 转换。当 A/D 转换后，EOC 为高电平，经反相 P3.3 端变为低电平，CPU 查询 P3.3 的状态，在中断服务程序中读取转换结果并启动下一通道的转换。将转换结果和通道分别显示在数码管显示器上。Proteus 电路图元件如表 6.12 所示。

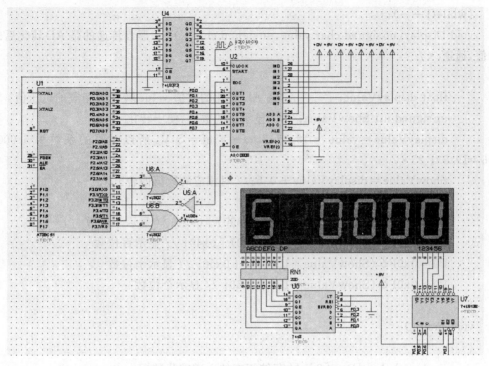

图 6.19 ADC0809 采样电路图

表 6.12 ADC0809 巡回采样应用图元件表

| 序号 | 元件名称 | 仿真库名称 | 备注 |
|---|---|---|---|
| U1 | AT89C51 | MCS8051 | 微处理器库 → AT89C51 |
| U2 | ADC0809 | NATDAC | 数据转换器库 → ADC0809 |
| U3:A～B | 74LS74 | 74LS | TTL74LS 系列 → 74LS74 |
| U4 | 74LS373 | 74LS | TTL74LS 系列 → 74LS373 |
| U5 | 74LS04 | 74LS | TTL74LS 系列 → 74LS04 |
| U6:A～B | 74LS02 | 74LS | TTL74LS 系列 → 74LS02 |
| U7 | 74LS138 | 74LS | TTL74LS 系列 → 74LS138 |
| U8 | 7448 | 74STD | TTL74 系列 → 7448 |
| L1 | 7SEG－MPX6－CC | DISPLAY | 光电元件库 → 七段数码管 |
| RN1 | RX8 | Resistors | 电阻库 → 排阻(需设置为 200 Ω) |

程序清单：

```c
#include <reg51.h>
#include <absacc.h>
#define AD0809Port 0x7FF8   // 对应的接口地址
sbit P3_3 = P3^3;   // 转化结束标志接口
void delay(unsigned char j)// 延时函数
```

```
    {while(j— —);}
    void Display(unsigned char value,unsigned char C)/* 形参传递的是 AD 转化后的
数值,通道 */
    {
        float displayValue;        // 将 AD 转化的数值 value 转化为相应的电压值
        unsigned int ShowValue;    // 显示用的数值,便于转化
        displayValue = value * 19.53125;/* Vref = 5 V,所以对因的系数为 5 000/
256 = 19.531 25 */
        ShowValue = displayValue + 0.5;// 对相应的数值四舍五入
        P0 = 0x0F&C | 0x10;// 显示通道
        P0 = 0x0F&(ShowValue%10000/1000) | 0x30;// 显示千位数
        P0 = 0x0F&(ShowValue%1000/100) | 0x40; // 显示百位数
        P0 = 0x0F&(ShowValue%100/10) | 0x50;  // 显示十位数
        P0 = 0x0F&(ShowValue%10) | 0x60;      // 显示个位数
    }
    void main()
    {
        unsigned char cData[8];// 存储相应的通道转化数据
        unsigned char i = 0;// 设置循环标志
        XBYTE[AD0809Port] = 0;// 启动 AD 转换
        while(1)
        {
            if(! P3_3)// 判断 AD 是否转换结束
            {
                cData[i] = XBYTE[AD0809Port + i];// 做出相应的存储
                Display(cData[i],i);// 做出相应的显示
                i++;
                if(i==8)i=0;
                XBYTE[AD0809Port + i] = 0;// 再次启动 AD 转换
            }
            delay(200);
        }
    }
```

**2. TLC2543 芯片的应用**

(1) TLC2543 概述

TLC2543 是 TI 公司的 12 位串行模数转换器,使用开关电容逐次逼近技术完成 A/D 转换过程。TLC2543 由于是串行输入结构,能够节省 51 系列单片机 I/O 资源;且价格适中,分辨率较高,因此在仪器仪表中有较为广泛的应用。TLC2543 与外围电路的连线简

单,3个控制输入端为片选($\overline{CS}$)、输入/输出时钟(I/O CLOCK)以及串行数据输入端(DATAINPUT)。片内的14通道多路器可以选择11个输入中的任何一个或3个内部自测试电压中的一个,采样－保持是自动的,转换结束,EOC 输出变高。

(2) TLC2543 的特点

① 12 位分辨率 A/D 转换器;

② 在工作温度范围内 10 μs 转换时间;

③ 11 个模拟输入通道;

④ 3 路内置自测试方式;

⑤ 固有的采样与保持;

⑥ 线性误差 ±1 LSB max;

⑦ 片内系统时钟;

⑧ 有转换结束输出指示 EOC;

⑨ 具有单、双极性输出;

⑩ 可编程的 MSB 或 LSB 前导。

(3) TLC2543 的引脚排列及说明

TLC2543 常用的封装是 DIP－20,引脚如图 6.20 所示,引脚说明如表 6.13 所示。

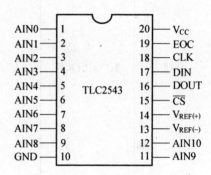

图 6.20 TLC2543 引脚图

表 6.13 TLC2543 引脚说明

| 引脚号 | 名称 | I/O | 说明 |
| --- | --- | --- | --- |
| 1～9,11,12 | AIN0～AIN10 | I | 模拟量输入端。11 路输入信号由内部多路器选通。对于 4.1 MHz 的 I/O CLOCK,驱动源阻抗必须小于或等于 50 Ω,而且用 60 pF 电容来限制模拟输入电压的斜率 |
| 15 | $\overline{CS}$ | I | 片选端。在 $\overline{CS}$ 端由高变低时,内部计数器复位。由低变高时,在设定时间内禁止 DATAINPUT 和 I/O CLOCK |
| 17 | DATAINPUT | I | 串行数据输入端。由 4 位的串行地址输入来选择模拟量输入通道 |
| 16 | DATAOUT | O | A/D 转换结果的三态串行输出端。$\overline{CS}$ 为高时处于高阻抗状态,$\overline{CS}$ 为低时处于激活状态 |
| 19 | EOC | O | 转换结束端。在最后的 I/O CLOCK 下降沿之后,EOC 从高电平变为低电平并保持到转换完成和数据准备传输为止 |

续表 6.13

| 引脚号 | 名称 | I/O | 说明 |
| --- | --- | --- | --- |
| 10 | GND | — | 地 |
| 18 | I/O CLOCK | I | 输入/输出时钟端。I/O CLOCK 接收串行输入信号并完成以下 4 个功能：<br>① 在 I/O CLOCK 的前 8 个上升沿，8 位输入数据存入输入数据寄存器；<br>② 在 I/O CLOCK 的第 4 个下降沿，被选通的模拟输入电压开始向电容器充电，直到 I/O CLOCK 的最后一个下降沿为止；<br>③ 将前一次转换数据的其余 11 位输出到 DATA OUT 端，在 I/O CLOCK 的下降沿时数据开始变化了；<br>④ I/O CLOCK 的最后一个下降沿，将转换的控制信号传送到内部状态控制位 |
| 14 | $V_{REF+}$ | I | 正基准电压端 |
| 13 | $V_{REF-}$ | I | 负基准电压端 |
| 20 | $V_{CC}$ | — | 电源 |

(4) TLC2543 的使用方法

① 控制字的格式。控制字为从 DATAINPUT 端串行输入的 8 位数据，它规定了 TLC2543 要转换的模拟量通道、转换后的输出数据长度、输出数据的格式。其中高 4 位 (D7～D4) 决定通道号，对于 0 通道至 10 通道，该 4 位分别为 0000H～1010H，当为 1011H～1101H 时，用于对 TLC2543 的自检，分别测试 ($V_{REF+} + V_{REF-}$)/2、$V_{REF-}$、$V_{REF+}$ 的值，当其值为 1110 时，TLC2543 进入休眠状态。低 4 位决定输出数据长度及格式，其中 D3、D2 决定输出数据长度；01 表示输出数据长度为 8 位；11 表示输出数据长度为 16 位，其他为 12 位。D1 决定输出数据是高位先送出，还是低位先送出，为 0 表示高位先送出。D0 决定输出数据是单极性（二进制）还是双极性（2 的补码），若为单极性，该位为 0，反之为 1。

② 转换过程。上电后，片选 $\overline{CS}$ 必须从高到低，才能开始一次工作周期，此时 EOC 为高，输入数据寄存器被置为 0，输出数据寄存器的内容是随机的。

开始时，$\overline{CS}$ 片选为高，I/O CLOCK、DATAINPUT 被禁止，DATAOUT 呈高阻状，EOC 为高。使 $\overline{CS}$ 变低，I/O CLOCK、DATAINPUT 能使 DATAOUT 脱离高阻状态。12 个时钟信号从 I/O CLOCK 端依次加入，随着时钟信号的加入，控制字从 DATAINPUT 一位一位地在时钟信号的上升沿时被送入 TLC2543（高位先送入），同时上一周期转换的 A/D 数据，即输出数据寄存器中的数据从 DATAOUT 一位一位地移出。TLC2543 收到第 4 个时钟信号后，通道号也已收到，此时 TLC2543 开始对选定通道的模拟量进行采样，并保持到第 12 个时钟的下降沿。在第 12 个时钟下降沿，EOC 变低，开始对本次采样的模拟量进行 A/D 转换，转换时间约需 10 μs，转换完成后 EOC 变高，转换的数据在输出数据寄存器中,待下一个工作周期输出。此后,可以进行新的工作周期。

**【例 6.12】** 如图 6.21 所示,通过旋转电位器改变输入电压大小,并在段式液晶上显示转换后的数字量。Proteus 电路应用图元件如表 6.14 所示。

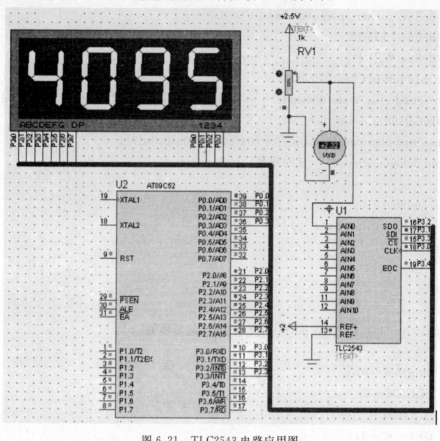

图 6.21 TLC2543 电路应用图

表 6.14 TLC2543 电路应用图元件表

| 序号 | 元器件名称 | 仿真库名称 | 备注 |
|---|---|---|---|
| U1 | TLC2543 | TEXAS | 数据转换器库 → TLC2543 |
| U2 | AT89C52 | MCS8051 | 微处理器库 → AT89C52 |
| L1 | 7SEG — MPX4 — CC | Optoelectronics | 光电元件库 → 黄色发光二极管 |
| RV1 | POT — HG | ACTIVE | 电阻库 → 电阻 |

程序清单:

```
#include <reg51.h>
#include <intrins.h>
sbit CLOCK = P3^0;  //2543 时钟
sbit D_IN = P3^1;   //2543 输入
sbit D_OUT = P3^2;  //2543 输出
```

```c
sbit _CS=P3^3;//2543 片选
sbit D_EOC=P3^4;
#define unint unsigned int
#define unchar unsigned char
#define LED P2
#define WEI P0
unchar temp[4]={0,0,0,0};
unsigned char code dispcode[] = {0x3f,0x06,0x5b,0x4f,0x66,0x6d,0x7d,0x07,
0x7f,0x6f,0x00};
unsigned char code dispbit[]={0xfe,0xfd,0xfb,0xf7};
void delay(unchar n)// 延时函数
{
    unchar i;
    for(i=0;i<n;i++)
    {
        _nop_();
    }
}
unint read2543(unchar port)// 读取 2543 的转换值
{
  unint ad=0,i;
  CLOCK=0;
  _CS=0;
  port<<=4;
  for(i=0;i<12;i++)// 根据时序循环 12 次
   {
      if(D_OUT) ad |=0x01;// 判断 D_OUT 的电平,为高时 ad 的末位加 1
   D_IN=(bit)(port&0x80);// 输入通道数相应,将 8 位 port 分解为 1 位数据
      CLOCK=1// CLOCK 高电平
      CLOCK=0; // CLOCK 低电平,制造一个下降沿,数据锁存。
       port<<=1;// 逻辑左移
       ad<<=1;// 逻辑左移
    }
  _CS=1;// 停止转换
  ad>>=1;
  return(ad);// 返回转换数值
}
void main()
```

```
    {
  unint ad,i;
  while(1)
  {    while(! D_EOC) ;// 等电转换结束
    ad=read2543(0);// 读取 0 通道 AD 的值
    temp[0]=ad/1000;
    temp[1]=ad/100%10;
    temp[2]=ad/10%10;
    temp[3]=ad%10;
    for(i=0;i<4;i++)
    {
      LED=dispcode[temp[i]];
      WEI=dispbit[i];
      delay(100);              // 显示延时
      LED=0x00;                // 清显示,防止乱码
    }
  }
}
```

### 6.3.2 D/A 转换器接口

将数字信号转换为模拟信号的电路称为数模转换器(简称 D/A 转换器或 DAC,Digital to Analog Converter)。其组成框图如图 6.22 所示。

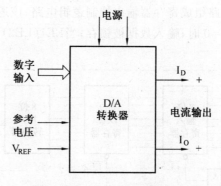

图 6.22 D/A 转换组成框图

D/A 转换器的输出是由数字输入和参考电源组合进行控制的。大多数常用的数字输入是二进制或 BCD 码形式,输出可以是电流也可以是电压,而多数是电流。因此,D/A 转换器的输出需要用运算放大器组成的电流转换器将电流输出转换成电压输出。输入的数字量,经 D/A 转换后输出模拟量。

由于实现这种转换的原理和电路结构及工艺技术有所不同,因而出现各种各样的 D/A 转换器,主要分为串行和并行两种,常用的并行 D/A 转换芯片如 DAC0832、

AD5547、TLC5617 等；常用的串行 D/A 转换芯片如 TLV5616、TLV5637 等。衡量一个 D/A 转换器的性能的主要参数有：

（1）分辨率

分辨率指 D/A 转换器能够转换的二进制数的位数，位数多分辨率也就越高。

（2）转换时间

转换时间指数字量输入到完成转换，输出达到最终值并稳定为止所需的时间。电流型 D/A 转换较快，一般在几纳秒到几百纳秒之间。电压型 D/A 转换较慢，取决于运算放大器的响应时间。

（3）精度

精度指 D/A 转换器实际输出电压与理论值之间的误差，一般采用数字量的最低有效位作为衡量单位。

（4）线性度

当数字量变化时，D/A 转换器输出的模拟量按比例关系变化的程度。理想的 D/A 转换器是线性的，但是实际上是有误差的，模拟输出偏离理想输出的最大值称为线性误差。

**1. DAC0832 转换芯片应用**

DAC0832 是典型的 8 位并行 D/A 转换芯片，采用 +5～+15 V 电源供电，基准电压为 ±10 V，分辨率为 2～8，转换时间小于等于 1 μs，功耗为 20 mW。

（1）DAC0832 的内部结构

DAC0832 内部结构框图如图 6.23 所示。它由 8 位输入锁存器、8 位 DAC 寄存器、8 位 D/A 转换器电路及转换控制电路构成。通过两个输入寄存器构成两级数据输入锁存。使用时，数据输入可以采用两级锁存（双锁存）形式，或单级锁存（一级锁存，一级直通形式），或直接输入（两级直通）形式。

此外，由 3 个与门电路组成寄存器输出控制逻辑电路，该逻辑电路的功能是进行数据锁存控制，当 $\overline{LE1}(\overline{LE2}) = 0$ 时，输入数据被锁存；当 $\overline{LE1}(\overline{LE2}) = 1$ 时，寄存器的输出跟随输入数据变化。

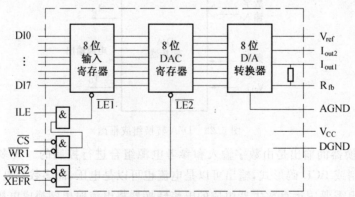

图 6.23　DAC0832 内部结构图

（2）DAC0832 的引脚功能

DAC0832 转换器为 20 引脚双列直插式封装，如图 6.24 所示，引脚功能如下：

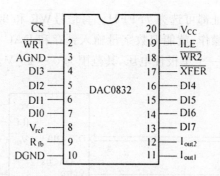

图 6.24 DAC0832 引脚

① DI0～DI7：8 位数据输入线。
② $\overline{CS}$：片选信号输入，低电平有效。
③ ILE：数据锁存允许控制信号，高电平有效。输入锁存器的锁存信号 LE1 由 ILE、$\overline{CS}$、$\overline{WR}$ 的逻辑组合产生。当 ILE＝1，$\overline{CS}$＝0，$\overline{WR1}$ 输入负脉冲时，LE 上产生正脉冲。当 $\overline{LE1}$＝1 时，输入锁存器的状态随数据输入线的状态变化，$\overline{LE1}$ 的负跳变将数据输入线上的信息锁入输入锁存器。
④ $\overline{WR1}$：输入寄存器写选通输入信号，低电平有效。
当 ILE＝1 和 $\overline{WR1}$＝0 时，为输入寄存器直通方式；当 ILE＝1 和 $\overline{WR1}$＝1 时，为输入寄存器锁存方式。
⑤ $\overline{WR2}$：DAC 寄存器写选通信号（输入），低电平有效。
⑥ $\overline{XFER}$：数据传送控制信号（输入），低电平有效。上述两个信号控制 DAC 寄存器是数据直通方式还是数据锁存方式，当 $\overline{WR2}$＝0 $\overline{XFER}$＝0 时，为 DAC 寄存器直通方式；当 $\overline{WR2}$＝1 或 $\overline{XFER}$＝1 时，为 DAC 寄存器锁存方式。
⑦ Iout1、Iout2：电流输出，Iout1＋Iout2＝常数。
⑧ Rfb：反馈电阻输入端。内部接反馈电阻，外部通过该引脚接运放输出端。为取得电压输出，需在电压输出端接运算放大器，Rfb 即为运算放大器的反馈电阻端。
⑨ VREF：基准电压，其值为 －10～＋10 V。
⑩ AGND：模拟信号地。
⑪ DGND：数字信号地，为工作电源地和数字逻辑地，可在基准电源处进行单点共地。
⑫ $V_{cc}$：电源输入端，其值为 ＋5～＋15 V。

**2. DAC0832 与 51 系列单片机的接口设计**

DAC0832 根据控制信号的接法有 3 种工作方式：直通方式、单缓冲方式和双缓冲方式。以下只介绍后两种工作方式。

(1) 单缓冲方式接口

单缓冲应用方式，即两个 8 位输入寄存器有一个处于直通方式，而另一个处于受控的锁存方式。当然也可使两个寄存器同时选通及锁存。若应用系统中只有一路 D/A 转换或虽然是多路转换，但并不要求同步输出时，则采用单缓冲器方式接口，如图 6.25 所示。图 6.25 中 ILE 接 ＋5 V，片选信号 $\overline{CS}$ 和数据传送信号 $\overline{XFER}$ 都与地址线 P2.7 相连，输入锁存器和 DAC 寄存器地址都可选为 7FFFH。写信号 $\overline{WR}$ 和 8051 的写信号 $\overline{WR}$ 相连,当 CPU 对 8051 执行一次写操作,就能把数字量输入锁存和 DAC 转换输出,图中 IOUT 经 F007 运算放大器,以输出一个单极性电压,其范围为 0～25 V。

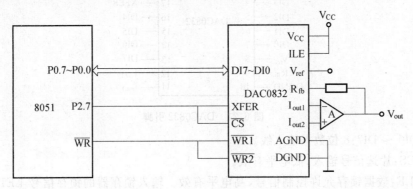

图 6.25　DAC0832 单缓冲方式接口电路

(2) 双缓冲同步方式接口

对于多路 D/A 转换接口,要求同步进行 D/A 转换输出时,必须采用多缓冲器同步方式接法,如图 6.26 所示。DAC0832 采用这种接法时,数字量的输入和 D/A 转换输出是分两步完成的,即 CPU 的数据总线分时地向各路 D/A 转换器输入要转换的数字量并锁存在各自的输入寄存器中,然后 CPU 对所有的 D/A 转换器发出控制信号,使各 D/A 转换器输入锁存器中的数据打入 DAC 寄存器,实现同步转换输出。

双缓冲方式,就是把 DAC0832 的两个锁存器都接成受控锁存方式。由于两个锁存器分别占据两个地址,因此在程序中需要使用两条传送指令,才能完成一个数字量的模拟转换。

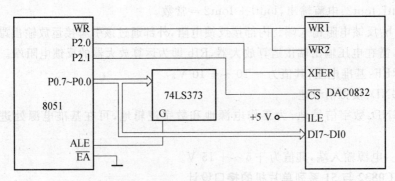

图 6.26　DAC0832 双缓冲接口方式

【例 6.13】　如图 6.27 所示的 DAC0832 应用的 Proteus 仿真电路图,利用 DAC0832 产生锯齿波(图 6.28)、三角波(图 6.39)、方波(图 6.40)。Proteus 电路图元件如表 6.15 所示。

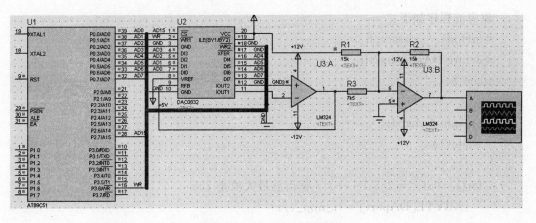

图 6.27　DAC0832 应用图

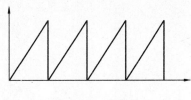

图 6.28　锯齿波

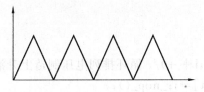

图 6.29　三角波

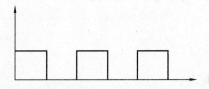

图 6.30　方波

表 6.15　DAC0832 应用图元件表

| 序号 | 元器件名称 | 仿真库名称 | 备注 |
| --- | --- | --- | --- |
| U1 | AT89C51 | MCS8051 | 微处理器库 → AT89C51 |
| U2 | DAC0832 | NATDAC | 数据转换器库 → DAC0832 |
| R1～R2 | MINRES15K | Resistors | 电阻库 → 电阻 |
| R3 | MINRES7K5 | Resistors | 电阻库 → 电阻 |
| U3:A～B | LM324 | OPAMP | 运算放大器库 → LM324 |

锯齿波程序如下：
```c
#include <absacc.h>
#define DAport 0x7fff
main()
{
    unsigned char i;
    while(1)
    {
        for(i=0;i<=255;i++)// 锯齿波最大值是 255
        {XBYTE[DAport]=i;_nop_();}
    }
}
```

三角波程序如下：
```c
#include <absacc.h>
#define DAport 0x7fff
main()
{
    unsigned char i;
    while(1)
    {
        for(i=0;i<=0xff;i++)// 循环排列电压制造上升沿
        {XBYTE[DAport]=i;_nop_();}
            for(i=0xff;i>1;i--)// 循环排列电压制造下降沿
            {XBYTE[DAport]=i; _nop_();}
    }
}
```

方波程序如下：
```c
#include <absacc.h>
#define DAport 0x7fff
delay()
{
    unsigned char i;
    for(i=0;i<255;i++){;;}
}
main()
{
    unsigned char i;
    while(1)
```

```
    {
XBYTE[DAport]=0x00;
delay();
        XBYTE[DAport]=0xff;
delay();
    }
}
```

## 6.4 LCD液晶显示驱动编程

### 6.4.1 液晶显示模块概述

单色液晶显示器主要分 TN、STN、HTN 三类。

①TN。对于某一特定的液晶显示器,如果要求显示较少信息,如显示各种段式数字、字符等,多选用 TN 型,这种液晶显示器的对比度较好。

②STN。如果要求显示较多信息,可以有多路接口,具有更宽的视角,如显示各种点阵式的汉字、图像等,多选用 STN 型。总的看来,STN 的性能要比 TN 好得多,价格也要贵得多。

③HTN。显示特性介于二者之间,但更接近于 TN。

根据不同的成品形式,液晶显示器件包括前后偏振片在内的液晶显示器件,简称 LCD。液晶显示模块包括组装好线路板、IC 驱动及控制电路及其他附件的商品,简称 LCM。从显示形式可分为:段形显示、点阵显示、字符显示及图像显示。

### 6.4.2 T6963C 液晶显示控制器

T6963C 液晶显示控制器多用于小规模的液晶显示器件,常被装配在图形液晶显示模块上,以内藏控制器型图形液晶显示模块的形式出现。其特点如下:

① 与 80 系列 8 位微处理器直接接口;
② 内部具有 128 个字符的 ROM 字符发生器;
③T6963C 的字符字体由硬件设置,其字体有 4 种:$5\times8$、$6\times8$、$7\times8$、$8\times8$;
④ 可对 8 KB 显示 RAM 内存操作;
⑤ 字符与图形可同时显示,可以选择"OR"、"AND"、"EXOR"方式;
⑥T6963C 的占空比可从 1/16 到 1/128。

**1. T6963C 的引脚说明及其功能**

T6963C 引脚如图 6.31 所示。

T6963C 的 QFD 封装共有 67 个引脚,各引脚说明如下:

①D0~D7:T6963C 与 MPU 接口的数据总线,三态。
②RD、WR:读、写选通信号,低电平有效,输入信号。
③C/D:通道选择信号,1 为指令通道,0 为数据通道。

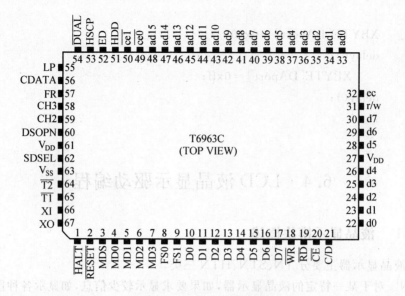

图 6.31 T6963C 引脚图

④RESET、HALT:RESET 为低电平有效的复位信号,它将行、列计数器和显示寄存器清零,关显示;HALT 具有 RESET 的基本功能,还将中止内部时钟振荡器的工作,以保护液晶显示器件。以上引脚为 T6963C 与 MPU 接口的引脚,时序关系符合 8080 系列时序。

⑤DUAL,SDSEL:DUAL=1 为单屏结构,DUAL=0 为双屏结构;SDSEL=0 为一位串行数据传输方式,SDSEL=0 为 2 位并行数据传输方式。

⑥MD2、MD3:设置显示窗口长度,从而确定列数据传输个数的最大值,其组合逻辑关系如表 6.16 所示。

表 6.16 MD2、MD3 组合逻辑关系表

| MD3 | 1 | 1 | 0 | 0 |
| --- | --- | --- | --- | --- |
| MD2 | 1 | 0 | 1 | 0 |
| 每行字符数 | 32 | 40 | 64 | 80 |

⑦MDS、MD1、MD0:设置显示窗口宽度(行),从而确定 T6963C 的帧扫信号的时序和显示驱动的占比系数,当 DUAL=1 时,其组合功能如表 6.17 所示。

表 6.17 MDS、MD1、MD0 组合逻辑关系表

| MDS | 0 | 0 | 0 | 0 | 1 | 1 | 1 | 1 |
| --- | --- | --- | --- | --- | --- | --- | --- | --- |
| MD1 | 1 | 1 | 0 | 0 | 1 | 1 | 0 | 0 |
| MD0 | 1 | 0 | 1 | 0 | 1 | 0 | 1 | 0 |
| 字符行 | 2 | 4 | 6 | 8 | 10 | 12 | 14 | 16 |
| 总行数 | 16 | 32 | 48 | 64 | 80 | 96 | 112 | 128 |
| 占空比 | 1/16 | 1/32 | 1/48 | 1/64 | 1/80 | 1/96 | 1/112 | 1/128 |

⑧当 DUAL＝0 时,以上设置中的字符行和总行数增至原来的 2 倍,其他都不变,这种情况下的液晶屏结构为双屏结构。

⑨S1、FS0:显示字符的如表 6.18 所示。

表 6.18 字体选择方式表

| FS1 | 1 | 1 | 0 | 0 |
| --- | --- | --- | --- | --- |
| FS0 | 1 | 0 | 1 | 0 |
| 字体 | 5×8 | 6×8 | 7×8 | 8×8 |

⑩X1、X0:振荡时钟引脚。

⑪AD0～AD15:输出信号,显示缓冲区 16 位地址总路线。

⑫CE:输出,显示缓冲区片选信号,低电平有效。

⑬CE0、CE1:输出,DUAL＝1 时的存储器片选信号。

⑭T1、T2、CH1、CH2:用来检测 T6963C 工作使用情况。T1、T2 作为测试信号输入端,CH1、CH2 作为输出端。

⑮HOD、HSCP、LOD LSCP(CE1)、ED LP、CDATA、FR 为 T6963C 驱动部分信号。

**2. T6963C 指令集**

T6963C 的初始化设置一般都由硬件作为设置,因此其指令系统将集中于显示功能的设置上。T6963C 的指令可有一个或两个参数或无参数。每条指令的执行都是先送入参数(如果有参数),再送入指令代码。每次操作之前最好先进行状态字检测。

T6963C 的状态字如下所示：

| STA7 | STA6 | STA5 | STA4 | STA3 | STA2 | STA1 | STA0 |
| --- | --- | --- | --- | --- | --- | --- | --- |

①STA0:指令读写状态,当 STA0＝1 时,表示准备好;当 STA0＝0 时,表示忙。

②STA1:数据读写状态,当 STA1＝1 时,表示准备好;当 STA1＝0 时,表示忙。

③STA2:数据自动读状态,当 STA2＝1 时,表示准备好;当 STA2＝0 时,表示忙。

④STA3:数据自动写状态,当 STA3＝1 时,表示准备好;当 STA3＝0 时,表示忙。

⑤STA4:未用。

⑥STA5:控制器运行检测可能性,当 STA5＝1 时,表示可能;当 STA5＝0 时,表示不可能。

⑦STA6:屏读／拷贝出错状态,当 STA6＝1 时,表示出错;当 STA6＝0 时,表示正确。

⑧STA7:闪烁状态检测,当 STA7＝1 时,表示正常显示;当 STA7＝1 时,表示关显示。

由于状态位的作用不同,因此执行不同指令必须检测不同的状态位。在 MPU 一次读／写指令和数据时,STA0 和 STA1 要同时有效(处于"准备好"状态)。当 MPU 读／写数据时,判断 STA2 或 STA3 状态。屏读、屏拷贝指令使用 STA6。STA5 和 STA7 反映 T6963C 内部运行状态。

T6963C 指令系统的说明如下：

(1) 设置指令

设置指令的格式如下:

| D1、D2 | 0 0 1 0 0 N2 N1 N0 |
|---|---|

D1、D2 为第一和第二个参数,后一个字节为指令代码,根据 N0、N1、N2 的取值,该指令有 3 个含义(N0、N1、N2 不能有两个同时为 1),如表 6.19 所示。

表 6.19　设置指令含义表

| D1 | D2 | 指令代码 | 功能 |
|---|---|---|---|
| 水平位置(有效位 7 位) | 垂直位置(有效 5 位) | 21H(N0 = 1) | 光标指针设置 |
| 地址(有效位 5 位) | 00H | 22H(N1 = 1) | CGRAM 偏置地址设置 |
| 低字节 | 高字节 | 24H(N2 = 1) | 地址指针位置 |

① 光标指针设置。D1 表示光标在实际液晶屏上离左上角的横向距离(字符数);D2 表示纵向距离(字符行)。

② CGRAM 偏置地址寄存器设置。设置了 2 K CGRAM 在显示 64 K 显示 RAM 的高 5 位地址(偏置地址),地址的低 3 位为行计数器值,中间 8 位为字符代码。

CGRAM 的实际地址为:

逻 辑 地 址: A15 A14 A13 A12 A11 A10 A9 A8　A7　A6　A5　A4　A3　A2　A1　A0

偏 置 地 址:　　　　　　　　　　　　C4　C3　C2　C1　C0

字 符 代 码:　　　　　　　　　　　D7　D6　D5　D4　D3　D2　D1　D0

行地址指针:　　　　　　　　　　　　　　　　　　　　　　　　R2　R1　R0

实 际 地 址: V15 V14 V13 V12 V11 V10 V9 V8　V7　V6　V5　V4　V3　V2　V1　V0

③ 地址指针设置。设置将要进行操作的显示缓冲区(RAM)的一个单元地址。D1、D2 为该单元地址的低位和高位地址。

(2) 显示区域设置(控制字设置)

显示区域设置的指令格式为:

| D1、D2 | 0 1 0 0 0 0 N1 N0 |
|---|---|

根据 N1、N0 的取值不同,该指令有四种指令功能形式,如表 6.20 所示。

表 6.20　显示区域设置指令

| N1 | N0 | D1 | D2 | 指令代码 | 功能 |
|---|---|---|---|---|---|
| 0 | 0 | 低字节 | 高字节 | 40H | 文本区首址 |
| 0 | 1 | 字节数 | 00H | 41H | 文本区宽度(字节数/行) |
| 1 | 0 | 低字节 | 高字节 | 42H | 图形区首址 |
| 1 | 1 | 字节数 | 00H | 43H | 图形区宽度(字节数/行) |

文本区和图形区首地址对应显示屏左上角字符位或字节位,修改该地址可以产生卷

动效果。D1、D2分别为该地址的低位和高位字节。文本区宽度(字节数/行)设置和图形区宽度(字节数/行)设置用于调整使用的有效显示窗口宽度,表示每行可有效显示的字符数或字节数。T6963C硬件设置的显示窗口宽度是指所允许的最大有效显示窗口宽度。需说明的是当硬件设置6×8字体时,图形显示区单元的低6位有效,对应显示屏上6×1显示位。

(3) 显示方式设置

显示方式设置的指令格式为:

| 无参数 | 1 0 0 0 N3 N2 N1 N0 |
|---|---|

①N3:字符发生器选择位。当N3=1时,为外部字符发生器(CGRAM)有效,此时内部字符发生器被屏蔽,字符代码全部提供给外部字符发生器使用,为00H～FFH;当N3=0时,为内部字符发生器(CGROM)有效,由于CGROM字符代码为此00H～7FH,因此选80H～FFH字符代码时,将自动选择CGRAM。

②N2～N0:合成显示方式控制位,其组合功能如表6.21所示。

表 6.21 显示方式控制位合成方式表

| N2 | N1 | N0 | 合成方式 |
|---|---|---|---|
| 0 | 0 | 0 | 逻辑"或"合成 |
| 0 | 0 | 1 | 逻辑"异或"合成 |
| 0 | 1 | 1 | 逻辑"与"合成 |
| 1 | 0 | 0 | 文本特征 |

当设置文本方式和图形方式均打开时,上述合成显示方式设置才有效。其中的文本特征方式是指将图形区改为文本特征区,该区大小与文本区相同,每个字节作为对应的文本区的每个字符显示的特征,包括字符显示与不显示、字符闪烁及字符的"负向"显示。通过这种字符方式,T6963C可以控制每个字符的文本特征。文本特征区内,字符的文本特征码由一个字节的低4位组成,即

| * | * | * | * | d3 | d2 | d1 | d0 |
|---|---|---|---|---|---|---|---|

d3:闪烁控制位。若d3=1,为闪烁;若d3=0,为不闪烁。

d2～d0的组合表如表6.22所示。

表 6.22 d2～d0 的组合表

| d2 | d1 | d0 | 显示效果 |
|---|---|---|---|
| 0 | 0 | 0 | 正向显示 |
| 1 | 0 | 1 | 负向显示 |
| 0 | 1 | 1 | 禁止显示,空白 |

启用文本特征方式时,可在原有图形区和文本区外,用图形区域设置指令,另开一区作为文本特征区,以保持原图形区的数据。

**3. 显示开关**

显示开关的指令格式如下:

| 无参数 | 1 0 0 1 N3 N2 N1 N0 |

①N0：当 N0＝1/0 时,光标闪烁启用 / 禁止。
②N1：当 N1＝1/0 时,光标显示启用 / 禁止。
③N2：当 N2＝1/0 时,文本显示启用 / 禁止。
④N3：当 N3＝1/0 时,图形显示启用 / 禁止。

**4. 光标形状选择：**

光标形状选择的指令格式如下

| 无参数 | 1 0 1 0 0 N2 N1 N0 |

光标形状为 8 点(列)× N 行,N 的值为 0H～7H,由 N2～N0 确定。

**5. 数据自动读 / 写方式设置：**

数据自动读 / 写方式设置的指令格式如下

| 无参数 | 1 0 1 1 0 0 N1 N0 |

该指令执行后,CPU 可以连续地读 / 写显示缓冲区 RAM 的数据,每读 / 写一次,地址指针自动增 1。自动读 / 写结束后,必须写入自动结束命令以使 T6963C 退出自动读 / 写状态,开始接受其他指令。N1、N0 组合功能如表 6.23 所示。

表 6.23　N1、N0 组合功能表

| N1 | N0 | 指令代码 | 功能 |
| --- | --- | --- | --- |
| 0 | 0 | B0H | 自动写设置 |
| 0 | 1 | B1H | 自动读设置 |
| 1 | × | B2H/B3H | 自动读 / 写结束 |

**6. 数据一次读 / 写方式**

数据一次读 / 写方式的指令格式为：

| D1 | 1 1 0 0 0 N2 N1 N0 |

D1 为需要写的数据,读时无此数据。N0、N1、N2 组合功能如表 6.24 所示。

表 6.24　数据一次读 / 写方式表

| D1 | N2 | N1 | N0 | 指令代码 | 功能 |
| --- | --- | --- | --- | --- | --- |
| 数据 | 0 | 0 | 0 | C0H | 数据写,地址加 1 |
| — | 0 | 0 | 1 | C1H | 数据读,地址加 1 |
| 数据 | 0 | 1 | 0 | C2H | 数据写,地址减 1 |
| — | 0 | 1 | 1 | C3H | 数据读,地址减 1 |
| 数据 | 1 | 0 | 0 | C4H | 数据写,地址不变 |
| — | 1 | 0 | 1 | C5H | 数据读,地址不变 |

**7. 屏读**

屏读的指令格式为：

| 无参数 | 11100000 |
|---|---|

该指令将当前由地址指针指向的某一位置上的显示状态($8\times1$点阵)作为一个字节的数据送到T6963C的数据栈内,等待MPU读取。该数据是文本数据与图形数据在该位置上的逻辑合成值。地址指针应在图形区内设置。

**8. 屏拷贝**

屏拷贝的指令格式为:

| 无参数 | 11101000 |
|---|---|

该指令将当前地址指针(图形区内)指向的位置开始的一行显示状态拷贝到相对应的图形显示区的一组单元内。该指令不能用于文本特征方式或双屏结构液晶显示屏的应用上。

**9. 位操作**

位操作的指令格式为:

| 无参数 | 1 1 1 0 N3 N2 N1 N0 |
|---|---|

该指令可将显示缓冲区某单元的某一位清零或置1,该单元地址由当前地址指针提供。若$N3=1$,则置1;若$N3=0$,则清零。

$N2\sim N0$:操作位对应单元的$D0\sim D7$位。

【**例6.14**】 如图6.32所示的LCD应用的Proteus仿真电路图,利用89C51与T6963C控制器的LCD液晶上显示一串字符"AB"和一个汉字"中"。Proteus电路图元件如表6.25所示。

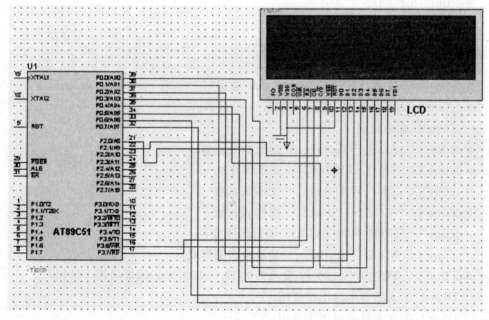

图6.32 LCD液晶应用

表 6.25 LCD 液晶应用图元件表

| 序号 | 元件名称 | 仿真库名称 | 备注 |
|---|---|---|---|
| U1 | AT89C51 | MCS8051 | 微处理器库 → AT89C51 |
| LCD | PG24068F | DISPLAY | 光电元件库 → 240×68 液晶 |

程序清单:

```c
#include "absacc.h"
#include "reg51.h"
#include "intrins.h"
#include "math.h"
#define ulong unsigned long
#define uint  unsigned int
#define uchar unsigned char
#define STX 0x02
#define ETX 0x03
#define EOT 0x04
#define ENQ 0x05
#define BS 0x08
#define CR 0x0D
#define LF 0x0A
#define DLE 0x10
#define ETB 0x17
#define SPACE 0x20
#define COMMA 0x2C
#define LCMDW XBYTE[0x8000] // 数据口
#define LCMCW XBYTE[0x8100] // 命令口
// T6963C 命令定义
#define LC_ADD_POS 0x24 // 地址指针位置
#define LC_TXT_STP 0x40 // 文本区首址
#define LC_TXT_WID 0x41 // 文本区宽度
#define LC_GRH_STP 0x42 // 图形区首址
#define LC_GRH_WID 0x43 // 图形区宽度
#define LC_MOD_OR 0x80 // 显示方式逻辑或
#define LC_DIS_SW 0x90 // 显示开关 D0=1/0:光标闪烁启用/禁用
// D1=1/0:光标显示启用/禁用
// D2=1/0:文本显示启用/禁用
// D3=1/0:图形显示启用/禁用
#define LC_CUR_SHP 0xA0 // 光标形状选择 0xA0~0xA7 表示光标占的行数
```

```c
#define LC_AUT_WR 0xB0  // 自动写设置
#define LC_AUT_OVR 0xB2 // 自动读/写结束
code uchar const uPowArr[]={0x01,0x02,0x04,0x08,0x10,0x20,0x40,0x80};
// ASCII 字模显示为 8×16
unsigned char turnf[8]={7,6,5,4,3,2,1,0};
char code ASC_MSK[36*16]={
0x00,0x00,0x00,0x00,0x00,0x00,0x00,0x00, /*----*/
0x00,0x00,0x00,0x00,0x00,0x00,0x00,0x00,
0x00,0x00,0x00,0x18,0x3C,0x3C,0x3C,0x18, /*--!--*/
0x18,0x00,0x18,0x18,0x00,0x00,0x00,0x00,
0x00,0x00,0x00,0x66,0x66,0x66,0x00,0x00, /*--"--*/
0x00,0x00,0x00,0x00,0x00,0x00,0x00,0x00,
0x00,0x00,0x00,0x36,0x36,0x7F,0x36,0x36, /*--#--*/
0x36,0x7F,0x36,0x36,0x00,0x00,0x00,0x00,
0x00,0x18,0x18,0x3C,0x66,0x60,0x30,0x18, /*--$--*/
0x0C,0x06,0x66,0x3C,0x18,0x18,0x00,0x00,
0x00,0x00,0x70,0xD8,0xDA,0x76,0x0C,0x18, /*--%--*/
0x30,0x6E,0x5B,0x1B,0x0E,0x00,0x00,0x00,
0x00,0x00,0x00,0x38,0x6C,0x6C,0x38,0x60, /*--&--*/
0x6F,0x66,0x66,0x3B,0x00,0x00,0x00,0x00,
0x00,0x00,0x00,0x18,0x18,0x18,0x00,0x00, /*--'--*/
0x00,0x00,0x00,0x00,0x00,0x00,0x00,0x00,
0x00,0x00,0x00,0x0C,0x18,0x18,0x30,0x30, /*--(--*/
0x30,0x30,0x30,0x18,0x18,0x0C,0x00,0x00,
0x00,0x00,0x00,0x30,0x18,0x18,0x0C,0x0C, /*--)--*/
0x0C,0x0C,0x0C,0x18,0x18,0x30,0x00,0x00,
0x00,0x00,0x00,0x00,0x00,0x36,0x1C,0x7F, /*--*--*/
0x1C,0x36,0x00,0x00,0x00,0x00,0x00,0x00,
0x00,0x00,0x00,0x00,0x00,0x18,0x18,0x7E, /*--+--*/
0x18,0x18,0x00,0x00,0x00,0x00,0x00,0x00,
0x00,0x00,0x00,0x00,0x00,0x00,0x00,0x00, /*--,--*/
0x00,0x00,0x1C,0x1C,0x0C,0x18,0x00,0x00,
0x00,0x00,0x00,0x00,0x00,0x00,0x00,0x7E, /*-----*/
0x00,0x00,0x00,0x00,0x00,0x00,0x00,0x00,
0x00,0x00,0x00,0x00,0x00,0x00,0x00,0x00, /*--.--*/
0x00,0x00,0x1C,0x1C,0x00,0x00,0x00,0x00,
0x00,0x00,0x00,0x06,0x06,0x0C,0x0C,0x18, /*--/--*/
0x18,0x30,0x30,0x60,0x60,0x00,0x00,0x00,
```

```
0x00,0x00,0x00,0x1E,0x33,0x37,0x37,0x33, /*--0--*/
0x3B,0x3B,0x33,0x1E,0x00,0x00,0x00,0x00,
0x00,0x00,0x00,0x0C,0x1C,0x7C,0x0C,0x0C, /*--1--*/
0x0C,0x0C,0x0C,0x0C,0x00,0x00,0x00,0x00,
0x00,0x00,0x00,0x3C,0x66,0x66,0x06,0x0C, /*--2--*/
0x18,0x30,0x60,0x7E,0x00,0x00,0x00,0x00,
0x00,0x00,0x00,0x3C,0x66,0x66,0x06,0x1C, /*--3--*/
0x06,0x66,0x66,0x3C,0x00,0x00,0x00,0x00,
0x00,0x00,0x00,0x30,0x30,0x36,0x36,0x36, /*--4--*/
0x66,0x7F,0x06,0x06,0x00,0x00,0x00,0x00,
0x00,0x00,0x00,0x7E,0x60,0x60,0x60,0x7C, /*--5--*/
0x06,0x06,0x0C,0x78,0x00,0x00,0x00,0x00,
0x00,0x00,0x00,0x1C,0x18,0x30,0x7C,0x66, /*--6--*/
0x66,0x66,0x66,0x3C,0x00,0x00,0x00,0x00,
0x00,0x00,0x00,0x7E,0x06,0x0C,0x0C,0x18, /*--7--*/
0x18,0x30,0x30,0x30,0x00,0x00,0x00,0x00,
0x00,0x00,0x00,0x3C,0x66,0x66,0x76,0x3C, /*--8--*/
0x6E,0x66,0x66,0x3C,0x00,0x00,0x00,0x00,
0x00,0x00,0x00,0x3C,0x66,0x66,0x66,0x66, /*--9--*/
0x3E,0x0C,0x18,0x38,0x00,0x00,0x00,0x00,
0x00,0x00,0x00,0x00,0x00,0x1C,0x1C,0x00, /*--:--*/
0x00,0x00,0x1C,0x1C,0x00,0x00,0x00,0x00,
0x00,0x00,0x00,0x00,0x00,0x1C,0x1C,0x00, /*--;--*/
0x00,0x00,0x1C,0x1C,0x0C,0x18,0x00,0x00,
0x00,0x00,0x00,0x06,0x0C,0x18,0x30,0x60, /*--<--*/
0x30,0x18,0x0C,0x06,0x00,0x00,0x00,0x00,
0x00,0x00,0x00,0x00,0x00,0x00,0x7E,0x00, /*--=--*/
0x7E,0x00,0x00,0x00,0x00,0x00,0x00,0x00,
0x00,0x00,0x00,0x60,0x30,0x18,0x0C,0x06, /*-->--*/
0x0C,0x18,0x30,0x60,0x00,0x00,0x00,0x00,
0x00,0x00,0x00,0x3C,0x66,0x66,0x0C,0x18, /*--?--*/
0x18,0x00,0x18,0x18,0x00,0x00,0x00,0x00,
0x00,0x00,0x00,0x7E,0xC3,0xC3,0xCF,0xDB, /*--@--*/
0xDB,0xCF,0xC0,0x7F,0x00,0x00,0x00,0x00,
0x00,0x00,0x00,0x18,0x3C,0x66,0x66,0x66, /*--A--*/
0x7E,0x66,0x66,0x66,0x00,0x00,0x00,0x00,
0x00,0x00,0x00,0x7C,0x66,0x66,0x66,0x7C, /*--B--*/
0x66,0x66,0x66,0x7C,0x00,0x00,0x00,0x00,
```

```c
0x00,0x00,0x00,0x3C,0x66,0x66,0x60,0x60, /* — — C — — */
0x60,0x66,0x66,0x3C,0x00,0x00,0x00,0x00,
};
typedef struct typFNT_GB16          // 汉字字模数据结构
    {
        char Index[2];
        char Msk[32];
    };
code struct typFNT_GB16   GB_16[] =
{   // 显示为 16×16 "中"
    0x01,0x00,0x01,0x00,0x21,0x08,0x3F,0xFC,
    0x21,0x08,0x21,0x08,0x21,0x08,0x21,0x08,
    0x21,0x08,0x3F,0xF8,0x21,0x08,0x01,0x00,
    0x01,0x00,0x01,0x00,0x01,0x00,0x01,0x00,
};
uchar gCurRow,gCurCol; // 当前行列存储行高 16 点列宽 8 点
uchar fnGetRow(void)
{
    return(gCurRow);
}
unsigned char fnGetCol(void)
{
    return(gCurCol);
}
/* 状态位 STA1、STA0 判断读写指令和读写数据 */
/* 在读写数据或者写入命令前必须保证均为 1 */
unsigned char fnSTA01(void)
{
    uchar i;
    for(i=10;i>0;i— —)
    {
        if((LCMCW & 0x03)==0x03) // 读取状态
        {
            break;
        }
    }
    return(i); // 若返回零说明错误
}
```

```c
/* 检查 STA2,如果 STA2=1 为自动读状态 */
uchar fnSTA2(void)
{
    unsigned char i;
    for(i=10;i>0;i--)
    {
        if((LCMCW & 0x04)==0x04)
        {
            break;
        }
    }
    return(i); // 若返回零说明错误
}
/* 状态位 STA3 判断 STA3=1 数据自动写状态 */
unsigned char fnSTA3(void)
{
    unsigned char i;
    for(i=10;i>0;i--)
    {
        if((LCMCW & 0x08)==0x08)
        {
            break;
        }
    }
    return(i); // 若返回零说明错误
}
/* 状态位 STA6 判断 STA6=1 屏读/屏拷贝状态 */
uchar fnSTA6(void)
{
    unsigned char i;
    for(i=10;i>0;i--)
    {
        if((LCMCW & 0x40)==0x40)
        {
            break;
        }
    }
    return(i); // 若返回零说明错误
```

```c
    }
    /* 写双参数的指令 */
    unsigned char fnPR1(unsigned char uCmd,unsigned char uPar1,unsigned char uPar2)
    {
        if(fnSTA01()==0)
        {
            return 1;
        }
        LCMDW = uPar1;
        if(fnSTA01()==0)
        {
            return 2;
        }
        LCMDW = uPar2;
        if(fnSTA01()==0)
        {
            return 3;
        }
        LCMCW = uCmd;
        return(0); // 返回 0 成功
    }
    /* 写单参数的指令 */
    unsigned char fnPR11(unsigned char uCmd,unsigned char uPar1)
    {
        if(fnSTA01()==0)
        {
            return 1;
        }
        LCMDW = uPar1;
        if(fnSTA01()==0)
        {
            return 2;
        }
        LCMCW = uCmd;
        return(0); // 返回 0 成功
    }
    /* 写无参数的指令 */
```

```c
unsigned char fnPR12(unsigned char uCmd)
{
    if(fnSTA01()==0)
    {
        return 1;
    }
    LCMCW = uCmd;
    return(0);  // 返回 0 成功
}
/* 写数据 */
unsigned char fnPR13(unsigned char uData)
{
    if(fnSTA3()==0)
    {
        return 1;
    }
    LCMDW = uData;
    return(0);  // 返回 0 成功
}
/* 读数据 */
unsigned char fnPR2(void)
{
    // unsigned char temp;
    if(fnSTA01()==0)
    {
        return 1;  // 获取状态如果状态错
    }
    return(LCMDW);  // 返回数据
}
/* 设置当前地址 */
void fnSetPos(unsigned char urow, unsigned char ucol)
{
    unsigned int iPos;
    iPos = (unsigned int)urow * 30 + ucol;
    fnPR1(LC_ADD_POS,iPos & 0xFF,iPos / 256);
    gCurRow = urow;
    gCurCol = ucol;
}
```

```c
/* 设置当前显示行列 */
void cursor(unsigned char uRow, unsigned char uCol)
{
    fnSetPos(uRow * 16, uCol);
}
/* 清屏 */
void cls(void)
{
    unsigned int i;
    fnPR1(LC_ADD_POS,0x00,0x00); // 置地址指针为从零开始
    fnPR12(LC_AUT_WR); // 自动写
    for(i=0;i<240*128/8;i++) // 清一屏
    {
        fnSTA3();
        fnPR13(0x0); // 写数据实际使用时请将 0x55 改成 0x0
    }
    fnPR12(LC_AUT_OVR); // 自动写结束
    fnPR1(LC_ADD_POS,0x00,0x00); // 重置地址指针
    gCurRow=0; // 置地址指针存储变量
    gCurCol=0;
}
/* LCM 初始化 */
char fnLCMInit(void)
{
    if(fnPR1(LC_TXT_STP,0x00,0x00)!=0) // 文本显示区首地址
    {
        return(0xff);
    }
    fnPR1(LC_TXT_WID,0x1E,0x00); // 文本显示区宽度
    fnPR1(LC_GRH_STP,0x00,0x00); // 图形显示区首地址
    fnPR1(LC_GRH_WID,0x1E,0x00); // 图形显示区宽度
    fnPR12(LC_CUR_SHP | 0x01); // 光标形状
    fnPR12(LC_MOD_OR); // 显示方式设置
    fnPR12(LC_DIS_SW | 0x08); // 显示开关设置
    return(0);
}
/* ASCII(8×16) 及 汉字(16×16) 显示函数 */
unsigned char dprintf(unsigned char x,unsigned char y, char * ptr)
```

```c
{
    unsigned char c1,c2,cData;
    unsigned char i,j,uLen,uRow,uCol;
    unsigned int k;
    uLen=0;
    i=0;
    uRow=y;
    uCol=x;
    fnSetPos(uRow*16,uCol);            // 起点定位
    while (ptr[uLen]!=0) // 探测字串长度
    {
        uLen++;
    }
    while(i<uLen)
    {
        c1=ptr[i];
        c2=ptr[i+1];
        //ascii 字符与汉字内码的区别在于 128 做分界,大于界线的为汉字码
        uRow=fnGetRow();
        uCol=fnGetCol();
        if(c1<=128)// ASCII
        {
            for(j=0;j<16;j++) // 写 16 行
            {
                fnPR12(LC_AUT_WR);        // 写数据(命令)
                if (c1>=0x20)
                {
                    fnPR13( ASC_MSK[(c1 − 0x20) * ASC_CHR_HEIGHT + j − (16 − ASC_CHR_HEIGHT)] );
                }
                else
                {
                    fnPR13(cData);
                }
                fnPR12(LC_AUT_OVR);   // 写数据结束
                fnSetPos(uRow+j+1,uCol);
            }
            if(c1!=BS)  // 非退格
```

```
            {
                uCol++;           // 列数加 1
            }
        }
    else      // 中文
        {
            for(j=0;j < sizeof(GB_16)/sizeof(GB_16[0]);j++)    /* 查找定位,第几个汉字 */
            {
                if(c1==GB_16[j].Index[0] && c2==GB_16[j].Index[1])
                {
                    break;
                }
            }
            for(k=0;k < sizeof(GB_16[0].Msk)/2;k++)        //16 行循环
            {
                fnSetPos(uRow+k,uCol);
                fnPR12(LC_AUT_WR);           // 写数据
                if(j < sizeof(GB_16)/sizeof(GB_16[0]))   // 四个汉字第几个汉字
                {
                    fnPR13(GB_16[j].Msk[k*2]);
                    fnPR13(GB_16[j].Msk[k*2+1]);
                }
                else    // 未找到该字
                {
                    if(k < sizeof(GB_16[0].Msk)/4)
                    {
                        fnPR13(0x00);
                        fnPR13(0x00);
                    }
                    else
                    {
                        fnPR13(0xff);
                        fnPR13(0xff);
                    }
                }
                fnPR12(LC_AUT_OVR);
            }
```

```
            uCol +=2;
            i++;
        };
        if(uCol >= 30)            // 光标后移
        {
            uRow +=16;
            if(uRow < 0x80)
            {
                uCol -=30;
            }
            else
            {
                uRow = 0;
                uCol = 0;
            }
        }
        fnSetPos(uRow,uCol);
        i++;
    }
    return uLen;              // 返回字串长度,汉字按 2 字节计算
}
/* 延时 */
void shortdelay(unsigned int tt)
{
    unsigned char i;
    while (tt)
    {
        i = 100;
        while (i)
        {
            i--;
        }
        tt--;
    }
}
void main(void)
{
    unsigned char i;
```

```
            shortdelay(1200);
            fnLCMInit();
            cls();
            cursor(0,0);
            dprintf(10,3,"CHINA");
dprintf(35,3,"中");
            while(1);
}
```

## 6.5 模拟 $I^2C$ 接口

### 6.5.1 $I^2C$ 总线概述

**1. $I^2C$ 总线的定义**

NXP 半导体(原 Philips 半导体)于20多年前发明了一种简单的双向二线制串行通信总线,这个总线被称为 Inter－IC 或者 $I^2C$ 总线。目前 $I^2C$ 总线已经成为业界嵌入式应用的标准解决方案,被广泛地应用在各式各样基于微控器的专业、消费与电信产品中,作为控制、诊断与电源管理总线。多个符合 $I^2C$ 总线标准的器件都可以通过同一条 $I^2C$ 总线进行通信,而不需要额外的地址译码器。由于 $I^2C$ 是一种两线式串行总线,因此简单的操作特性成为它快速崛起成为业界标准的关键因素。

**2. $I^2C$ 总线的构成及工作原理**

$I^2C$ 总线有两根信号线,如图 6.33 所示,其 SCL 是时钟线,SDA 是数据线。由它们构成的串行总线可发送和接收数据。总线上的各器件都采用漏极开路结构与总线相连,因此 SCL、SDA 均需接上拉电阻,总线在空闲状态下均保持高电平。

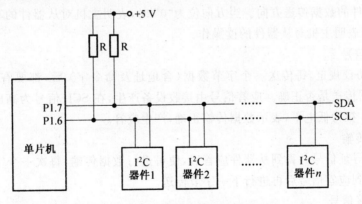

图 6.33 $I^2C$ 总线系统结构图

在 CPU 与被控 IC 之间、IC 与 IC 之间进行双向传送,最高传送速率 100 kbps。各种被控制电路均并联在这条总线上,但就像电话机一样只有拨通各自的号码才能工作,所以每个电路和模块都有唯一的地址,在信息的传输过程中,$I^2C$ 总线支持多主和主从两种工作方式,通常为主从工作方式。I²C 总线上并接的每一模块电路既是主控器(或被控器),又是发送器(或接收器),这取决于它所要完成的功能。在主从工作方式中,系统中只有一个主器件(单片机),总线上其他器件都是具有 I²C 总线的外围从器件。在主从工作方式中,主器件启动数据的发送(发出启动信号),产生时钟信号,发出停止信号。为了实现通信,每个从器件均有唯一一个器件地址,具体地址由 I²C 总线分配。

CPU 发出的控制信号分为地址码和控制量两部分,地址码用来选址,即接通需要控制的电路,确定控制的种类;控制量决定该调整的类别(如对比度、亮度等)及需要调整的量。这样,各控制电路虽然挂在同一条总线上,却彼此独立,互不相关。

**3. I²C 总线的工作方式**

(1) 发送启动信号

在利用 I²C 总线进行一次数据传输时,首先由主机发出启动信号启动 I²C 总线。I²C 总线上进行一次数据传输的通信格式如图 6.34 所示。在 SCL 为高电平期间,SDA 出现上升沿则为启动信号。此时,具有 I²C 总线接口的从器件会检测到该信号。

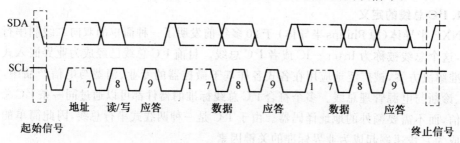

图 6.34　I²C 总线上进行一次数据传输的通信格式

(2) 发送寻址信号

主机发送启动信号后,再发出寻址信号。器件地址有 7 位和 10 位两种,这里只介绍 7 位地址寻址方式。寻址信号由一个字节构成,高 7 位为地址位,最低位为方向位,用以表明主机与从器件的数据传送方向。当方向位为"0"时,表明主机对从器件的写操作;当方向位为"1"时,表明主机对从器件的读操作。

(3) 应答信号

I²C 总线协议规定,每传送一个字节数据(含地址及命令字)后,都要有一个应答信号,以确定数据传送是否正确。应答信号由接收设备产生,在 SCL 信号为高电平期间,接收设备将 SDA 拉为低电平,表示数据传输正确,产生应答。

(4) 数据传输

主机发送寻址信号并得到从器件应答后,便可进行数据传输,每次一个字节,但每次传输都应在得到应答信号后再进行下一字节传送。

(5) 非应答信号

当主机为接收设备时,主机对最后一个字节不应答,以向发送设备表示数据传送结束。

(6) 发送停止信号

在全部数据传送完毕后,主机发送停止信号,即在 SCL 为高电平期间,SDA 上产生一上升沿信号。

### 6.5.2 串行 I²C 总线 EEPROM AT24C××

AT24C×× 系列 E2PROM 是典型的 I²C 总线接口器件。其特点是：单电源供电；采用低功耗 CMOS 技术；工作电压范围宽（1.8～5.5 V）；自定时写周期（包含自动擦除）、页面写周期值最大 10 ms；具有硬件写保护。

型号为 AT24C×× 的器件内部结构如图 6.35 所示，引脚排列如图 6.36 所示。其中，SCL 为串行时钟引脚；SDA 为串行数据／地址引脚；WP 为写保护（当 WP 为高电平时，存储器只读；当 WP 为低电平时，存储器可读可写）；A0、A1、A2 为片选或块选。器件的 SDA 为漏极开路引脚，需要接上拉电阻到 $V_{CC}$，其数据的结构为 8 位。输入引脚内接有滤波器，能有效抑制噪声。自动擦除（逻辑"1"）在每一个写周期内完成。

AT24C×× 采用 I²C 规约，采用主／从双向通信，主器件通常为单片机。主器件产生串行时钟（SCL），发出控制字，控制总线的传送方向，并产生开始和停止条件。串行 E2PROM 为从器件。无论主器件还是从器件，接收一字节后必须发出一个应答信号 ACK。

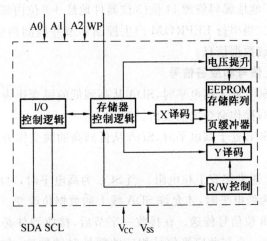

图 6.35 AT24C×× 的器件内部结构

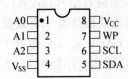

图 6.36 AT24C×× 引脚排列

**1. 控制字要求**

从开始位以后，主器件送出一个 8 位的控制字节，以选择从器件并控制总线传送的方向。控制字节的结构如下所示：

| 1010 | A2 A1 A0 | R/W |
|---|---|---|
| I²C 从器件地址 | 片选或块选 | 读/写控制位 |

控制字节的 7～4 位为从器件地址位,确认器件的类型。此 4 位码由 Philips 公司的 I²C 规约决定。1010 码即从器件为串行 EEPROM 将一直处于等待状态,直到 1010 发送到总线上为止。当 1010 码发送到总线上时,其他非串行 EEPROM 从器件将不会响应。

控制字节的 3～1 位为 1～8 片的片选或存储器内的块地址选择位。此 3 个控制位用于片选或者内部块选择。控制字节的 A2、A1、A0 必须与外部 A2、A1、A0 引脚的硬件连接或者内部块选择匹配,A2、A1、A0 引脚无内部连接的,则这 3 位无关紧要;须作器件选择的,其 A2、A1、A0 引脚可接高电平或低电平。

控制字节位 0 为读/写操作控制码。如果此位为 1,则下一字节进行读操作(R);若此位为 0,则下一字节进行写操作(W)。

AT24C×× 的存储器矩阵内部分为若干块,每一块有若干页面,每一页面有若干字节。内部页缓冲器只能写入一页的数据字节,24C16 则可看成 8 片 24C02 为一体,主机发送不同的器件地址则是访问 24C16 内部的不同区块,24C32 以上的芯片由于其内部地址编码分两字节,突破了地址编码资源 11 位(3 位器件地址＋8 位内部地址)的限制,因此总线容量也获得了扩充。当串行 EEPROM 产生控制字节并检测到应答信号以后,主器件将传送相应的字地址或数据信息。

**2. 起始信号、停止信号和应答信号**

① 起始信号:当 SCL 处于高电平时,SDA 从高到低的跳变作为 I²C 总线的起始信号,起始信号应该在读/写操作命令之前发出。

② 停止信号:当 SCL 处于高电平时,SDA 从低到高的跳变作为 I²C 总线的停止信号,表示一种操作的结束。

SDA 和 SCL 线上通常接有上拉电阻。当 SCL 为高电平时,对应的 SDA 线上的数据有效;而只有当 SCL 为低电平时,才允许 SDA 线上的数据位改变。

数据和地址是以 8 位信号传送。在接收一字节后,接收器件必须产生一个应答信号 ACK,主器件必须产生一个与此应答信号相应的额外时钟脉冲,在此时钟脉冲的高电平期间,拉 SDA 线为稳定的低电平,为应答信号(ACK)。若不在从器件输出的最后一个字节中产生应答信号,则主器件必须给从器件发一个数据结束信号。在这种情况下,从器件必须保持 SDA 线为高电平(用 NO ACK 表示),使得主器件能产生停止条件。根据通信规约,起始信号、停止信号和应答信号的时序如图 6.37 所示。

**3. 写操作**

AT24C×× 系列 E2PROM 的写操作有字节写和页面写两种。

(1) 字节写

字节写指在指定地址写入 1 字节数据。首先主器件发出起始信号后,发送写控制字节,即 1010A2A1A0(最低位置 0,即 R/$\overline{W}$ 读/写控制位为低电平 0),然后等待应答信号,指示从器件被寻址,由主器件发送的下一字节为字地址,为将被写入到 AT24C×× 的地址指针;主接收来自 AT24C×× 的另一个应答信号,将发送数据字节,并写入到寻址的存

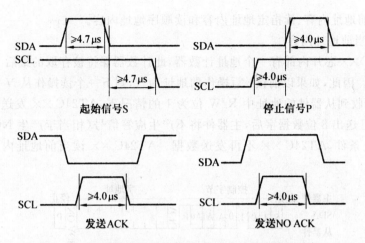

图 6.37　I²C 总线产生起始信号、停止信号和应答的时序

储器地址；AT24C×× 再次发出应答信号，同时主器件产生停止信号。注意：写完一个字节后必须要有一个 5 ms 的延时。AT24C×× 字节写的时序如图 6.38 所示。

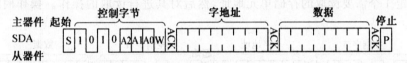

图 6.38　AT24C×× 字节写的时序图

（2）页面写

页面写和字节写操作类似，只是主器件在完成第一个数据传送之后，不发送停止信号，而是继续发送待写入的数据。先将写控制字节，字地址发送到 AT24C××，接着发 $x$ 个数据字节，主器件发送不多于一个页面的数据字节到 AT24C××。这些数据字节暂存在片内页面缓存器中，在主器件发送停止信息以后写入存储器。接收每一字节以后，低位顺序地址指针在内部加 1，高位顺序字地址保持为常数。如果主器件在产生停止信号以前发送了多于一页的数据字节，地址计数器将会循环归 0，并且先接收到的数据将被覆盖。像字节写操作一样，一旦停止信号被接收到，则开始内部写周期（5 ms）。AT24C×× 页面写的时序如图 6.39 所示。

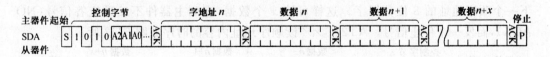

图 6.39　AT24C×× 页面写的时序图

（3）写保护

当 WP 端连接到 $V_{CC}$，AT24C×× 可被用做串行 ROM，编程将被禁止，整个存储器写保护。

**4. 读操作**

当从器件地址的 R/$\overline{W}$ 位被置为 1 时，启动读操作。AT24C×× 系列的读操作有 3 种类型:读当前地址内容、读指定地址内容和读顺序地址内容。

(1) 读当前地址内容

AT24C××芯片内部有一个地址计数器,此计数器保持被存取的最后一个字的地址,并自动加1。因此,如果以前读/写操作的地址为$N$,则下一个读操作从$N+1$地址中读出数据。在接收到从器件的地址中$R/\overline{W}$位为1的情况下,AT24C××发送一个应答信号(ACK)并且送出8位数据字后,主器件将不产生应答信号(相当于产生 NO ACK),但产生一个停止条件,AT24C××不再发送数据。AT24C××读当前地址内容的时序如图6.40所示。

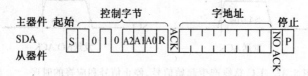

图 6.40　AT24C××读当前地址内容的时序图

(2) 读指定地址内容

这是指定1个需要读取的存储单元地址,然后对其进行读取的操作。操作时序如图6.41所示。

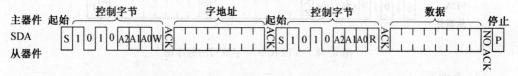

图 6.41　读指定地址内容时序

操作步骤:首先主器件给出一个起始信号,然后发出从器件地址 1010A2A1A0 后发送0(最低位置为0),再发需要读的存储器地址;在收到从器件的应答信号 ACK 后,产生一个开始信号,以结束上述写过程;再发一个读控制字节,从器件 AT24C××再发 ACK 信号后发出 8 位数据,如果接收数据以后,主器件发 NO ACK 后再发一个停止信号,AT24C××不再发后续字节。

(3) 读顺序地址的内容

读顺序地址内容的操作与读当前地址内容的操作类似,只是在 AT24C××发送一个字节以后,主器件不发 NO ACK 和 STOP,而是发 ACK 应答信号,控制 AT24C××发送下一个顺序地址的 8 位数据字。这样可读 $x$ 个数据,直到主器件不发送应答信号(NO ACK),而发一个停止信号。AT24C××读顺序地址内容的时序如图 6.42 所示。

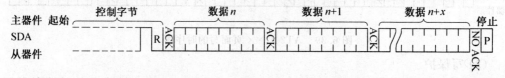

图 6.42　AT24C××读顺序地址内容时序图

【例 6.15】　对 $I^2C$ 协议的 EEPROM—AT24C02 编程,如图 6.43 所示,实现将数据写入芯片的第 1 个地址,并将芯片的第 23 个地址中的数据读出,同时显示在单色灯上。

Proteus 电路图元件如表 6.26 所示。

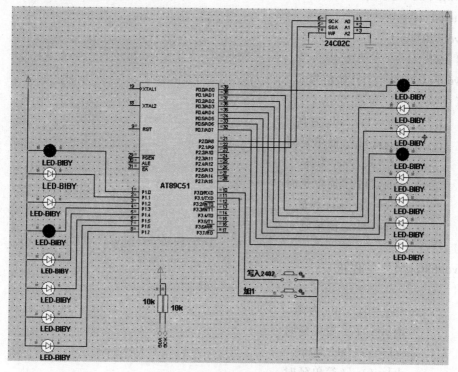

图 6.43 AT24C02 应用图

表 6.26 AT24C02 应用图元件表

| 序号 | 元件名称 | 仿真库名称 | 备注 |
| --- | --- | --- | --- |
| U1 | AT89C51 | MCS8051 | 微处理器库 → AT89C51 |
| U2 | 24C02C | I2CMEMS | 存储器件库 → 24C02C |
| L0 ~ L15 | LED－BIBY | Optoelectronics | 光电元件库 → LED－BIBY |
| R1 ~ R2 | RES | Resistors | 电阻库 → 电阻 |
| K0 ~ K1 | BUTTON | Switches&Relays | 杂项库 → 按键 |

程序清单：

```
#include <reg52.h>
#define uchar unsigned char
uchar temp;
sbit dula = P2^6;
sbit wela = P2^7;
sbit sda = P2^0;
sbit scl = P2^1;
sbit wr = P3^7;
sbit P30 = P3^0;
```

```c
sbit P31=P3^1;
uchar a;
void delay()
{ ;; }
void start()    // 开始信号
{
        sda=1;//sda 为高
        delay();// 简单延时
        scl=1;//scl 为高
        delay();// 简单延时
        sda=0;//sda 为低
        delay();// 简单延时
}
void stop()    // 停止
{
        sda=0;//sda 为低
        delay();// 简单延时
        scl=1;//scl 为高
        delay();// 简单延时
        sda=1;//sda 为高
        delay();
}
void respons()    // 应答
{
        uchar i;
        scl=1;//scl 为高
        delay();// 简单延时
        while((sda==1)&&(i<250))i++;/*(sda==1)和(i<250)只要有
一个为真就退出 while 循环 */
        scl=0;//scl 为低
        delay();// 简单延时
}
void init()// 初始化
{
        wr=0;// 关闭写保护
        sda=1;//sda 为高
        delay();// 简单延时
        scl=1;//scl 为高
```

```
        delay();// 简单延时
}
void write_byte(uchar date)// 写数据
{
        uchar i,temp;
        temp=date;
        for(i=0;i<8;i++)// 依次将8个字节写入
        {
                temp=temp<<1;
                scl=0;
                    delay();
                        sda=CY;
                        delay();
                scl=1;
                        delay();
        }
        scl=0;
        delay();
        sda=1;
        delay();
}
uchar read_byte()// 读数据
{
        uchar i,k;
        scl=0;
        delay();
        sda=1;
        delay();
        for(i=0;i<8;i++)// 依次读出8个字节
        {
        scl=1;
                delay();
                k=(k<<1)|sda;
        scl=0;
                delay();
        }
        return k;
}
```

```c
void delay1(uchar x)// 延时
{
        uchar a,b;
        for(a=x;a>0;a--)
        for(b=100;b>0;b--);
}
void write_add(uchar address,uchar date)// 写
{
        start();// 开始信号
        write_byte(0xa0);// 选择器件,并发出写信号
        respons();// 等待应答信号
        write_byte(address);// 发出要写数据的器件地址
        respons();// 等待应答
        write_byte(date);// 发出要写的数据给器件
        respons();// 等待应答
        stop();// 停止信号
}
uchar read_add(uchar address)// 读
{
        uchar date;
        start();// 开始信号
        write_byte(0xa0);// 选择器件,并发出写信号
        respons();// 等待应答
        write_byte(address);// 发出要数据的器件地址
        respons();// 等待应答
        start();// 开始信号
        write_byte(0xa1);// 选择器件,并发出读信号
        respons();// 等待应答
        date=read_byte();// 把器件地址中的数据读出后,放在date中
        stop();// 停止信号
        return date;// 返回值
}
void main()
{   uchar k=0;k=read_add(0x01);P1=k;
        init();// 初始化器件
        while(1){

        if(P30==0) // 将k值写入芯片的第1个地址
```

{delay1(10);if(P30==0)write_add(0x01,k);while(P30==0);}
delay1(200);// 延时100ms,(如果这个延时过短,会造成错误)
if(P31==0){delay1(10);if(P31==0)k++;P1=k;while(P31==0);}
　　　　temp=read_add(0x01);/* 将芯片的第23个地址中的数据读出,赋给 temp */
　　　　P0=temp;// 将 temp 的数据赋给 P0 口

　　}
}

## 本章小结

单片机与外界联系的电路统称为接口电路。本章主要介绍了并行接口、键盘与 LED 点阵显示接口、模拟转换接口、LCD 液晶显示及 $I^2C$ 等接口的原理及实例。随着单片机应用范围的越来越广,接口电路也不断的发展创新。只有掌握常用接口的扩展方法,才能很容易控制其他各种接口器件。

## 习　题

1. 设计在 AT89C51 单片机上接一片 74LS244 和一片 74LS273,使 74LS244 的地址为 EFFFH,74LS273 的地址为 7FFFH,实现 74LS244 做输入口、74LS273 做输出口的电路,并试编程。

2. 8255 有几种工作方式? 如何选定 8255 的工作方式?

3. 请查阅有关资料,如何实现汉字滚动显示?

4. 利用 HD7279 芯片设计键盘与 LED 显示电路有何优点?

5. 液晶显示器有几种?

6. D/A 转换器与 A/D 转换器的功能有哪些区别?

7. $I^2C$ 总线器件地址与子地址的含义是什么?

8. 在一对 $I^2C$ 总线上可否挂接多个 $I^2C$ 总线器件? 为什么?

9. 设计一个数据采集系统,ADC0809 的地址为 7FF8H~7FFFH,试画出其硬件电路图,并编程实现每隔 1 min 轮流采集一次 8 个通道数据的程序,共采样 20 次,其采样值存入片内 RAM 10H 开始的存储单元中。

10. 编程实现由 DAC0832 输出的幅度和频率都可以控制的三角波,即从 00H 上升到 FFH,再降到 00H,并不断重复。

# 第 7 章

# 单片机课程设计

## 7.1 课程设计指导规范

### 7.1.1 单片机系统课程设计的目的与要求

单片机系统课程设计是在《单片机原理与应用》理论课程及验证性实验基础上开设的,通过课程设计,训练学生如何综合运用所学知识去分析和解决实际问题,掌握单片机系统硬件和软件设计及调试的基本过程,并学习如何撰写总结报告。

指导教师负责课程设计的任务布置、设计指导和成绩评定。课程设计任务包括题目名称、设计要求、技术手段、参考文献等。学生在接受任务以后,进行系统的方案选择、系统设计、电路板设计及系统的安装调试等工作,最后写出设计报告。该课程设计可两人一组,选择同一个题目。

### 7.1.2 单片机系统课程设计时间安排

单片机系统课程设计时间为10天(两周),建议时间分配如下:

① 第1天:分析理解设计任务要求,选择 CPU 及外围设备型号,设计系统框图。
② 第2~3天:设计并绘制系统原理图(用 Protel 软件)。按原理图绘制印刷电路板图并制版。(可选,若无此项,将此项时间纳入下一项)
③ 第4天:绘制系统管理软件流程图并编制程序。
④ 第5~6天:软件调试。
⑤ 第7~8天:系统安装调试。
⑥ 第9天:编写系统说明书(包括软件和硬件)。
⑦ 第10天:答辩。

### 7.1.3 硬件设计的一般步骤

硬件设计一般遵循如下步骤:
① 接受设计任务。接受任务后,充分理解设计任务及要求,分析系统功能、性能指

标、人机接口等内容。

② 方案选择。根据系统要求,确定系统功能,在完成设计要求的前提下,充分考虑系统成本、安装调试、系统维护等因素,给出最佳设计方案。

③ 系统外观设计。确定显示模式和操作方式,从实用出发,设计机器外形(外壳)、人机接口、外形尺寸等。

④ 系统硬件原理图设计。除完成系统主要功能外,还应考虑降低系统成本,提高可靠性能,方便安装调试等。

⑤ 元器件选择。考虑元件封装形式及性能等。

⑥ 印刷电路板设计与制作。根据装置外形尺寸,设计电路板。在布线和元件布置允许的情况下,尽量减小板面,以降低制版费用,同时,还应考虑系统抗干扰等问题。

⑦ 电路板安装调试。初次安装,应先焊接插座,之后插入元件。焊接时还应注意不要连焊、反焊、漏焊、虚焊等。安装完成后,编制一段小程序进行输入输出调试,以验证系统是否开始工作。

⑧ 软件编制与调试。程序最好模块化处理,注意节省内存。调试时,按模块进行调试,最后联调。

### 7.1.4 单片机系统课程设计报告要求及撰写规范

课程设计报告是学生所作设计的说明文件,其目的是使学生在完成设计、安装、调试后,在归纳技术文档、撰写科学技术总结报告方面得到训练。报告格式要求如下:

**1. 统一的封面**

含课程设计课题名称、专业、班级、姓名、学号、指导教师、成绩等。

**2. 设计任务和技术要求**

由指导教师在选题时提供给学生。

**3. 课程设计总结报告正文**

正文可按章节来撰写,应含以下内容:

① 方案选择。根据题目要求,给出总体初设方案并阐述理由。

② 硬件原理电路图的设计及分析。包括各部分电路的设计思想及功能特性及原理电路图。

③ 程序设计与分析。包括各模块程序的设计、完整的程序框图。

④ 系统评价。包括硬件设计、软件设计及系统的实用价值、创新性、功能、精度、特点以及不足等方面进行分析与评价,提出改进方案。

⑤ 心得体会。总结本人在设计、安装及调试过程中的收获和体会以及对设计过程的建议等。

**4. 按统一格式列出主要参考文献**

参考文献必须是学生在课程设计中真正阅读过和运用过的,文献按照在正文中的出现顺序排列。各类文献的书写格式如下:

(1) 图书类的参考文献

[序号] 作者名. 书名. [文献类型标志]. 版次. 出版单位, 出版年: 引用部分起止页码.

（2）翻译图书类的参考文献

［序号］作者名.书名.译者.版次.出版单位,出版年:引用部分起止页码.

（3）期刊类的参考文献

［序号］作者名.文集名.期刊名,年,卷(期):引用部分起止页码.

**5. 篇幅设计**

总篇幅课程设计报告的总篇幅一般不超过 15 页。

**6. 排版要求**

课程设计说明书用 A4 纸打印,各级标题四号宋体加粗,正文文字小四号宋体,程序用五号字,英文用 Times New Roman。

### 7.1.5　单片机系统课程设计答辩

答辩是课程设计中一个重要的教学环节,通过答辩可使学生进一步发现设计中存在的问题,进一步搞清尚未弄懂的、不甚理解的或未曾考虑到的问题,从而取得更大的收获,圆满地达到课程设计的目的与要求。

**1. 答辩资格**

按计划完成课程设计任务,经指导教师验收通过者,方获得参加答辩资格。

**2. 答辩小组组成**

课程设计答辩小组由 2～3 名教师组成。

**3. 答辩**

答辩小组应在答辩前认真审阅学生课程设计成果,为答辩做好准备。在答辩中,学生须报告自己设计的主要内容(约 5 min),并回答指导老师提出的 3～4 个问题。每个学生答辩时间约 15 min。

### 7.1.6　单片机系统课程设计成绩评定办法

课程设计成绩分平时成绩(完成计划进度情况)、设计成品(包括硬件设计、软件设计和说明书)及答辩 3 部分,分别占总成绩的 20%、50%、30%。指导教师根据学生完成情况分别给出上述 3 部分成绩,最后给出总成绩,成绩分优秀、良好、中等、及格、不及格 5 个等级。

## 7.2　基于 MCS-51 单片机的 16×32 点阵设计

### 7.2.1　实例功能

LED 电子显示屏是随着计算机及相关的微电子、光电子技术的迅猛发展而形成的一种新型信息显示媒体。它利用发光二极管构成的点阵模块或像素单元组成可变面积的显示屏幕。由于 LED 电子显示屏具有显示内容信息量大、外形美观大方、操作方便灵活、图文并茂等优点,因此被广泛应用于商场、学校、银行、邮局、机场、车站、码头、金融证券市场、文化中心、信息中心休息设施等公共场所。本节将介绍如何用 LED 实现点阵的各种显示方案。

### 7.2.2 器件和原理

**1. DS74HC595 的定义**

74HC595 是硅结构的 CMOS 器件,兼容低电压 TTL 电路,遵守 JEDEC 标准。74HC595 是具有 8 位移位寄存器和一个存储器,三态输出功能。移位寄存器和存储器是分别的时钟。数据在 SHCP 的上升沿输入,在 STCP 的上升沿进入的存储寄存器中去。如果两个时钟连在一起,则移位寄存器总是比存储寄存器早一个脉冲。移位寄存器有一个串行移位输入(DS)、一个串行输出(Q7)和一个异步的低电平复位,存储寄存器有一个并行 8 位的,具备三态的总线输出,当使能 OE 时(为低电平),存储寄存器的数据输出到总线。

**2. 74HC595 的引脚及功能表**

74HC595 引脚说明如表 7.1 所示。74HC595 功能表如表 7.2 所示。

表 7.1 74HC595 引脚说明

| 符号 | 引脚 | 描述 |
| --- | --- | --- |
| Q0～Q7 | 15、1、7 | 并行数据输出 |
| GND | 8 | 接地 |
| Q7′ | 9 | 串行数据输出 |
| MR | 10 | 主复位(低电平) |
| SHCP | 11 | 移位寄存器时钟输入 |
| STCP | 12 | 存储寄存器时钟输入 |
| OE | 13 | 输出有效(低电平) |
| DS | 14 | 串行数据输入 |
| $V_{cc}$ | 16 | 电源 |

表 7.2 74HC595 功能表

| 输入 | | | | | 输出 | | 功能 |
| --- | --- | --- | --- | --- | --- | --- | --- |
| SHCP | STCP | OE | MR | DS | Q7′ | Qn | |
| × | × | L | ↓ | × | L | NC | MR 为低电平时紧紧影响移位寄存器 |
| × | ↑ | L | L | × | L | L | 空移位寄存器到输出寄存器 |
| × | × | H | L | × | L | Z | 清空移位寄存器,并行输出为高阻状态 |
| ↑ | × | L | H | H | Q6′ | NC | 逻辑高电平移入移位寄存器状态 0,包含所有的移位寄存器状态移入,例如,以前的状态 6(内部 Q6)出现在串行输出位 |
| × | ↑ | L | H | × | NC | Qn′ | 移位寄存器的内容到达保持寄存器并从并口输出 |
| ↑ | ↑ | L | H | × | Q6′ | Qn′ | 移位寄存器内容移入,先前的移位寄存器的内容到达保持寄存器并输出 |

74HC595 的引脚及说明如图 7.1 所示。

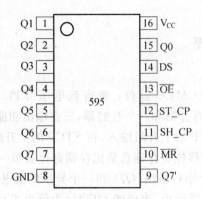

图 7.1　74HC595 引脚图

### 7.2.3　电路原理图及器件选择

**1. 电路原理图**

电路原理图分为点阵驱动部分(图 7.2)和处理器部分(图 7.3)。

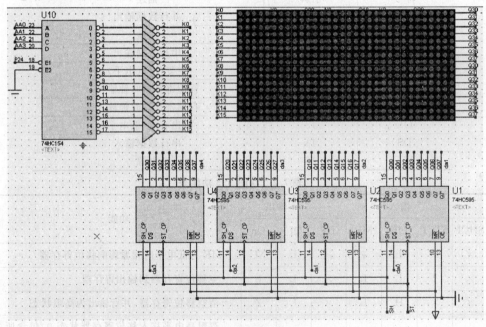

图 7.2　点阵驱动电路

注：实际连接时应将复位电路和晶振连接上，根据是否扩展存储器适当的连接 EA 引脚。

**2. 器件选择**

器件说明如表 7.3 所示。

第三篇　应用实例篇

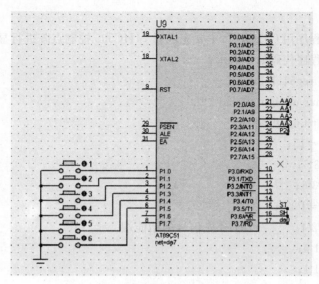

图 7.3　MCS－51 及键盘

表 7.3　元件说明

| 序号 | 元器件 | 元件库 | 属性 |
|---|---|---|---|
| 1 | At89c51 | Microprocessor ICs | 处理器 |
| 2 | 74hc04 | TTL 74HC series | 反相器 |
| 3 | 74hc154 | TTL 74HC series | 4：16 译码器 |
| 4 | 74hc595 | TTL 74HC series | 移位寄存器 |
| 5 | button | Switches&Relays | 按键 |
| 6 | Matrix－8×8－green | Optoelectronics | 8×8 点阵块 |

## 7.2.4　程序设计

**1. 程序的功能**

该程序的主要功能是利用单片机和 LED 点阵相连接实现各种显示(包括上移、下移、左移和右移的显示)。

**2. 主要器件和变量的说明**

本例采用的器件主要有 3 个：74HC595，用于 LED 点阵的列驱动；74LS154，用于 LED 的行驱动；单片机负责传递要显示的方案。程序中的函数及功能如表 7.4 所示。

表 7.4　函数说明

| 变量 | 说明 |
|---|---|
| KeyScan() | 扫描键盘 |
| LeftDisplay() | 左移显示 |
| RightDisplay() | 右移显示 |
| UpDisplay() | 上移显示 |
| DownDisplay() | 下移显示 |
| ZJDisplay1() | 从下到上静态显 |
| ZJDisplay2() | 从上到下静态显 |

### 3. 程序代码

系统的主要程序用C51编写,主要完成对74HC595控制点阵进行显示,包括左移、右移等显示方案。程序代码如下所示。

```c
#include <reg51.h>
#define uchar unsigned char
#define uint unsigned int
uchar speed=15;
sbit ST=P3^5;
sbit SH=P3^6;
sbit DATA=P3^7;
sbit EN=P2^4;      //154片先信号的始能端
sbit K1=P1^0;
sbit K2=P1^1;
sbit K3=P1^2;
sbit K4=P1^3;
sbit K5=P1^4;
sbit K6=P1^5;
bit LeftFlag=1;
bit RightFlag;
bit UpFlag;
bit DownFlag;
bit ZJ1Flag;
bit ZJ2Flag;// 开始显示模式6
void delay(uchar ms)
{
    uchar y;
    for(;ms>0;ms--)
        for(y=120;y>0;y--);
}
uchar code hanzi[][32]={
0x00,0x00,0x00,0x00,0x00,0x00,0x00,0x00,0x00,0x00,0x00,0x00,0x00,0x00,0x00,0x00,
0x00,0x00,0x00,0x00,0x00,0x00,0x00,0x00,0x00,0x00,0x00,0x00,0x00,0x00,0x00,0x00,
0x00,0x00,0x00,0x00,0x00,0x00,0x00,0x00,0x00,0x00,0x00,0x00,0x00,0x00,0x00,0x00,
0x00,0x00,0x00,0x00,0x00,0x00,0x00,0x00,0x00,0x00,0x00,0x00,0x00,0x00,0x00,0x00,
0x00,0x00,
```

0x00,0x40,0x00,0x40,0x08,0xA0,0x7C,0xA0,0x49,0x10,0x49,0x08,0x4A,0x0E,0x4D,0xF4,

0x48,0x00,0x48,0x08,0x4B,0xFC,0x7A,0x08,0x4A,0x08,0x02,0x08,0x03,0xF8,0x02,0x08,//哈

0x00,0x00,0x00,0x08,0x7F,0xFC,0x01,0x00,0x01,0x00,0x01,0x00,0x01,0x00,0x01,0x00,

0x01,0x00,0x01,0x00,0x01,0x00,0x01,0x00,0x01,0x04,0xFF,0xFE,0x00,0x00,0x00,0x00,//工

0x01,0x00,0x01,0x00,0x01,0x00,0x01,0x00,0x01,0x04,0xFF,0xFE,0x01,0x00,0x02,0x80,

0x02,0x80,0x02,0x40,0x04,0x40,0x04,0x20,0x08,0x10,0x10,0x0E,0x60,0x04,0x00,0x00,//大

0x00,0x00,0x00,0x00,0x00,0x00,0x00,0x00,0x00,0x00,0x00,0x00,0x00,0x00,0x00,0x00,

0x00,0x00,0x00,0x00,0x00,0x00,0x00,0x00,0x00,0x00,0x00,0x00,0x00,0x00,0x00,0x00,

0x00,0x00,0x00,0x00,0x00,0x00,0x00,0x00,0x00,0x00,0x00,0x00,0x00,0x00,0x00,0x00,

0x00,0x00,0x00,0x00,0x00,0x00,0x00,0x00,0x00,0x00,0x00,0x00,0x00,0x00,0x00,0x00,
};

```c
void SendByte(uchar a)
{
    uchar byte,i;
    byte = ~ a;
    for(i=0;i<8;i++)
    {
        SH = 0;
        if(byte&0x80)
        DATA = 1;
        else
        DATA = 0;
        SH = 1;
        byte <<= 1;
    }
}
void LeftDisplay(void)// 左移,半个字一移
{
```

```c
uchar i,j,scan,k;
for(i=0;i<9;i++);/* hanzi 中 10 个字,因一下显示四个字,所以 j 最大为
j=10-4=6 */
{
    if(LeftFlag==1)// 使之按了其他的键立即退出,转到其他模式
    {
        for(k=0;k<speed;k++)// 移动速度
        {
            scan=0;//154 译码
            if(LeftFlag==1)// 这里同样做处理
            {
                for(j=0;j<31;j+=2)
                {
                    ST=0;
                    SendByte(hanzi[i+1][j+1]);
                    SendByte(hanzi[i+1][j]);
                    SendByte(hanzi[i][j+1]);
                    SendByte(hanzi[i][j]);
                    ST=1;// 一个上升沿送数据
                    EN=0;
                    P2=scan;//154 译码
                    delay(5);
                    EN=1;
                    scan++;
                }
            }
            else
            break;
        }
        for(k=0;k<speed;k++)
        {
            scan=0;
            if(LeftFlag==1)
            {
                for(j=0;j<31;j+=2)
                {
                    ST=0;
                    SendByte(hanzi[i+2][j]);
```

```
                    SendByte(hanzi[i+1][j+1]);
                    SendByte(hanzi[i+1][j]);
                    SendByte(hanzi[i][j+1]);
                    ST=1;
                    EN=0;
                    P2=scan;
                    delay(5);
                    EN=1;
                    scan++;
                }
            }
            else
            break;
        }
    }
    else
    break;
    }
}
void RightDisplay(void)//右移
{
    uchar i,j,k,scan;
    for(i=0;i<6;i++)//自加1
    {
        if(RightFlag==1)
        {
            for(k=0;k<speed;k++)
            {
                scan=0;
                if(RightFlag==1)
                {
                    for(j=0;j<31;j+=2)
                    {
                        ST=0;
                        SendByte(hanzi[i+2][j+1]);
                        SendByte(hanzi[i+2][j]);
                        SendByte(hanzi[i+3][j+1]);
                        SendByte(hanzi[i+3][j]);
```

```c
                    ST=1;
                    EN=0;
                    P2=scan;
                    delay(5);
                    EN=1;
                    scan++;
                }
            }
            else
            break;
        }
        for(k=0;k<speed;k++)
        {
            scan=0;
            if(RightFlag==1)
            {
                for(j=0;j<31;j+=2)
                {
                    ST=0;
                    SendByte(hanzi[i+2][j]);
                    SendByte(hanzi[i+3][j+1]);
                    SendByte(hanzi[i+3][j]);
                    SendByte(hanzi[i+4][j+1]);
                    ST=1;
                    EN=0;
                    P2=scan;
                    delay(5);
                    EN=1;
                    scan++;
                }
            }
            else
            break;
        }
    }
    else
    break;
}
```

```c
}
void UpDisplay(void)// 上移
{
    uchar i,j,k,scan;
    char temp=0;
    for(i=0;i<6;)
    {
        if(UpFlag==1)
        {
            for(k=0;k<speed;k++)
            {
                scan=15-temp;// 译码从最底下开始
                if(UpFlag==1)
                {
                    for(j=0;j<2*temp+1;j+=2)
                    {
                        ST=0;
                        SendByte(hanzi[i+1][j+1]);
                        SendByte(hanzi[i+1][j]);
                        SendByte(hanzi[i][j+1]);
                        SendByte(hanzi[i][j]);
                        ST=1;
                        EN=0;
                        P2=scan;
                        delay(5);
                        EN=1;
                        scan++;
                    }
                }
                else
                    break;
            }
            temp++;// 控制译码的位置
            if(temp==16)
            {
                temp=0;//temp 复位
                i+=4;// 显示下四个字
            }
```

```c
        }
        else
            break;
    }
}
void DownDisplay(void)// 下移
{
    uchar i,j,k,scan;
    char temp=30;
    for(i=0;i<6;)
    {
        if(DownFlag==1)
        {
            for(k=0;k<speed;k++)
            {
                scan=0;
                if(DownFlag==1)
                {
                    for(j=temp;j<31;j+=2)// 开始j=30
                    {
                        ST=0;
                        SendByte(hanzi[i+1][j+1]);
                        SendByte(hanzi[i+1][j]);
                        SendByte(hanzi[i][j+1]);
                        SendByte(hanzi[i][j]);
                        ST=1;
                        EN=0;
                        P2=scan;
                        delay(5);
                        EN=1;
                        scan++;
                    }
                }
                else
                    break;
            }
            temp-=2;
            if(temp==-2)
```

```
                {
                    temp=30;
                    i+=4;
                }
            }
            else
                break;
        }
    }
void ZJDisplay1(void)  // 只在下移基础上稍微改下(综合上移和下移)
{
    uchar i,j,k,scan,temp;
    for(i=0;i<6;)
    {
        if(ZJ1Flag==1)
        {
            for(k=0;k<speed;k++)
            {
                scan=0;
                if(ZJ1Flag==1)
                {
                    for(j=0;j<2*temp+1;j+=2)
                    {
                        ST=0;
                        SendByte(hanzi[i+1][j+1]);
                        SendByte(hanzi[i+1][j]);
                        SendByte(hanzi[i][j+1]);
                        SendByte(hanzi[i][j]);
                        ST=1;
                        EN=0;
                        P2=scan;
                        delay(5);
                        EN=1;
                        scan++;
                    }
                }
                else
                    break;
```

```c
            }
            temp++;
            if(temp==16)
            {
                temp=0;
                i+=4;
            }
        }
        else
            break;
    }
}
void ZJDisplay2(void)// 只在下移基础上稍微改下(综合上移和下移)
{
    uchar i,j,k,scan,z=0;
    char temp=30;
    for(i=0;i<6;)
    {
        if(ZJ2Flag==1)
        {
            for(k=0;k<speed;k++)
            {
                scan=15-z;//z 作译码控制
                if(ZJ2Flag==1)
                {
                    for(j=temp;j<31;j+=2)
                    {
                        ST=0;
                        SendByte(hanzi[i+1][j+1]);
                        SendByte(hanzi[i+1][j]);
                        SendByte(hanzi[i][j+1]);
                        SendByte(hanzi[i][j]);
                        ST=1;
                        EN=0;
                        P2=scan;
                        delay(5);
                        EN=1;
                        scan++;
```

```
                }
            }
                else
                    break;
        }
                temp-=2;
                z++;
                if(temp==-2)
                {
                    temp=30;
                    i+=4;
                    z=0;//z=15时就复位了
                }
            }
        else
            break;
    }
}
void ClearFlag(void)// 清标志位,调用子程序方便
{
    LeftFlag=0;
    RightFlag=0;
    UpFlag=0;
    DownFlag=0;
    ZJ1Flag=0;
    ZJ2Flag=0;
}
void KeyScan(void)
{
    if(K1==0)
    {
        delay(10);
        if(K1==0)
        {
            while(! K1);
            ClearFlag();
            LeftFlag=1;
        }
```

```
        }
        if(K2==0)
        {
            delay(10);
            if(K2==0)
            {
                while(! K2);
                ClearFlag();
                RightFlag=1;
            }
        }
        if(K3==0)
        {
            delay(10);
            if(K3==0)
            {
                while(! K3);
                ClearFlag();
                UpFlag=1;
            }
        }
        if(K4==0)
        {
            delay(10);
            if(K4==0)
            {
                while(! K4);
                ClearFlag();
                DownFlag=1;
            }
        }
        if(K5==0)
        {
            delay(10);
            if(K5==0)
            {
                while(! K5);
                ClearFlag();
```

```
                    ZJ1Flag=1;
                }
            }
            if(K6==0)
            {
                delay(10);
                if(K6==0)
                {
                    while(!K6);
                    ClearFlag();
                    ZJ2Flag=1;
                }
            }
        }
        void main(void)
        {
            TMOD=0x01;
            TH0=(65535-1000)/256;
            TL0=(65535-1000)%256;
            ET0=1;
            EA=1;
            TR0=1;
            while(1)
            {
                if(LeftFlag==1)
                    LeftDisplay();
                if(RightFlag==1)
                {
                    RightDisplay();
                if(UpFlag==1)
                {
                    UpDisplay();
                }
                if(DownFlag==1)
                {
```

```
                DownDisplay();
            }
            if(ZJ1Flag==1)// 从下到上静态显
        {
                ZJDisplay1();
            }
            if(ZJ2Flag==1)// 从上到下静态显
            {
                ZJDisplay2();
            }
        }
    }
            void timer0(void) interrupt 1
            {
                TH0=(65535-1000)/256;
                TL0=(65535-1000)%256;
                KeyScan();
    }
```

## 7.3 基于 MCS-51 单片机的电子万年历设计

### 7.3.1 实例功能

在许多的单片机系统中,通常进行一些与时间和温度相关的控制,这就需要使用实时时钟和温度传感器。例如,在测量控制系统中,特别是长时间无人值守的测近代系统中,经常需要记录某些具有特殊意义的数据及其出现的时间。在系统中采用实时时钟芯片则能很好解决这个问题。

现以电子万年历为例介绍单片机 AT89C52 如何与时钟芯片 DS1302 进行数据通信,读取和写入实时数据,并如何采集 DS18B20 的温度值。

本例的功能模块分为以下 3 个方面:

① 单片机系统:和外围的时钟芯片、温度传感器芯片以及液晶进行通信。
② 外围电路:实现外围的时钟芯片、温度传感器芯片以及液晶和单片机之间的接口电路。
③ C51 程序:编写单片机控制各个接口程序,实现单片机和接口之间的数据通信功能。

### 7.3.2 器件和原理

**1. DS1302**

(1) DS1302 概述

DS1302 是 DALLAS 公司推出的涓流充电时钟芯片,内含有一个实时时钟/日历和 31 字节静态 RAM,通过简单的串行接口与单片机进行通信实时时钟/日历电路;提供秒、分、时、日期、月年的信息,每月的天数和闰年的天数可自动调整,时钟操作可通过 AM/PM 指示决定采用 24 或 12 小时格式。DS1302 与单片机之间能简单地采用同步串行的方式进行通信,仅需用到 3 个口线:①RES 复位;②I/O 数据线;③SCLK 串行时钟。时钟/RAM 的读/写数据以一个字节或多达 31 个字节的字符组方式通信。DS1302 工作时功耗很低,保持数据和时钟信息时功率小于 1 mW。

下面将主要的性能指标做一综合:

① 实时时钟具有能计算 2100 年之前的秒、分、时、日、日期、星期、月、年的能力及闰年调整的能力;

② 8 脚 DIP 封装或可选的 8 脚 SOIC 封装根据表面装配;

③ 简单 3 线接口;

④ 与 TTL 兼容 $V_{cc} = 5$ V;

⑤ 可选工业级温度范围 $-40℃ \sim +85℃$;

⑥ 与 DS1202 兼容;

⑦ 在 DS1202 基础上增加的特性;

⑧ 对 $V_{CC1}$ 有可选的涓流充电能力;

⑨ 双电源管用于主电源和备份电源供应;

⑩ 备份电源管脚可由电池或大容量电容输入;

⑪ 附加的 7 字节暂存存储器;

(2) DS1302 的引脚及功能表

DS1302 的引脚如图 7.4 所示。引脚的功能如表 7.5 所示。

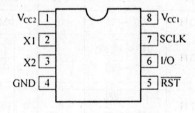

图 7.4 DS1302 封装图

表 7.5　引脚说明

| 引脚号 | 引脚名称 | 功能 |
|---|---|---|
| 1 | $V_{CC2}$ | 主电源 |
| 2,3 | X1、X2 | 振荡源,外接 32.768 kHz 晶振 |
| 4 | GND | 接地 |
| 5 | RST | 复位/片选端 |
| 6 | I/O | 串行数据输入/输出端(双向) |
| 7 | SCLK | 串行时钟输入端 |
| 8 | $V_{CC1}$ | 备用电源 |

(3) 控制命令字节与寄存器

① 控制命令字节。控制命令字节结构如下：

| 7 | 6 | 5 | 4 | 3 | 2 | 1 | 0 |
|---|---|---|---|---|---|---|---|
| 1 | RAM/$\overline{CK}$ | A4 | A3 | A2 | A1 | A0 | RAM/$\overline{K}$ |

控制字节的最高有效位(第 7 位)必须是逻辑 1,如果它为 0,则不能把数据写入到 DS1302 中。如果第 6 位为 0,则表示存取日历时钟数据；如果为 1,则表示存取 RAM 数据；第 5 位至第 1 位指示操作单元的地址。如果最低有效位(第 0 位)为 0,则表示要进行写操作；如果为 1,则表示进行读操作,控制字节总是从最低位开始输出。

② 日历、时钟寄存器及其控制字。DS1302 共有 12 个寄存器,其中有 7 个寄存器与日历、时钟相关,存放的数据位为 BCD 码形式。其日历、时间寄存器及其控制字见表 7.6。

表 7.6　日历、时钟寄存器及其控制字

| 寄存器名 | 命令字 | | 取值范围 | 各位内容 | | | | | | |
|---|---|---|---|---|---|---|---|---|---|---|
| | 写操作 | 读操作 | | 7 | 6 | 5 | 4 | 3 | 2 | 1 | 0 |
| 秒寄存器 | 80H | 81H | 00~59 | CH | 10SEC | | | SEC | | | |
| 分钟寄存器 | 82H | 83H | 00~59 | 0 | 10MIN | | | MIN | | | |
| 小时寄存器 | 84H | 85H | 01~12 或 00~23 | 12/24 | 0 | $\frac{10}{AP}$ | HR | HR | | | |
| 日期寄存器 | 86H | 87H | 01~28, 29,30,31 | 0 | 0 | 10DATE | | DATE | | | |
| 月份寄存器 | 88H | 89H | 01~12 | 0 | 0 | 0 | 10M | MONTH | | | |
| 周日寄存器 | 8AH | 8BH | 01~07 | 0 | 0 | 0 | 0 | 0 | DAY | | |
| 年份寄存器 | 8CH | 8DH | 00~99 | 10YEAR | | | | YEAR | | | |

此外,DS1302 还有年份寄存器、控制寄存器、充电寄存器、时钟突发寄存器及与 RAM 相关的寄存器等。时钟突发寄存器可一次性顺序读写除充电寄存器外的所有寄存

器内容。DS1302 与 RAM 相关的寄存器分为两类：一类是单个 RAM 单元，共 31 个，每个单元组态为一个 8 位的字节，其命令控制字为 COH～FDH，其中奇数为读操作，偶数为写操作；另一类为突发方式下的 RAM 寄存器，此方式下可一次性读写所有的 RAM 的 31 个字节，命令控制字为 FEH(写)、FFH(读)。

**2. DS18B20**

(1)DS18B20 概述

DS18B20 数字温度计是 DALLAS 公司生产的 1－Wire，即单总线器件，具有线路简单、体积小的特点。因此，用它来组成一个测温系统，具有线路简单，在一根通信线，可以挂很多这样的数字温度计，十分方便。

DS18B20 产品的特点如下：

① 只要求一个端口即可实现通信。
② 在 DS18B20 中的每个器件上都有独一无二的序列号。
③ 实际应用中不需要外部任何元器件即可实现测温。
④ 测量温度范围在 －55℃～＋125℃。
⑤ 数字温度计的分辨率用户可以从第 9 位到 12 位选择。
⑥ 内部有温度上、下限告警设置。

(2)DS18B20 的引脚及功能表

DS18B20 的引脚如图 7.5。其功能描述如表 7.7 所示。

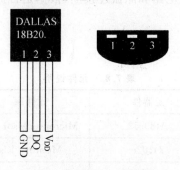

图 7.5　DS18B20 引脚图

表 7.7　DS18B20 详细引脚功能描述

| 序号 | 名称 | 引脚功能描述 |
| --- | --- | --- |
| 1 | GND | 地信号 |
| 2 | DQ | 数据输入/输出引脚。开漏单总线接口引脚。当被用着在寄生电源下，也可以向器件提供电源 |
| 3 | $V_{DD}$ | 可选择的 $V_{DD}$ 引脚。当工作于寄生电源时，此引脚必须接地 |

### 7.3.3　电路原理及器件选择

**1. 电路原理图**

电路原理图如图 7.6 所示。

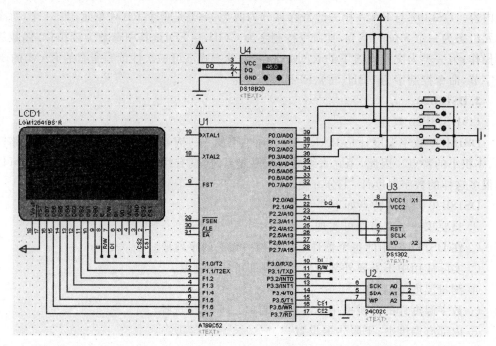

图 7.6　万年历电路图

注：实际连接时应将复位电路和晶振连接上，根据是否扩展存储器适当的连接 EA 引脚。

**2. 器件选择**

元件说明如表 7.8 所示。

表 7.8　元件说明

| 序号 | 元器件 | 元件库 | 属性 |
| --- | --- | --- | --- |
| 1 | At89c52 | Microprocessor ICs | 处理器 |
| 2 | 24c02c | Memory ICs | 存储器 |
| 3 | Ds18b20 | Data Converters | 温度传感器 |
| 4 | Ds1302 | Microprocessor ICs | 时钟芯片 |
| 5 | button | Switches&Relays | 按键 |
| 6 | LGM12641BS1R | Optoelectronics | 液晶 |
| 7 | MINRES470K | Resistors | 470 Ω 电阻 |

### 7.3.4　程序设计

**1. 程序功能**

该程序的主要功能是利用单片机和时钟芯片 DS1302、温度传感器 DS18B20 以及 LCD 实现万年历的功能（包括阴历的显示）。

**2. 主要器件和变量的说明**

本例采用的器件主要有 4 个，其中 DS1302 时钟芯片为单片机提供时间信息；

DS18B20是温度传感器,检测外部的温度信号;单片机负责控制信号采集过程;LCD模块显示当前的时间及温度数据。程序中的变量及功能如表7.9所示。

表7.9 函数说明

| 变量 | 说明 |
| --- | --- |
| Lcd_Initial() | LCD 初始化 |
| Clock_Initial() | DS1302 初始化 |
| Key_Scan() | 扫描键盘 |
| Key_Idle | 键盘松开 |
| Clock_Fresh | 时间刷新 |
| Lcd_Clock | 时间显示 |
| Sensor_Fresh | 温度更新 |
| Lcd_Temperature | 温度显示 |
| Calendar_Convert | 阴历转换 |
| Week_Convert | 星期转换 |

**3. 程序代码**

系统的主要程序用C51编写,主要完成对DS1302和DS18B20数据采集并显示等功能。主函数程序代码如下所示,其他子函数请参照网络资源。

```
/******************************
* 文件名:test.c
* 功   能:————万年历
******************************/
/***************************  文件包含
******************************/
#include <reg52.h>
#include <character.h>
#include <lcd.h>
#include <clock.h>
#include <sensor.h>
#include <calendar.h>
#include <key.h>
/***************************  预定义
******************************/
#define uchar unsigned char
#define uint unsigned int
/******************************/
sbit bell=P2^0;  //定义蜂鸣器端口
```

```c
sbit in=P2^7;  //定义红外检测端口
/*****************************************
* 名称:Timer0_Service() inturrupt 1
* 功能:中断服务程序 整点报时 3声嘟嘟的声音
* 入口参数:
* 出口参数:
*****************************************/
void Timer0_Service() interrupt 1
{
    static uchar count=0;
    static uchar flag=0; //记录鸣叫的次数
    count=0;
    TR0=0;         //关闭 Timer0
    TH0=0x3c;
    TL0=0xB0;      //延时 50 ms
    TR0=1;         //启动 Timer0
    count++;
    if(count==20) //鸣叫 1 s
    {
        bell=~bell;
        count=0;
        flag++;
    }
    if(flag==6)
    {
        flag=0;
        TR0=0;     //关闭 Timer0
    }
}
/*****************************************
* 名称:Timer2_Servie() interrupt 5
* 功能:中断服务程序   整点报时 一分钟
* 入口参数:
* 出口参数:
*****************************************/
void Timer3_Service() interrupt 5
{
    static uchar count;
```

```
            TF2=0;// 软件清除中断标志
            count++;
            if( in==1 )
            {
                count=0;// 计算清 0
                TR2=0;// 关闭 Timer2
                bell=1;// 关闭蜂鸣器
            }
            if( count==120 ) // 一分钟后 关闭报警
            {
                count=0;// 计算清 0
                TR2=0;// 关闭 Timer2
                bell=1;// 关闭蜂鸣器
            }
}
/ * * * * * * * * * * * * * * * * * * * * * * * * * * * * * * * * *
 * 函数名称：main()
 * 功    能：
 * 入口参数：
 * 出口参数：
 * * * * * * * * * * * * * * * * * * * * * * * * * * * * * * * * */
void main( void )
{
    uchar clock_time[7]={ 0x00, 0x00, 0x02, 0x01, 0x06, 0x07 };
    // 定义时间变量  秒  分 时 日 月 年
    uchar alarm_time[2]={ 0,0 };
    // 闹钟设置   alarm_time[0]:分钟   alarm_time[1]:小时
    uchar temperature[2];
    // 定义温度变量   temperature[0] 低 8 位 temperature[1]  高 8 位
    Lcd_Initial();      //LCD 初始化
    Clock_Initial( clock_time );// 时钟初试化
    / * * * * * * * * * * * * * * * * * * * * * * 中 断 初 始 化
* * * * * * * * * * * * * * * * * * * * * * * * * * * * * * */
    EA=1;// 开总中断
    ET0=1;   //Timer0 开中断
    ET2=1;  //Timer2 开中断
    TMOD=0x01 ;  //Timer0 工作方式 1
    RCAP2H=0x3c;
```

```c
    RCAP2L=0xb0; //Timer2 延时 50 ms
    while( 1 )
    {
        switch( Key_Scan() )
        {
            case up_array:
            {
                Key_Idle();
            }
                break;
            case down_array:
            {
                Key_Idle();
            }
                break;
            case clear_array:
            {
                Key_Idle();
            }
                break;
            case function_array:{
                Key_Function( clock_time, alarm_time );
            }
            case null:
            {
    Clock_Fresh( clock_time ); // 时间刷新
    Lcd_Clock( clock_time );    // 时间显示
    Sensor_Fresh( temperature ); // 温度更新
    Lcd_Temperture( temperature ); // 温度显示
    Calendar_Convert( 0 , clock_time );
    Week_Convert( 0, clock_time );
// 整点报时
    if( ( * clock_time==0x59 ) && ( * ( clock_time+1 )==0x59 ) )
    {
        bell=0;
    TR2=1; // 启动 Timer2
    }
                        // 闹钟报警
```

```c
        if( * alarm_time == *( clock_time + 1 ) ) //分钟相吻合
        if( *( alarm_time + 1 ) == *( clock_time + 2 ) ) //小时相吻合
{
        bell = 0;
TR2 = 1; //启动 Timer2
}
                            }
        break;
                    }
}
}
//calendar.h 文件
#ifndef _SUN_MOON
#define _SUN_MOON
/******************************************/
#define uchar unsigned char
#define uint unsigned int
/*******************************************
*   月份数据表
********************************************/
uchar code day_code1[9] = {0x0,0x1f,0x3b,0x5a,0x78,0x97,0xb5,0xd4,0xf3};
uint  code day_code2[3] = {0x111,0x130,0x14e};
/*******************************************
*   星期数据表
********************************************/
uchar code   table_week[12] = {0,3,3,6,1,4,6,2,5,0,3,5};
/*******************************************
*   内容://闹钟的图标
*   大小:16×16
********************************************/
uchar code alarm_logo[5][32] = {};
/*******************************************/
#endif
//key.h 文件
#ifndef _KEY
#define _KEY
/*********************       键盘预定义
*********************************/
```

```c
#define up_array        0x01
#define down_array      0x02
#define clear_array     0x03
#define function_array  0x04
#define null            0
/***********************************
* 函数名称:Key_Idle()
* 功    能:键盘松开
* 入口参数:无
* 出口参数:无
***********************************/
void Key_Idle()
{
    while((P0 & 0x0f)!=0x0f);
}
/***********************************
* 函数名称:Key_Scan()
* 功    能:键盘扫描
* 入口参数:无
* 出口参数:键值
***********************************/
uchar Key_Scan()
{
    if((P0 & 0x0f)!=0x0f)           //判断按键
    {
        Delay(4);                   //消除抖动
        if((P0 & 0x0f)!=0x0f)
        {
            switch(P0 & 0x0f)       //将按键码转换成键值
            {
                case 0x0e:return up_array;
                case 0x0d:return down_array;
                case 0x0b:return clear_array;
                case 0x07:return function_array;
                default:return null;
            }
        }
    }
}
```

}
    return null;
}#endif

## 7.4 单片机课程设计实例

### 7.4.1 红外收发器

**1. 设计任务**

红外遥控技术是一种利用红外线进行点对点通信的技术，其相应的软件和硬件技术都已比较成熟。它是把红外线作为载体的遥控方式。在现代电子工程应用中，红外线常常被用做近距离视线范围内的通信载波，最典型的应用就是家电遥控器。

(1) 基本要求

① 能够实现利用红外线实现无线数据的收发；

② 能够将发送的数据或接收的数据进行显示，或根据接收的命令执行相应的功能。

(2) 选做

① 所发送的数据利用 PC 机进行控制；

② 能够实现的数据通信采用一对多的主从模式；

③ 能够实现远程的参数数据传送，如实现远程抄表、温度、湿度等。

**2. 任务分析**

由于 51 系列单片机的串行口不支持红外数据传输功能，实现红外通信的方案之一专用芯片解决方案。专用红外编码芯片种类很多，如日本三菱公司的 M50426AP、PT2262、BL9148、ZD6631 等，此类芯片一般集载波振荡、编码、发射于一体，具有很强的抗干扰能力，外围电路简单，使用很方便，而且价格也很低。通用的遥控器上大多使用此类专用芯片。但是，专用芯片也有致命的弱点：专用芯片的应用灵活性很差，其内部编码已经固定，无法修改内部数据，不适用于经常需要改动传送数据的场合；专用芯片几乎都是面向指令型的编码遥控方式，传输效率较低；大多数的专用芯片的内部编码及技术数据已经公之于世，会产生安全漏洞。

另一种是采用微处理器直接解决，该方案使用微处理器的 I/O 接口直接产生某一频率的已调波，驱动红外发光二极管，发射红外数据。而红外编码工作由软件完成，因此，红外编码方案可以任意设计，外部只需配接非常简单的硬件电路，大大降低了电路的复杂性，有利于降低成本，减小遥控器的体积。由于使用软件编码方案，占用了 CPU 的一定的时间，CPU 处理速度受到一定的影响。由于电路使用分立元件构成，其稳定性和抗干扰能力不高。

**3. 方案选择**

(1) 硬件方案

本系统分两个模块：发射模块、接收模块。其中发射模块有键盘输入，通过单片机进行编码，红外线发射装置将编码发射出去。接收模块中，通过红外线接收，单片机进行解码,然后将数据送至显示。根据要求可知,系统的硬件框图如图 7.7 所示。

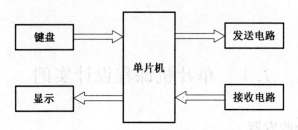

图 7.7　红外数据通信原理框图

其中显示部分可以是 LED 显示,也可以是 LCD 显示。

(2) 软件方案

系统软件可分为键盘管理、显示管理、数字编解码管理 3 部分。软件由 C 语言完成。

对于数字编解码管理部分,如果采用专用的红外收发芯片,不需考虑数字编码的方法,厂家已经确定,所以,在此部分编程之前,应认真研究专用芯片生产厂家的使用说明,了解芯片的结构和使用方法,之后再对其进行编程。如果采用软件编程,则要设计合理的编解码方式。

若采用软件编程实现红外数据通信,流程图如图 7.8 所示。

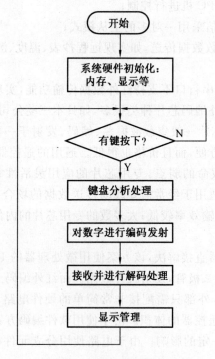

图 7.8　红外通信程序流程图

**4. 部分代码**

(1) 发送程序

```
void SendIRdata(char p_irdata)
```

```c
{
    int i;
    char irdata = p_irdata;
    // 发送 9 ms 的起始码
    endcount = 223;
    Flag = 1;
    count = 0;
    P3_4 = 0;
    do{}while(count < endcount);
    // 发送 4.5 ms 的结果码
    endcount = 117;
    Flag = 0;
    count = 0;
    P3_4 = 1;
    do{}while(count < endcount);
    // 发送 16 位地址的低 8 位
    irdata = iraddr1;
    for(i = 0;i < 8;i++)
    {
        // 先发送 0.56 ms 的 38 kHz 红外波(即编码中 0.56 ms 的低电平)
        endcount = 10;
        Flag = 1;
        count = 0;
        P3_4 = 0;
        do{}while(count < endcount);
        // 停止发送红外信号(即编码中的高电平)
        if(irdata - (irdata/2) * 2)    // 判断二进制数个位为 1 还是 0
        {
            endcount = 15;   //1 为宽的高电平
        }
        else
        {
            endcount = 41;   //0 为窄的高电平
        }
        Flag = 0;
        count = 0;
        P3_4 = 1;
        do{}while(count < endcount);
```

```
            irdata = irdata >> 1;
}
// 发送 16 位地址的高 8 位
irdata = iraddr2;
for(i = 0; i < 8; i++)
{
    endcount = 10;
    Flag = 1;
    count = 0;
    P3_4 = 0;
    do{}while(count < endcount);
    if(irdata - (irdata/2) * 2)
    {
        endcount = 15;
    }
    else
    {
        endcount = 41;
    }
    Flag = 0;
    count = 0;
    P3_4 = 1;
    do{}while(count < endcount);
    irdata = irdata >> 1;
}
// 发送 8 位数据
irdata = ~ p_irdata;
for(i = 0; i < 8; i++)
{
    endcount = 10;
    Flag = 1;
    count = 0;
    P3_4 = 0;
    do{}while(count < endcount);
    if(irdata - (irdata/2) * 2)
    {
        endcount = 15;
    }
```

```
        else
        {
            endcount = 41;
        }
        Flag = 0;
        count = 0;
        P3_4 = 1;
        do{}while(count < endcount);
        irdata = irdata >> 1;
}
// 发送 8 位数据的反码
irdata = p_irdata;
for(i = 0;i < 8;i++)
{
        endcount = 10;
        Flag = 1;
        count = 0;
        P3_4 = 0;
        do{}while(count < endcount);
        if(irdata − (irdata/2) * 2)
        {
            endcount = 15;
        }
        else
        {
            endcount = 41;
        }
        Flag = 0;
        count = 0;
        P3_4 = 1;
        do{}while(count < endcount);
        irdata = irdata >> 1;
}
endcount = 10;
Flag = 1;
count = 0;
P3_4 = 0;
do{}while(count < endcount);
```

```c
        P3_4=1;
        Flag=0;
    }
```

**(2) 接收程序**

```c
#define JINGZHEN 48
#define TIME0TH ((65536-100*JINGZHEN/12)&0xff00)>>8
//time0,100μs,红外遥控
#define TIME0TL ((65536-100*JINGZHEN/12)&0xff)
#define TIME1TH ((65536-5000*JINGZHEN/12)&0xff00)>>8
#define TIME1TL ((65536-5000*JINGZHEN/12)&0xff)
#define uchar unsigned char
#define uint  unsigned int
code uchar  BitMsk[]={0x01,0x02,0x04,0x08,0x10,0x20,0x40,0x80,};
uint IrCount=0,Show=0,Cont=0;
uchar IRDATBUF[32],s[20];
uchar IrDat[5]={0,0,0,0,0};
uchar IrStart=0,IrDatCount=0;
void timer1int (void) interrupt 3 using 3
{ //定时器1
EA=0;
TH1=TIME1TH;
TL1=TIME1TL;
Cont++;
if(Cont>10)Show=1;
EA=1;
}
void timer0int (void)  interrupt 1  using 1
{ //定时器0
    uchar i,a,b,c,d;
    EA=0;
    TH0=TIME0TH;
    TL0=TIME0TL;
    if(IrCount>500)IrCount=0;
    if(IrCount>300&&IrStart>0){
IrStart=0;IrDatCount=0;IrDat[0]=IrDat[1]=IrDat[2]=IrDat[3]=0;IrCount=0;}
    if(IrStart==2)
    {
        IrStart=3;
```

```
        for(i=0;i<IrDatCount;i++)
        {
            if(i<32)
            {
                a=i/8;
                b=IRDATBUF[i];
                c=IrDat[a];
                d=BitMsk[i%8];
                if(b>5&&b<14)c|=d;
                if(b>16&&b<25)c&=~d;
                IrDat[a]=c;
            }
        }
        if(IrDat[2]!=~IrDat[3])
        { IrStart=0;IrDatCount=0;IrDat[0]=IrDat[1]=IrDat[2]=IrDat[3]=0;IrCount=0;}
        EA=1;
        return;
    }
    IrCount++;
    EA=1;
}
void int0() interrupt 0  using 0
{
    EA=0;
    if(IrStart==0)
    {
        IrStart=1;IrCount=0;TH0=TIME0TH;TL0=TIME0TL;
        IrDatCount=0;EA=1;
        return;
    }
    if(IrStart==1)
    {
    if(IrDatCount>0&&IrDatCount<33)
        IRDATBUF[IrDatCount-1]=IrCount;
    if(IrDatCount>31)
        {IrStart=2;TH0=TIME0TH;TL0=TIME0TL;EA=1;return;}
    if(IrCount>114&&IrCount<133&&IrDatCount==0)
```

{IrDatCount=1;}else if(IrDatCount>0)IrDatCount++;
}
　　IrCount=0;TH0=TIME0TH;TL0=TIME0TL;
　　EA=1;
}

### 7.4.2 电子计算器

**1. 设计任务**

设计一个具有加减乘除功能的计算器,包括 32 键盘、8 位有效数据。

选做:带三角函数、指数函数、对数函数的计算功能,科学计数法表示。

**2. 任务分析**

本设计任务是设计一个计算器。通过设计任务可知,系统硬件较为简单,主要模块即是键盘与显示。另外可加一蜂鸣器在出错时报警。

**3. 方案选择**

由于系统硬件比较简单,所以,方案选择也比较容易。首先,由于按键较多,所以,应以键盘应为矩阵键盘。显示可选动态显示或静态显示,如果无特殊要求,两种方案都可以考虑。如果使用静态,建议用串行显示,可减少芯片数量。硬件框图如图 7.9 所示。

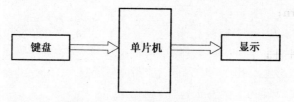

图 7.9　计算器硬件原理框图

由于计算精度要求较高,所以计算过程应采用浮点式计算。这样,不宜使用汇编语言进行设计,采用 C 语言更为合适。在计算过程中,注意节省内存。

**4. 部分程序**

```
void operator(char op)// 记录操作内容
{
    status++;
    switch(op)
    {
        case '+':
        case '-':
        case '*':
        case '/':
            if(status==1 || status==0)
            {
                lasttoken=op;
```

```
            }
            else if(status==2)
            {
                deal();
            }
            status=1;
            break;
        case '=':
            if(lasttoken==0) return;
            deal();
            status=0;
            break;
        case 'C':
            lasttoken=op;
            deal();
            status=0;
            break;
        case 'S':
            lasttoken=op;
            deal();
            status=0;
    }
    return;
}
void deal()//处理操作
{
    long result=0;
    long num;
    switch(lasttoken)
    {
        case '+':
            result=lvalue+rvalue;
            break;
        case '-':
            result=lvalue-rvalue;
            break;
        case '*':
            result=lvalue*rvalue;
```

```
                break;
            case '/':
                if(rvalue==0) return;
                result=lvalue/rvalue;
                break;
            case 'C':
                lasttoken=0;
                break;
            case 'S':
                if(status==2&&rvalue!=0) num=rvalue;
                else num=lvalue;
                result=square((double)num);
                lasttoken=0;
                break;
        }
        if(result>=100000000)result=0;
        lvalue=result;
        display(lvalue);
        rvalue=0;
        return;
}
long absc(long dt)// 求绝对值
{
    if(dt>=0) return dt;
    else return dt*(-1);
}
int square(double dt)// 开根号
{
    double result;
    result=dt/2;
    while (absc(result*result-dt)>1)
        result=(result+dt/result)/2;
    return result;
}
```

### 7.4.3 超声波测距

**1. 设计任务**

设计一个超声波测距器,可应用在汽车倒车、建筑施工工地以及一些工业现场的位置测控,也可用于如液位、井深、管道长度的测量等场合。

(1) 基本要求

① 测量范围 10～80 cm;

② 测量精度 1 cm;

③ 测量时与被测物体无直接接触,能够清晰稳定地显示测量结果。

(2) 选做

① 测量范围扩展为 10～4 m,提高测量精度;

② 语音播报测量结果。

**2. 任务分析**

超声波测距仪是利用超声波发射器向某一方向发射超声波,在发射时刻的同时开始计时,超声波在空气中传播,途中碰到障碍物就立即返回来,超声波接收器收到反射波就立即停止计时。超声波在空气中的传播速度为 340 m/s,根据计时器记录的时间 $t$,就可以计算出发射点距障碍物的距离($s$),即:$s = 340\ t/2$。超声波测距系统主要由声波发射电路、回波接收电路以及信号采集电路、温度补偿电路等组成。

**3. 方案选择**

(1) 硬件方案选择

① 超声波发射电路。从总体上讲,超声波发生器可以分为两大类:一类是用电气方式产生超声波;一类是用机械方式产生超声波。电气方式包括压电型、磁致伸缩型和电动型等;机械方式有加尔统笛、液哨、气流旋笛等。它们所产生的超声波的频率、功率和声波特性各不相同,因而用途也各不相同。目前较为常用的是压电式超声波发生器。

压电式超声波发生器实际上是利用压电晶体的谐振来工作的。超声波发生器内部主要由两个压电晶片和一个共振板组成。当它的两极外加脉冲信号,其频率等于压电晶片的固有振荡频率时,压电晶片将会发生共振,并带动共振板振动,便产生超声波。反之,如果两电极间未外加电压,当共振板接收到超声波时,将压迫压电晶片作振动,将机械能转换为电信号,这时它就成为超声波接收器了。

这种压电式超声波传感器是利用内藏的压电晶体的压电效应。压电晶体在外电场作用下会产生机械变形,或者使压电晶体变形也会产生电压,前者称为逆压电效应,后者称为正压电效应。利用压电晶体的逆压电效应,电路的高频电压会转换为高频机械振动,以产生超声波,作为超声波发生探头,利用压电晶体的正压电效应可将接收的超声波振动转换成电信号,作为超声波接收探头。

② 超声波接收电路。超声波接收电路的作用是对接收的超声波信号进行放大,并将放大后的信号处理成系统可以处理的电平信号。

③ 温度补偿电路。超声波是一种声波,其声速 $c$ 与温度有关。如果测距精度要求很高时,则应通过温度补偿的方法加以校正。温度测量可以使用数字温度传感器 DS18B20。

④ 超声波测距器的算法设计。超声波测距的原理即超声波发生器 T 在某一时刻发出一个超声波信号,当这个超声波遇到被测物体后发射回来,就被超声波接收器 R 所接收到。这样只要计算出从发出超声波信号到返回信号所用的时间,就可以算出超声波发生

器与反射物体的距离。距离的计算公式为

$$d = \frac{s}{2} = \frac{(c \times 5)}{2}$$

式中　　$d$——被测物体与测距器的距离；

　　　　$s$——声波来回的路程；

　　　　$c$——声速；

　　　　$t$——声波来回所用的时间。

系统硬件框图如图 7.10 所示。

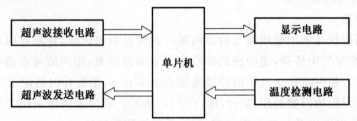

图 7.10　系统硬件框图

（2）超声波测距器的软件

系统软件主要由主程序、超声波发射子程序、超声波接收中断程序及显示子程序组成。图 7.11 为系统主程序流程图。

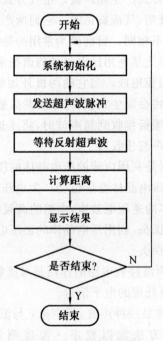

图 7.11　主程序流程图

超声波测距器主程序利用外部中断检测返回超声波信号，一旦接收到返回的超声波信号，立即进入中断程序。

### 7.4.4 乒乓球游戏机

**1. 设计任务**

设计乒乓球游戏机。游戏规则如下：

（1）球的运动

以连续排列的发光二极管作为乒乓球，点亮的发光二极管的移（位）动作为乒乓球的运动。

（2）击球

甲、乙两方各有一个按键作为球拍，以按键的按下开关表示击球。如果没有失误，则甲方击球后发光二极管向乙方移动，反之亦然。

（3）失误

接球方必须在放光二极管移动到自己方最末一个二极管时，按下击球键使球向对方移动。如果击球过早或过迟，即发光管还没移动到最末一个或已经移出队列都是为失误。

（4）游戏等级

不同等级的游戏区别在于球的运动速度级别越高，球的运动速度就越快。

（5）记分牌

游戏机设有一个记分牌，由 4 位数码管显示双方的得分，胜一球累加一分。

本游戏供两人玩，发球权由玩家自行决定。若甲方发球开始，此时，"乒乓球"向右运动，接球方应在球到达终点时刻击球，如击球时机合适，则击球成功，球向对方运动；否则，击球失误，蜂鸣器报警，对方得分，用 LED 数码管显示双方比分。轮流发球，每方有 2 次发球权，哪方先得 11 分即获胜。按下开始键，可切换发球方（静止的发光管停留在某一方）。

双方各有一个按键，按键采用常/开常闭联动结构，通过按键按下时由常闭接点断开到常开接点闭合的时间差来决定球的回球速度。

接球方的击球动作应发生在"乒乓球"到达最左或最右方的 ±0.5 s 内。如接球方在此期间内按键，接球成功，"乒乓球"向反方向运动。如果接球方提前或延后击球，则接球方失误，对方得分。

选做内容：击球键由双键组成，最好一个键帽两个触点。两个触点接通的时间间隔决定所击出球的运动速度。

**2. 方案选择**

（1）乒乓球运动部分

两种方案可以考虑：一是发光二极管直接接到锁存器（要考虑驱动问题），乒乓球的运动采用定时移位来实现，定时的时间长短决定了球的运动速度；二是发光二极管接译码器输出（共阳接法），当译码器输入以二进制加计数方式变化时，可在译码输出端得到一个序列低脉冲，使发光二极管依次点亮，当以二进制减计数时，脉冲顺序相反，由此模拟乒乓球的运动方向。

（2）球速的控制

球速的控制应有定时器来完成，球速与定时器的中断周期相关。具体速度可调试时看情况而定。

## 本章小结

本章主要介绍了课程设计指导规范、目的与要求、时间安排、硬件设计的步骤、课程设计报告要求及撰写规范，并介绍了两个常用实例：16×32 点阵显示和电子万年历，并在实例中介绍了常用的时钟芯片 DS1302、温度传感器 18B20 和 74HC595 芯片。

# 附录 A  C51 库函数

C51 软件包的库包含标准的应用程序,每个函数都在相应的头文件(.h)中有原型声明。如果使用库函数,必须在源程序中用预编译指令定义与该函数相关的头文件(包含了该函数的原型声明)。例如:

#include < stdio.h >
#include < ctype.h >

如果省掉头文件,编译器则期望标准的 C 参数类型,从而不能保证函数的正确执行。

**1. CTYPE.H(字符函数)**

字符函数如表 A.1 所示。

A.1 字符函数表

| 函数名 | 原型 | 功能说明 |
| --- | --- | --- |
| isalpha | extern bit isalpha(char); | isalpha 检查传入的字符是否在 A~Z 和 a~z 之间,如果为真返回值为 1,否则为 0 |
| isalnum | extern bit isalnum(char); | isalnum 检查字符是否位于 A~Z,a~z 或 0~9 之间,为真返回值是 1,否则为 0 |
| iscntrl | extern bit iscntrl(char); | iscntrl 检查字符是否位于 0x00H~0x1FH 之间或 0x7FH,为真返回值是 1,否则为 0 |
| isdigit | extern bit isdigit(char); | isdigit 检查字符是否在 0~9 之间,为真返回值是 1,否则为 0 |
| isgraph | extern bit isgraph(char); | isgraph 检查变量是否为可打印字符,可打印字符的值域为 0x21H~0x7EH。若为可打印,返回值为 1,否则为 0 |
| isprint | extern bit isprint(char); | 除与 isgraph 相同外,还接受空格字符(0x20) |
| ispunct | extern bit ispunct(char); | ispunct 检查字符是否位为标点或空格。如果该字符是个空格或 32 个标点和格式字符之一(假定使用 ASCII 字符集中 128 个标准字符),则返回 1,否则返回 0。Ispunct 对下列字符返回 1:(空格)! " $ % · & ( ) + 、- . / : < = > ? _ [ ˙ ~ { \| } |
| islower | extern bit islower(char); | islower 检查字符变量是否位于 a~z 之间,为真返回值是 1,否则为 0 |

续表 A.1

| 函数名 | 原型 | 功能说明 |
|---|---|---|
| isupper | extern bit isupper(char); | isupper 检查字符变量是否位于 A～Z 之间,为真返回值是 1,否则为 0 |
| isspace | extern bit isspace(char); | isspace 检查字符变量是否为下列之一:空格、制表符、回车、换行、垂直制表符和送纸。为真返回值是 1,否则为 0 |
| isxdigit | Extern bit isxdigit(char) | isxdigit 检查字符变量是否位于 0～9,A～F 或 a～f 之间,为真返回值是 1,否则为 0 |
| toascii | toascii(c)((c)&0x7F); | 该宏将任何整型值缩小到有效的 ASCII 范围内,它将变量和 0x7F 相与从而去掉低 7 位以上所有数位 |
| toint | extern char toint(char); | toint 将 ASCII 字符转换为 16 进制,返回值 0 到 9 由 ASCII 字符 0 到 9 得到,10 到 15 由 ASCII 字符 a～f(与大小写无关)得到 |
| tolower | extern char tolower(char) | tolower 将字符转换为小写形式,如果字符变量不在 A～Z 之间,则不作转换,返回该字符 |
| tolower | tolower(c); (c－'A'＋'a'); | 该宏将 0x20 参量值逐位相或 |
| toupper | extern char toupper(char) | toupper 将字符转换为大写形式,如果字符变量不在 a～z 之间,则不作转换,返回该字符 |
| toupper | toupper(c); ((c)－'a'+'A'); | toupper 宏将 c 与 0xDF 逐位相与 |

**2. STDIO.H:一般 I/O 函数**

C51 编译器包含字符 I/O 函数,函数表如 A.2 所示它们通过处理器的串行接口操作,为支持其他 I/O 机制,只需修改 getkey() 和 putchar() 函数,其他所有 I/O 支持函数依赖这两个模块,不需要改动。在使用 8051 串行口之前,必须将它们初始化,下例以 2 400 bps,12 MHz 初始化串口:

SCON=0x52 /* SCON */
TMOD=0x20 /* TMOD */
TR1=1 /* Timer 1 run flag */
TH1=0Xf3 /* TH1 */

其他工作模式和波特率等细节问题可以从 8051 用户手册中得到。

A.2 一般 I/O 函数表

| 函数名 | 原型 | 功能说明 |
|---|---|---|
| getkey | extern char _getkey(); | getkey() 从 8051 串口读入一个字符,然后等待字符输入,这个函数是改变整个输入端口机制应作修改的唯一一个函数 |

续表 A.2

| 函数名 | 原型 | 功能说明 |
|---|---|---|
| getchar | extern char _getchar(); | getchar() 使用 _getkey 从串口读入字符,除了读入的字符马上传给 putchar 函数以作响应外,与 _getkey 相同 |
| gets | extern char * gets(char * s, int n); | 该函数通过 getchar 从控制台设备读入一个字符送入由"s"指向的数据组。考虑到 ANSI 标准的建议,限制每次调用时能读入的最大字符数,函数提供了一个字符计数器"n",在所有情况下,当检测到换行符时,放弃字符输入 |
| ungetchar | extern charungetchar(char); | ungetchar 将输入字符推回输入缓冲区,因此下次 gets 或 getchar 可用该字符。ungetchar 成功时返回"char",失败时返回 EOF,不可能用 ungetchar 处理多个字符 |
| ungetchar | extern char_ungetchar(char); | ungetchar 将传入字符送回输入缓冲区并将其值返回给调用者,下次使用 getkeyC-51 程序设计 29 时可获得该字符,写回多个字符是不可能的 |
| putchar | extern putchar(char); | putchar 通过 8051 串口输出"char",和函数 getkey 一样,putchar 是改变整个输出机制所需修改的唯一一个函数 |
| printf | extern intprintf(const char * ,…); | printf 以一定格式通过 8051 串口输出数值和串,返回值为实际输出的字符数,参量可以是指针、字符或数值,第一个参量是格式串指针 |
| sprintf | extern intsprintf(char * s, const char * ,…); | sprintf 与 printf 相似,但输出不显示在控制台上,而是通过一个指针 S,送入可寻址的缓冲区。注:sprintf 允许输出的参量总字节数与 printf 完全相同 |
| puts | extern intputs(const char * ,…); | puts 将串"s"和换行符写入控制台设备,错误时返回 EOF,否则返回一非负数 |
| scanf | extern intscanf(const char * ,…); | scanf 在格式串控制下,利用 getcha 函数由控制台读入数据,每遇到一个值(符号格式串规定),就将它按顺序赋给每个参量,注意每个参量必须是指针。scanf 返回它所发现并转换的输入项数。若遇到错误返回 EOF |
| sscanf | extern intsscanf(const * s, const char * ,…); | sscanf 与 scanf 方式相似,但串输入不是通过控制台,而是通过另一个以空结束的指针 |

### 3. STRING.H:串函数

串函数通常将指针串作输入值。串函数表如表 A.3 所示。一个串就包括 2 个或多个字符。串结以空字符表示。在函数 memcmp、memcpy、memchr、memccpy、memmove

和 memset 中,串长度由调用者明确规定,使这些函数可工作在任何模式下。

### A.3 串函数表

| 函数名 | 原型 | 功能说明 |
| --- | --- | --- |
| memchr | extern void * memchr(void * s1, char val, int len); | memchr 顺序搜索 s1 中的 len 个字符找出字符 val,成功时返回 s1 中指向 val 的指针,失败时返回 NULL |
| memcmp | extern char memcmp(void * s1, void * s2, int len); | memcmp 逐个字符比较串 s1 和 s2 的前 len 个字符。相等时返回 0,如果串 s1 大于或小于 s2,则相应返回一个正数或负数 |
| memcpy | extern void * memcpy(void * dest, void * src, int len); | memcpy 由 src 所指内存中拷贝 len 个字符到 dest 中,返回批向 dest 中的最后一个字符的指针。如果 src 和 dest 发生交叠,则结果是不可预测的 |
| memccpy | extern void * memccpy(void * dest, void * src, char val, int len); | memccpy 拷贝 src 中 len 个字符到 dest 中,如果实际拷贝了 len 个字符,则返回 NULL。拷贝过程在拷贝完字符 val 后停止,此时返回指向 dest 中下一个元素的指针 |
| memmove | extern void * memmove(void * dest, void * src, int len); | memmove 工作方式与 memcpy 相同,但拷贝区可以交叠 |
| memset | extern void * memset(void * s, char val, int len); | memset 将 val 值填充指针 s 中 len 个单元 |
| strcat | extern char * strcat(char * s1, char * s2); | strcat 将串 s2 拷贝到串 s1 结尾。它假定 s1 定义的地址区足以接受两个串。返回指针指向 s1 串的第一字符 |
| strncat | extern char * strncat(char * s1, char * s2, int n); | strncat 拷贝串 s2 中 n 个字符到串 s1 结尾。如果 s2 比 n 短,则只拷贝 s2 |
| strcmp | extern char strcmp(char * s1, char * s2); | strcmp 比较串 s1 和 s2,如果相等返回 0,如果 s1 < s2,返回负数,s1 > s2 则返回一个正数 |
| strncmp | extern char strncmp(char * s1, char * s2, int n); | strncmp 比较串 s1 和 s2 中前 n 个字符,返回值与 strncmp 相同 |
| strcpy | extern char * strcpy(char * s1, char * s2); | strcpy 将串 s2 包括结束符拷贝到 s1,返回指向 s1 的第一个字符的指针 |

续表 A.3

| 函数名 | 原型 | 功能说明 |
|---|---|---|
| strncpy | extern char * strncpy(char * s1, char * s2,int n); | strncpy 与 strcpy 相似,但只拷贝 n 个字符。如果 s2 长度小于 n,则 s1 串以'0'补齐到长度 n |
| strlen | extern int strlen(char * s1) | strlen 返回串 s1 字符个数(包括结束字符) |
| Strchr | extern char * strchr(char * s1, char c); | strchr 搜索 s1 串中第一个出现的'c'字符,如果成功,返回指向该字符的别指针,搜索也包括结束符。搜索一个空字符返回指向空字符的指针而不是空指针。strpos 与 strchr 相似,但它返回字符在串中的位置或 -1,s1 串的第一个字符位置是 0 |
| strpos | extern int strpos(char * s1,char c); | |
| Strrchr | extern char * strrchr(char * s1, char c); | strrchr 搜索 s1 串中最后一个出现的'c'字符,如果成功,返回指向该字符的指针,否则返回 NULL。对 s1 搜索也返回指向字符的指针而不是空指针。strrpos 与 strrchr 相似,但它返回字符在串中的位置或 -1 |
| strrpos | extern int strrpos(char * s1,char c); | |
| Strspn | extern int strspn(char * s1, char * set); | strspn 搜索 s1 串中第一个不包含在 set 中的字符,返回值是 s1 中包含在 set 里字符的个数。如果 s1 中所有字符都包含在 set 里,则返回 s1 的长度(包括结束符)。如果 s1 是空串,则返回 0。strcspn 与 strspn 类似,但它搜索的是 s1 串中的第一个包含在 set 里的字符。strpbrk 与 strspn 很相似,但它返回指向搜索到字符的指针,而不是个数,如果未找到,则返回 NULL。strrpbrk 与 strpbrk 相似,但它返回 s1 中指向找到的 set 字集中最后一个字符的指针 |
| strcspn | extern int strcspn(char * s1,char * set); | |
| Strpbrk | extern char * strpbrk(char * s1, char * set); | |
| strrpbrk | extern char * strpbrk(char * s1, char * set); | |

**4. STDLIB. H:标准函数**

标准函数表如表 A.4 所示。

A.4 标函函数表

| 函数名 | 原型 | 功能说明 |
|---|---|---|
| atof | extern double atof(char * s1) | atof 将 s1 串转换为浮点值并返回。输入串必须包含与浮点值规定相符的数。C51 编译器对数据类型 float 和 double 相同对待 |
| atol | extern long atol(char * s1); | atol 将 s1 串转换成一个长整型值并返回它。输入串必须包含与长整型值规定相符的数 |
| atoi | extern int atoi(char * s1); | atoi 将 s1 串转换为整型数并返回。输入串必须包含与整型数规定相符的数 |

## 5. MATH.H:数学函数

数学函数表如 A.5 所示。

A.5 数学函数表

| 函数名 | 原型 | 功能说明 |
| --- | --- | --- |
| abs | extern int abs(int val); | abs 决定了变量 val 的绝对值,如果 val 为正,则不作改变返回;如果为负,则返回相反数。这 4 个函数除了变量和返回值的数据不一样外,它们功能相同 |
| cabs | extern char cabs(char val); | |
| fabs | extern float fabs(float val); | |
| labs | extern long labs(long val); | |
| exp | extern float exp(float x); | exp 返回以 e 为底 $x$ 的幂,log 返回 $x$ 的自然数(e = 2.718 282),log10 返回 $x$ 以 10 为底的数 |
| log | extern float log(float x); | |
| log10 | extern float log10(float x); | |
| sqrt | extern float sqrt(float x); | sqrt 返回 $x$ 的平方根 |
| rand | extern int rand(void); | rand 返回一个 0 到 32 767 之间的伪随机数。srand 用来将随机数发生器初始化成一个已知(或期望)值,对 rand 的相继调用将产生相同序列的随机数 |
| srand | extern void srand(int n); | |
| cos | extern float cos(flaot x); | cos 返回 $x$ 的余弦值。sin 返回 $x$ 的正弦值。tan 返回 $x$ 的正切值,所有函数变量范围为 $-\pi/2 \sim +\pi/2$,变量必须在 $\pm 65\,535$ 之间,否则会产生一个错误。 |
| sin | extern float sin(flaot x); | |
| tan | extern flaot tan(flaot x); | |
| acos | extern float acos(float x); | acos 返回 $x$ 的反余弦值,asin 返回 $x$ 的正弦值,atan 返回 $x$ 的反正切值,它们的值域为 $-\pi/2 \sim +\pi/2$。atan2 返回 $x/y$ 的反正切,其值域为 $-\pi \sim +\pi$ |
| asin | extern float asin(float x); | |
| atan | extern float atan(float x); | |
| atan2 | extern float atan(float y, float x); | |
| cosh | extern float cosh(float x); | cosh 返回 $x$ 的双曲余弦值;sinh 返回 $x$ 的双曲正弦值;tanh 返回 $x$ 的双曲正切值 |
| sinh | extern float sinh(float x); | |
| tanh | extern float tanh(float x); | |
| fpsave | extern void fpsave(struct FPBUF * p); | fpsave 保存浮点子程序的状态。fprestore 将浮点子程序的状态恢复为其原始状态,当用中断程序执行浮点运算时这两个函数是有用的 |
| fprestore | extern void fprestore (struct FPBUF * p); | |

## 6. ABSACC.H:绝对地址访问

绝对地址访问如表 A.6 所示

A.6  绝对地址访问

| 函数名 | 原型 | 功能说明 |
|---|---|---|
| CBYTE | #define CBYTE((unsigned char *)0x50000L) | 上述宏定义用来对 8051 地址空间作绝对地址访问,因此,可以字节寻址。CBYTE 寻址 CODE 区,DBYTE 寻址 DATA 区,PBYTE 寻址 XDATA 区(通过 MOVX @R0 命令),XBYTE 寻址 XDATA 区(通过 MOVX @DPTR 命令)。 |
| DBYTE | #define DBYTE((unsigned char *)0x40000L) | |
| PBYTE | #define PBYTE((unsigned char *)0x30000L) | |
| XBYTE | #define XBYTE((unsigned char *)0x20000L) | |
| CWORD | #define CWORD((unsigned int *)0x50000L) | 这些宏与上面相似,只是它们指定的类型为 unsigned int。通过灵活的数据类型,所有地址空间都可以访问 |
| DWORD | #define DWORD((unsigned int *)0x40000L) | |
| PWORD | #define PWORD((unsigned int *)0x30000L) | |
| XWORD | #define XWORD((unsigned int *)0x20000L) | |

### 7. INTRINS.H：内部函数

内部函数表如 A.7 所示。

**A.7　内部函数表**

| 函数名 | 原型 | 功能说明 |
|---|---|---|
| _crol_ | unsigned char _crol_(unsigned char val, unsigned char n) | |
| _irol_ | unsigned int _irol_(unsigned int val, unsigned char n); | _crol_、_irol_、_lrol_ 以位形式将 val 左移 $n$ 位，该函数与8051"RLA"指令相关，上面几个函数不同于参数类型 |
| _lrol_ | unsigned int _lrol_(unsigned int val, unsigned char n); | |
| _cror_ | unsigned char _cror_(unsigned char val, unsigned char n); | |
| _iror_ | unsigned int _iror_(unsigned int val, unsigned char n); | _cror_、_iror_、_lror_ 以位形式将 val 右移 $n$ 位，该函数与8051"RRA"指令相关，上面几个函数不同于参数类型 |
| _lror_ | unsigned int _lror_(unsigned int val, unsigned char n); | |
| _nop_ | void _nop_(void); | :_nop_ 产生一个 NOP 指令，该函数可用作 C 程序的时间比较。C51 编译器在 _nop_ 函数工作期间不产生函数调用，即在程序中直接执行了 NOP 指令 |
| _testbit_ | bit _testbit_(bit x); | _testbit_ 产生一个 JBC 指令，该函数测试一个位，当置位时返回1，否则返回0。如果该位置为1，则将该位复位为0。8051 的 JBC 指令即用作此目的。_testbit_ 只能用于可直接寻址的位；在表达式中使用是不允许的 |

## 8. STDARG.H：变量参数表

C51 编译器允许再入函数的变量参数（记号为"…"）。具体如表 A.8 所示。头文件 STDARG.H 允许处理函数的参数表，在编译时它们的长度和数据类型是未知的。为此，定义了下列宏。

### A.8　变量参数表

| 宏名 | 功能说明 |
| --- | --- |
| va_list | 指向参数的指针 |
| va_stat(va_list pointer, last_argument) | 初始化指向参数的指针 |
| type va_arg(va_list pointer, type) | 返回类型为 type 的参数 |
| va_end(va_list pointer) | 识别表尾的哑宏 |

## 9. SETJMP.H：全程跳转

SETJMP.H 中的函数用作正常的系列数调用和函数结束，它允许从深层函数调用中直接返回，具体如表 A.9 所示。

### A.9　全程跳转表

| 函数名 | 原型 | 功能说明 |
| --- | --- | --- |
| setjmp | int setjmp(jmp_buf env); | setjmp 将状态信息存入 env 供函数 longjmp 使用。当直接调用 setjmp 时返回值是 0，当由 longjmp 调用时返回非零值，setjmp 只能在语句 IF 或 SWITCH 中调用一次 |
| long jmp | long jmp(jmp_buf env, int val); | longjmp 恢复调用 setjmp 时存在 env 中的状态。程序继续执行，似乎函数 setjmp 已被执行过。由 setjmp 返回的值是在函数 longjmp 中传送的值 val，由 setjmp 调用的函数中的所有自动变量和未用易失性定义的变量的值都要改变 |

## 10. REGxxx.H：访问 SFR 和 SFR－BIT 地址

文件 REG51.H，REG52.H 和 REG552.H 允许访问 8051 系列的 SFR 和 SFR－bit 的地址，这些文件都包含 #include 指令，并定义了所需的所有 SFR 名以寻址 8051 系列的外围电路地址，对于 8051 系列中其他一些器件，用户可用文件编辑器容易地产生一个".h"文件。

下例表明了对 8051 PORT0 和 PORT1 的访问：

```
#include <reg51.h>
main() {
if(p0==0x10) p1=0x50;
}
```

289

# 附录 B  Proteus 的常用元器件

**B.1  Proteus 的常用元器件表**

| 元器件中文注释 | 元器件名 | 元器件中文注释 | 元器件名 |
| --- | --- | --- | --- |
| 驱动门 | 7407 | 8051 微控制器 | AT89C51 |
| 二极管 | 1N914 | 64 KB 静态 RAM | 6264 |
| 与非门 | 74Ls00 | 64 KB EPROM 存储器 | 27C64 |
| 非门 | 74LS04 | I²C 存储器 | 27LC16 |
| 与门 | 74LS08 | 晶振 | CRYSTAL |
| TTL 双十进制计数器 | 74LS390 | 电容 | CAP |
| 定时器/振荡器 | 555 | 可变电容 | CAP – VAR |
| 3～8 解码/多路选择器 | 74LS138 | 电解电容 | CAP – ELEC |
| 8D 三态输出型锁存器 | 74LS373 | 电容器 | CAPACITOR |
| 8 同相三态输出缓冲器/线驱动器 | 74LS244 | 电阻 | RES |
| 8 同相三态输出收发器 | 74LS245 | 8 电阻排 | RX8 |
| 8 位 8 通道 ADC 转换器 | ADC0808 | 电阻器 | RESISTOR |
| 8 位 DAC 转换器 | DAC0808 | 带公共端的 8 电阻排 | RESPACK – 8 |
| 二极管硅整流器 | IN4001 | 总线 | BUS |
| 二输入或非门 | NOR | 电池/电池组 | BATTERY |
| 二输入或门 | OR | 电源 | POWER |
| 二输入异或门 | XOR | 绿色发光二极管 | LED – GREEN |
| 二输入与非门 | NAND | 二极管,极速整流器 | UF4001 |
| 二输入与门 | AND | 通用晶闸管整流器 | SCR |
| 带锁存开关 | SWITCH | 小信号开关二极管 | IN4148 |
| 按钮 | BUTTON | 通用沟道二极管 | DIODE – TUN |
| 继电器 | RELAY | 通用电感 | INDUCTOR |
| 晶体管 | Transistors | 8 位并行串出移位寄存器 | 74LS164 |
| 变压器 | Inductors | 9 针 D 型阳座接插针 | COMN – D9M |

续表 B.1

| 元器件中文注释 | 元器件名 | 元器件中文注释 | 元器件名 |
|---|---|---|---|
| 电机 | Electromechanical | 9 针 D 型阴座接插针 | COMN－D9F |
| 简单直流电机模型 | MOTOR | 单脚终端接插针 | PIN |
| 数字式七段数码管 | 7SEG－DIGITAL | 喇叭模型 | SPEAKER |
| 七段 BCD 码显示器 | 7SEG－BCD | 交互式交流电压源 | ALTERNATOR |
| 七段共阳极绿色数码管(带公共端) | 7SEG－COM－AN－GRN | 交互式线性电位计 | POT－LIN |
| 绿色 8×8 点阵 | MATRIX－8×8－GREEN | 脉冲电流源 | IPULSE |
| 元器件中文注释 | 元器件名 | 元器件中文注释 | 元器件名 |
| 通用 NPN 型双极性晶体管 | NPN | 实时电压监控器 | RTVMON |
| 通用 PNP 型双极性晶体管 | PNP | 逻辑状态源(带锁存) | LOGICSTATE |
| COM 口物理接口模型 | COMPIN | 逻辑状态源(瞬态) | LOGICTOGGLE |
| 通用三端双向晶闸管开关元件 | TRIAC | 实时模拟电流断点发生器 | RTIBREAK |
| 动态保险丝模型 | FUSE | 无线符号 | AERIAL |
| 动态单极性步进电机模型 | MOTOR－STEPPER | 压电发生模型 | SOUNDER |
| 动态灯泡模型 | LAMP | 正弦波交流电压源 | VSINE |
| 动态数字方波源 | CLOCK | 直流电压源 | BATTERY |
| 动态交通灯模型 | TRAFFIC | 直流蜂鸣器 | BUZZER |
| 128×64 图形液晶 | LM3228 | 正弦波交流电压源 | ISINE |
| 16×2 字符液晶 | LM016L | 伏特计 | VOLTMETER |
| 5 V,100 mA 稳压器 | 78L05 | mV 伏特计 | VOLTMETER－MILLI |
| 5 V,1 A 稳压器 | 7805 | 串行口终端 | VTERM |
| 61×16 图形 LCD 控制器 | SED1520 | 逻辑分析器 | LOGIC ANALYSER |

# 附录 C  Proteus 的常用快捷键

### C.1  Proteus 常用快捷键

| 快捷键 | 功能 |
| --- | --- |
| F8 | 全部显示 |
| F6 | 放大 |
| F7 | 缩小 |
| F5 | 重定位中心 |
| G | 栅格开关 |
| Ctrl+F1 | 栅格宽度为 0.1 mm,显示栅格为 0.1 mm |
| F2 | 栅格为 0.5 mm,显示栅格为 0.5 mm |
| F3 | 栅格为 1 mm,显示栅格为 1 mm |
| F4 | 栅格为 2.5 mm,显示栅格为 2.5 mm |
| Ctrl+s | 打开关闭磁吸 |
| x | 打开关闭定位坐标 |
| m | mm 和 th 之间的单位切换 |
| o | 重新设置原点,将鼠标指向的点设为原点 |
| u | 撤销键 |
| Pgdn | 改变图层 |
| Pgup | 改变图层 |
| Ctrl+Pgdn | 最底层 |
| Ctrl+Pgup | 最顶层 |
| Ctrl+画线 | 可以画曲线 |
| R | 刷新 |
| +- | 旋转 |

## 参考文献

[1] 高洪志.MCS-51单片机原理及应用技术教程[M].北京:人民邮电出版社,2009.

[2] 赵亮,侯国瑞.单片机C语言编程与实例[M].北京:人民邮电出版社,2003.

[3] 姜志海,赵艳雷.单片机的C语言程序设计与应用[M].北京:电子工业出版社,2008.

[4] 张培仁.基于C语言编程MCS-51单片机原理与应用[M].北京:清华大学出版社,2003.

[5] 胡汉才.单片机原理及接口技术[M].2版.北京:清华大学出版社,2004.

[6] 蒋辉平,周国雄.基于PROTEUS的单片机系统设计与仿真实例[M].北京:机械工业出版社,2009.

[7] 侯玉宝,陈忠平,李成群.基于Proteus的51系列单片机设计与仿真[M].北京:电子工业出版社,2008.

[8] 张靖武,周灵彬.单片机原理、应用与PROTEUS仿真[M].北京:电子工业出版社,2008.

[9] 霍孟友.单片机原理及应用[M].北京:机械工业出版社,2005.

[10] 李刚民.单片机原理及实用技术[M].北京:高等教育出版社,2008.

[11] 林毓梁.单片机原理及应用[M].2版.北京:机械工业出版社,2009.

[12] 林益平,赵福建.单片机C语言课程教学的探索与实践[J].电气电子教学学报,2007,2(29):104-106.

[13] 王晓荣,权义萍,张印强.基于C语言的"单片机"教学方法[J].中国电力教育,2009,(6):96-97.

[14] 林志琦,郎建军,李会杰,等.基于Proteus的单片机可视化软硬件仿真[M].北京:北京航空航天大学出版社,2006.

[15] 赵星寒,刘小波.从0开始教你学单片机[M].北京:北京航空航天大学出版社,2009.

[16] 江世明.基于Proteus的单片机应用技术[M].北京:电子工业出版社,2009.

[17] 王幸之.AT89系列单片机原理与接口技术[M].北京:北京航空航天大学出版社,2004.

[18] 何立民.$I^2C$总线应用系统设计[M].北京:北京航空航天大学出版社,1995.

[19] 许文斌.proteus软件在单片机系统仿真实验教学中的应用[J].商业经济,2006(3):90-92.

# 读者反馈表

**尊敬的读者：**

您好！感谢您多年来对哈尔滨工业大学出版社的支持与厚爱！为了更好地满足您的需要，提供更好的服务，希望您对本书提出宝贵意见，将下表填好后，寄回我社或登录我社网站（http://hitpress.hit.edu.cn）进行填写。谢谢！您可享有的权益：

☆ 免费获得我社的最新图书书目　　　☆ 可参加不定期的促销活动
☆ 解答阅读中遇到的问题　　　　　　☆ 购买此系列图书可优惠

**读者信息**

姓名_____　□先生　□女士　　年龄_____　学历_____
工作单位_____　职务_____
E-mail _____　邮编_____
通讯地址_____
购书名称_____　购书地点_____

1. 您对本书的评价

| 内容质量 | □很好 | □较好 | □一般 | □较差 |
| 封面设计 | □很好 | □一般 | □较差 | |
| 编排 | □利于阅读 | □一般 | □较差 | |
| 本书定价 | □偏高 | □合适 | □偏低 | |

2. 在您获取专业知识和专业信息的主要渠道中，排在前三位的是：
①_____　　②_____　　③_____
A. 网络　B. 期刊　C. 图书　D. 报纸　E. 电视　F. 会议　G. 内部交流　H. 其他：_____

3. 您认为编写最好的专业图书（国内外）

| 书名 | 著作者 | 出版社 | 出版日期 | 定价 |
|------|--------|--------|----------|------|
|      |        |        |          |      |
|      |        |        |          |      |
|      |        |        |          |      |
|      |        |        |          |      |

4. 您是否愿意与我们合作，参与编写、编译、翻译图书？
_____

5. 您还需要阅读哪些图书？
_____

网址：http://hitpress.hit.edu.cn
技术支持与课件下载：网站课件下载区
服务邮箱　wenbinzh@hit.edu.cn　　duyanwell@163.com
邮购电话　0451 - 86281013　　0451 - 86418760
组稿编辑及联系方式　赵文斌（0451 - 86281226）　杜燕（0451 - 86281408）
回寄地址：黑龙江省哈尔滨市南岗区复华四道街10号　哈尔滨工业大学出版社
邮编：150006　传真　0451 - 86414049